Prophetie im Unterricht

dargestellt an Jeremia
Modell eines fachspezifischen Kurses

Günther Klages · Karl Heinemeyer

Prophetie im Unterricht

dargestellt an Jeremia
Modell eines fachspezifischen Kurses

Lutherhaus Verlag

Satz: IBV Satz- und Datentechnik GmbH, Berlin
Druck und Bindung: Th. Schäfer Druckerei GmbH, Hannover
ISBN 3-87502-167-3

Inhalt

Vorwort

Sicherlich hat der Religionsunterricht, der sich fast ausschließlich mit biblischen Texten beschäftigte, seine Zeit gehabt. Dennoch ist auch für einen Unterricht, der sich mehr problem-, themen- oder schülerorientiert versteht, die Frage nach der Bibel keineswegs erledigt. Es mehren sich die Stimmen, die auf die Unverzichtbarkeit biblischer Zeugnisse hinweisen. – Noch offen ist jedoch weithin, wie alttestamentliche und neutestamentliche Texte am effektivsten in den Gesamtrahmen einbezogen werden können. Neben dem sog. Kontextmodell bietet sich der fachspezifische Kurs an.
Er müßte drei Aufgaben erfüllen:

a) Der Schüler soll an exemplarisch ausgewählten Stoffen ein elementares biblisches Grundwissen erhalten.
b) Durch die Behandlung eines Textzusammenhangs soll vermieden werden, die Bibel als Belegstellensammlung zu mißbrauchen.
c) Schließlich ist intendiert, didaktisch vermittelt anfangsweise in die Frage- und Arbeitsweisen der Exegese und Hermeneutik einzuführen.

Unter den von verschiedenen Forschungs- und Planungsgruppen als geeignet vorgeschlagenen prophetischen Texten nimmt „Jeremia“ eine Sonderstellung ein. Viele empfehlen seine Behandlung.
Auch unsere Untersuchungen und Unterrichtsversuche haben ergeben, daß solche Hoffnungen und Erwartungen berechtigt sind. Die im Jeremiabuch auftauchenden Probleme lassen sich relativ gut in den Denk- und Fragehorizont des Jugendlichen heute transponieren, ja nicht selten können sich Schüler mit ihnen identifizieren.
Daher zielt die Untersuchung in Anlage und Durchführung auf die unterrichtliche Praxis. Sie bleibt nicht bei allgemeinen didaktisch-methodischen Überlegungen stehen, sondern enthält neben einem Gesamtplan konkrete Unterrichtsentwürfe.
Wir hoffen, damit dem Lehrer, der angesichts des Umbruchs in der Religionspädagogik unsicher und verwirrt geworden ist, konkrete Hilfe für den Unterricht an die Hand zu geben.
Eingearbeitet in diesen Band ist unsere frühere Veröffentlichung Jeremia, Gütersloh, 1973.

Hildesheim, im Frühjahr 1985 — Günther Klages – Karl Heinemeyer

I. Begründungen und Ziele

Günther Klages

1. Warum fachspezifische Kurse?[1]

Noch immer wogt die religionspädagogische Diskussion hin und her. Während die einen einseitig den problemorientierten Religionsunterricht bevorzugen und die biblischen Stoffe mehr oder weniger an den Rand zu drängen versuchen, fordern die anderen die Prävalenz alttestamentlicher und neutestamentlicher Texte.[2]

Um von vornherein Mißverständnisse auszuräumen: Wir halten ein solches Entweder-Oder für falsch. Sich ausschließende Alternativen treffen den Sachverhalt nicht. Warum?

Der schon von Gert Otto eingeleitete Prozeß der Verankerung des Religionsunterrichts in der Schule kann und darf nicht rückgängig gemacht werden.[3] Ein Fach, das von seiner Intention her primär auf Desintegration aus wäre, sollte lieber auf einen Platz im heutigen Bildungswesen verzichten.

Ebenfalls bleibt die in der Religionspädagogik erkämpfte Prävalenz des Schülers mit seinen Bedürfnissen, Fragen, Sorgen und Nöten unangetastet. Der Religionsunterricht ist integriert in das pädagogische Bemühen, den Jugendlichen

---

1. Horst K. Berg: Plädoyer für den biblischen Unterricht. In: ru. Stuttgart, 1/1972, S. 6ff.; Hans Bernhard Kaufmann: Problemorientierter Religionsunterricht. In: ru. 3/1972, besonders S. 109f.; Klaus Wegenast: Bibel. In: Dietrich Zilleßen (Hrsg.): Religionspädagogisches Werkbuch. Frankfurt, 1972; Hans Bernhard Kaufmann: Streit um den problemorientierten Religionsunterricht in Schule und Kirche. Frankfurt, 1973, S. 40ff.; Klaus Wegenast: Die Bedeutung biblischer Texte für den Religionsunterricht. In: Ev. Th. 34. München, 1974, S. 317ff.; Günther Klages: Die Bibel im Religionsunterricht. Berlin, 1974; Günter Lange: Problemorientierung und/oder Bibelorientierung. In: Katechetische Blätter. 102. München, 1977, S. 383ff.; Helmut Angermeyer: Problemorientierter und/oder bibelorientierter Religionsunterricht. In: Bernhard Albers/Reinhard Kiefer (Hrsg.): Problem- oder bibelorientierter Religionsunterricht. Teil I. Aachen, 1978, S. 11ff.; Peter Biehl: Problem- oder bibelorientierter Religionsunterricht – Eine falsche Alternative? In: Problem- oder bibelorientierter Religionsunterricht, a.a.O., Aachen, 1978, S. 39ff.; Klaus Wegenast: Das Problem der Probleme. In: Klaus Wegenast: Der Religionsunterricht in der Sekundarstufe I. Grundsätze – Planungsformen – Beispiele. Gütersloh, 1980, S. 149ff.; Günther Klages/Karl Heinemeyer: Religion: Orientierung und Praxis. Hildesheim, 1982, S. 51ff.
2. In den sogenannten „Mainzer Thesen…" z. B. wird den biblischen Texten noch gerade konzediert, daß sie „nicht prinzipiell aus dem Unterricht ausgeschlossen werden müssen". In: Evangelische Kommentare. Stuttgart, 6/1970, S. 327. – Dagegen fordert Ingo Baldermann nach wie vor nicht nur „die ‚Mittelpunktstellung' der Bibel im Unterricht, sondern auch eine Mittelpunktstellung des biblischen Unterrichts in der Didaktik des Religionsunterrichts". In: Der biblische Unterricht. Braunschweig, 1969, S. 19
3. Gert Otto: Schule – Religionsunterricht – Kirche. Göttingen, 1961

optimal auf die Bewältigung seiner Gegenwart und seiner Zukunft vorzubereiten und auszurüsten; und zwar sowohl hinsichtlich seiner Personagenese als auch in bezug auf die interpersonalen und sozialen Anforderungen.
Daher sind auch die Ergebnisse der Curriculum-Forschung und das Lernzielverfahren – einschließlich der sog. Operationalisierung – von höchster Relevanz.[4] Wir denken weder daran, eine verspätete Rechtfertigung des materialen Bildungsbegriffes der „Evangelischen Unterweisung" zu initiieren, noch die exegetische Hermeneutik Gert Ottos durch die Hintertür wieder einzuführen.
Wenn das alles feststeht und damit dem problemorientierten Religionsunterricht kein Abbruch getan werden soll, darf allerdings auf der anderen Seite nicht übersehen werden, daß diesem nicht geringe Mängel anhaften.[5]

1.1 Als erster Mangel zeigt sich eine rapide Abnahme biblischer Kenntnisse. In Gesprächen, Diskussion und Argumentation offenbart sich nicht selten, daß nicht einmal mehr ein früher als selbstverständlich vorausgesetztes Elementarwissen erwartet werden kann.

1.2 Wo mit der Bibel argumentiert wird, geschieht dies oft eklektisch, punktuell und unter sehr eingegrenzter, man muß schon sagen: einseitiger Fragestellung. So besteht die Gefahr, daß das Detail für das Zentrale und das Fragment für das Ganze gehalten wird! Das hat wiederum fast mit Notwendigkeit Fehlinterpretationen und Irrtümer zur Folge.

1.3 Daraus resultiert, daß die den biblischen Texten im nur-problemorientierten Religionsunterricht zugewiesene funktionale Rolle nicht ausreicht. Denn ihre Aussagen werden auf das reduziert, was man hören will, ja, nicht selten werden sie so nahtlos in einen anderen Zusammenhang eingefügt, daß die ursprüngliche Intention kaum noch zu erkennen ist.
Durch eine solche Umfunktionalisierung, ja Neutralisierung wird aber den Texten nicht nur Gewalt angetan. Sie werden schon nach kurzer Zeit uninteressant. Denn wenn sie nur bestätigen sollen, was anderswo schon besser gesagt ist, wenn ihre Funktion auf Akklamation reduziert wird und wenn schließlich ihre Zitation nur dem Nachweis der Ich-Auch-Progression dienen soll, sind sie nach Erfüllung dieser Legitimation eigentlich wertlos. Zumindest ist ihre ursprüngliche Frische, die ihnen innewohnende Sprengkraft oder auch das in ihnen verborgene tröstende Gnadenwort dahin.

1.4 Dabei könnten gerade die biblischen Texte die Funktion eines positiven Korrektivs zum problemorientierten Religionsunterricht übernehmen.

---

4. Vgl. Klaus Wegenast: Curriculumtheorie und Religionsunterricht. In: Handbücherei für den Religionsunterricht. Heft 12/13. Gütersloh, 1972
5. Klaus Wegenast: Das Problem der Probleme. In: Der Religionsunterricht in der Sekundarstufe I. Grundsätze – Planungsformen – Beispiele. Gütersloh, 1980, S. 149ff.

Wir denken dabei zuerst an eine gleichsam stabilisierende Wirkung. – Gerade weil sich der thematische Religionsunterricht zum Ziel gesetzt hat, möglichst nahe an die jeweils aktuellen Fragen heranzukommen, gerät er auf der Jagd nach den allerneuesten Problemen mitunter in die Gefahr, atemlos zu werden.
Die Einbringung biblischer Texte könnte Lehrer und Schüler u. U. daran hindern, in einem modernistischen Mißverständnis die Beantwortung der Fragen ausschließlich vom Heute zu erwarten und damit einer unangemessenen Hektik zu verfallen.

1.5 Die biblischen Texte bewahren den Religionsunterricht in gewisser Weise weiter vor einer Einengung und Verflachung des Denk- und Fragehorizontes, denn das Alte und das Neue Testament repräsentieren auch heute noch die größere „Fülle des Lebens".

1.6 Schließlich eignet sich die Bibel nach wie vor dazu – wie man früher gern sagte –, die Funktion des „Wächteramtes" gegenüber den zu optimistischen und idealistischen Menschenbildern mancher Projekte zu übernehmen. Themen wie Schuld, Verfallenheit, Versagen, Gebrechlichkeit und Endlichkeit dürfen nicht deshalb schamhaft übergangen werden, weil manche pädagogischen Richtungen mit diesen und ähnlichen Phänomenen nichts anzufangen wissen.
Wie läßt sich das verwirklichen?
Wenn wir recht sehen, auf dreifache Weise:

1.7 Bei einzelnen biblischen Texten bedarf es dazu gar keiner zusätzlichen Bemühung. Sie sind von einer derart unmittelbaren Sagkraft, daß sie jeder Umfunktionalisierung standhalten.

1.8 Sicherlich eröffnet das Kontextmodell (im engeren und im weiteren Sinn) mancherlei echte Möglichkeiten.[6] Dennoch können die Hemmnisse und Schwierigkeiten nicht übersehen werden: Wenn der biblische Text in den Dialog eingebracht wird, ist oft das Interesse der Schüler schon erlahmt. Nicht selten ist auch die Verkoppelung zwischen dem Profantext und dem biblischen Text zu diffizil, zumindest dem Schüler nicht einsichtig, so daß er die Behandlung des alttestamentlichen oder neutestamentlichen Stoffes nur als notwendiges Übel zu werten vermag, dem man sich eben im Religionsunterricht nicht entziehen kann. Der Lehrer sieht das; weil er sich aber dem Text verpflichtet fühlt, reicht er ihn – in alter Weise – verkündigend nach. Befriedigend ist diese Appendixaufgabe jedoch eigentlich für niemanden.

---

6. Karl E. Nipkow: Problemorientierter Religionsunterricht nach dem „Kontexttypus". In: Wolfgang G. Esser (Hrsg.): Zum Religionsunterricht morgen. Bd. II. München/Wuppertal, 1971, S. 38f.

1.9 Aufgrund dieser Erfahrungen beginnt sich immer mehr die Einsicht durchzusetzen, daß man den Texten einen eigenen Ort in sog. fachspezifischen Kursen geben sollte.[7]
Welche Aufgaben müßten solche Kurse erfüllen?[8]
– Die Schüler sollen an exemplarischen Stoffen, die in ihrem Denk- und Fragehorizont transparent zu machen sind, ein elementares biblisches Grundwissen erlangen.
– Um die Gefahr einer späteren eklektisch sektiererischen Belegstellenbenutzung der Bibel klein zu halten, sollten möglichst Textzusammenhänge besprochen werden. Dazu ist es unerläßlich, den Traditionshintergrund, die Zeitgeschichte und die soziokulturelle Situation zu erhellen.
– Drittens ist anzustreben, didaktisch vermittelt anfangsweise in die Frage- und Arbeitsweise der biblischen Exegese und Hermeneutik einzuführen. Nur so lernt der Jugendliche in bezug auf biblische Texte zu unterscheiden zwischen Form und Inhalt, Gesagtem und Gemeintem, Peripherie und Mitte. Auch der Erwerb eigener Fähigkeiten ist dabei intendiert.

2. *Warum Propheten?*[9]

Man könnte ganz vordergründig argumentieren, in fast allen Lehrplänen sei die Behandlung prophetischer Texte vorgesehen, darum müsse der Lehrer sowohl

7. Horst K. Berg: Der biblische Unterricht nach dem Ende des „Biblischen Unterrichts". In: z. B. Heft 4/5. 1970, S. 82ff.
8. H. K. Berg, Plädoyer für den biblischen Unterricht, a.a.O., S. 6ff.
9. Wichtige Publikationen zur gegenwärtigen Prophetenforschung: Klaus Baltzer: Die Biographie der Propheten. Neukirchen-Vluyn, 1977; Walther Eichrodt: Theologie des Alten Testaments. Bd. I. Stuttgart, [8]1968; Walther Eichrodt: Theologie des Alten Testaments. Bd. II/III. Göttingen, [7]1974; Georg Fohrer: Die Propheten des Alten Testaments. Die Propheten des 7. Jahrhunderts. Gütersloh, 1974; Antonius H. J. Gunneweg: Vom Verstehen des Alten Testaments. Eine Hermeneutik. In: Walter Beyerlin (Hrsg.): Grundrisse zum Alten Testament. Göttingen, 1977; Franz Hecht: Eschatologie und Ritus bei den „Kultpropheten". Leiden, 1971; Frank L. Hoßfeld/Ivo Meyer: Prophet gegen Prophet. Fribourg, 1973; Jörg Jeremias: Grundtendenzen gegenwärtiger Prophetenforschung. In: Ev. Erz. Frankfurt, 1/1984, S. 6–22; Klaus Koch: Die Propheten. Stuttgart/Berlin/Köln/Mainz, 1978–80; Ivo Meyer: Jeremia und die falschen Propheten. Redaktionsgeschichtliche Studien zum Jeremiabuch. Göttingen, 1977; Gerhard Münderlein: Kriterien wahrer und falscher Propheten. Frankfurt/Bern/Las Vegas/Kiel, 1974, [2]1979; Peter H. A. Neumann: Das Prophetenverständnis in der deutschsprachigen Forschung seit H. Ewald. In: Wege der Forschung. 307. Darmstadt, 1979; Horst D. Preuss: Eschatologie im Alten Testament. Darmstadt, 1978; Gerhard von Rad: Theologie des Alten Testaments. Bd. II. München, [7]1980; Henning Graf Reventlow: Hauptprobleme der alttestamentlichen Theologie im 20. Jahrhundert. Darmstadt, 1982; Werner H. Schmidt: Die Prophetie. In: Georg Strecker (Hrsg.): Theologie im 20. Jahrhundert. Tübingen, 1983, S. 1–60; Claus Westermann: Grundformen prophetischer Rede. München, [5]1978; Walter Zimmerli: Wahrheit und Geschichte in der Schriftprophetie. Congress Volume Göttingen. In: VT Suppl. 29. Leiden, 1978, S. 1–15

in theologischer als auch in didaktisch-methodischer Hinsicht mit dieser Problematik vertraut gemacht werden. Eine solche Begründung vermag jedoch nicht zu befriedigen. Wir müssen vielmehr weiterfragen: Ist der Entschluß, die „klassischen“ Propheten zum Gegenstand des schulischen Religionsunterrichts zu machen, fachwissenschaftlich, religiös-soziokulturell und vom Schüler her zu begründen?

2.1 Beginnen wir mit der fachwissenschaftlichen Situation. Dazu eine scheinbar nur formale Beobachtung. In den älteren alttestamentlichen Theologien, etwa denen von W. Eichrodt oder L. Köhler, werden die Propheten noch als ein Unterabschnitt des gesamten Alten Testaments behandelt. Das ändert sich seit G. v. Rads Theologie des Alten Testaments. Er löst die Propheten aus der übrigen Darstellung des Alten Testaments heraus und widmet ihnen einen eigenen zweiten Band. Seine Argumentation lautet so: Die fünf Bücher Mose und die Geschichtswerke schauen auf die Offenbarung Gottes in seinen Heilstaten an Israel zurück und versuchen, sie je neu für ihre Zeit zu aktualisieren. Die Propheten dagegen erwarten die entscheidenden Gottestaten erst von der Zukunft, einer Zukunft, die zunächst das Gericht bringt und danach das Heil. Dazu zwei Zitate: „Der sicherste Prüfstein für die Anlage einer Theologie des Alten Testaments ist aber das Phänomen der Prophetie. So vielseitig sie auslädt, so hat sie doch ihren Ausgangspunkt in der Überzeugung, daß die bisherige Geschichte Israels mit Jahwe abgelaufen ist und daß Jahwe mit Israel ein Neues beginnen wird.“[10] „Die Propheten haben das Todesurteil Jahwes über Israel ausgerufen; ja, sofern sie durch ihre Verkündigung die Verstockung Israels noch verstärken, traten sie sogar in den Kreis der Vollstrecker dieses Urteils ein. Etwas ganz Neues und in Israel bisher noch nicht Erhörtes war aber die Verkündigung der Propheten dadurch, daß sie – noch mitten im Vollzug der Gerichtsbotschaft – schon die Ansätze einer ganz neuen Heilszuwendung erkennen ließ.“[11]
Fassen wir zusammen: Die neuere Theologie des Alten Testaments hat die Prophetie als ein Phänomen sui generis erkannt und damit ihre Bedeutsamkeit potenziert. Damit wird deren Einbettung in den übrigen alttestamentlichen Kanon keineswegs übersehen oder gar geleugnet, dennoch liegt der Akzent nun auf der geschichtlichen Unauswechselbarkeit, ja Einzigartigkeit der Gotteserfahrungen der klassischen Propheten, die es so vorher nicht gegeben hat.

2.2 Handelte es sich jedoch allein um eine Neuakzentuierung fachwissenschaftlicher Fragestellungen oder auch Ergebnisse, so würde dies für sich genommen allein kaum bis in die fachdidaktische Diskussion hinein durchschlagen. Der Ruf nach prophetischen Texten wird vielmehr deswegen heute so laut, weil im kirchlich/religiösen Bereich, im soziokulturellen Umfeld und in der Schule selbst die Sozialkritik eine große Rolle spielt. Vielerorts bestimmen Endzeiter-

---

10. G. v. Rad, Theologie, Bd. I, a.a.O., S. 142
11. G. v. Rad, Theologie, Bd. I, a.a.O., S. 81

wartungen die Szenerie, mitunter auch mit der Verheißung neuen Heils nach dem Untergang gepaart. Auf der Suche nach neuen Perspektiven angesichts der militärischen, ökologischen, wirtschaftlichen und sozialen Bedrohungen der Gegenwart ist man dabei ganz neu auf die Botschaft der alttestamentlichen Propheten gestoßen. Viele meinen sogar, bei ihnen direkte Antworten auf die Fragen unserer Zeit finden zu können. So hat es in den letzten Jahren geradezu einen Amos-Boom in Theologie, Predigt, Gemeindearbeit, Konfirmandenstunde und schulischem Religionsunterricht gegeben. Ähnliches gilt neuerdings auch von einigen Friedensperikopen bei Jesaja, Micha und Sacharja. Diesem Trend wollen wir uns nicht anschließen, nur weil er modisch ist und bei den Schülern auch offensichtlich „ankommt". Wir werden vielmehr sorgfältig die „Spreu von dem Weizen scheiden". Das heißt kritisch herausarbeiten, was denn die Propheten wirklich gesagt haben, und dann sehr genau prüfen, ob und inwiefern ein Transfer auf Gegenwartsprobleme überhaupt möglich ist. Jede kurzschlüssige Aktualisierung soll vermieden werden.

2.3 Aber auch im interpersonalen und im persönlichen Bereich tritt das Phänomen „Prophet" den Schülern neu entgegen. Viele neue Propheten und Gurus bieten ihre Deutungssysteme und daraus resultierende Lösungspotentiale an. Und weil ihre Antworten scheinbar klar und eindeutig, ohne Wenn und Aber sind, ziehen sie junge Menschen, die anfällig für radikale Botschaften sind, besonders an. Viele Schüler werden von den differenzierten, oft divergierenden Antworten unserer komplexen Gesellschaft verwirrt. Sie haben Angst. Der mit Mehrheit beschlossene Kompromiß wird vielfach als Ergebnis von Interessenmauschelei abgewertet. „Helden" produziert das demokratische System höchst selten.

Viele junge Menschen sehnen sich aber nach einer „hehren" Persönlichkeit, die frei von Egoismen, hoch über dem kleinlichen Gerangel der „Fliegen am Markt" stehend, allein der Wahrheit und dem Wohle der Menschen verpflichtet, bindende Anweisungen gibt, denen man vertrauen, auf die hin man es wagen kann. Diese Erwartungshaltung haben die vielen kleinen und großen Gurus und Propheten unserer Zeit zielsicher erkannt. Sie bieten die einfache, schlichte, jedem Gutwilligen einsichtige Lösung, die – so meinen die Insider – nur darum von der Mehrheit nicht akzeptiert wird, weil eine kleine bösartige, von Machtgier und Machterhaltung besessene Elite dies mit allen Tricks und – wenn nötig – auch mit Gewalt verhindert. Daß diese idealgestalteten Propheten und Gurus größtenteils selbst in diese Wirtschafts- und Machtstrukturen verflochten sind, ja den Gewinn maßgeblich abschöpfen, können oder wollen die neuen „Prophetenjünger" nicht sehen; eine der offensichtlich unauflösbaren Paradoxien unserer Zeit.

Von daher ist es um so wichtiger, den Schüler und Heranwachsenden zumindest mit einer echten Prophetengestalt zu konfrontieren. Und wer böte sich dazu besser an als einer der klassischen Propheten des Alten Testaments. Zwar sind manche formalen Parallelen nicht zu übersehen, dennoch sollte auch dem letzten Schüler zu verdeutlichen sein, daß es sich hier um Gestalten von anderer

Substanz und mit anderem Tiefgang handelt. Vor ihnen werden viele derer, die sich heute mit der Aura eines Propheten umgeben, einfach verblassen müssen. Auch dafür erscheint uns Jeremia als Paradigma geeigneter als etwa Amos zu sein. Amos ist schon so oft popularisiert und dabei nicht selten trivialisiert worden, daß das proprium seiner Botschaft in seiner Andersartigkeit, Fremdheit und Sprödigkeit oft verlorengegangen ist. Reduziert auf ein eigentlich schon vorher gewußtes „Problemlösungspotential", ist er in nicht wenigen Unterrichtseinheiten auf eine mehr appendixhafte Claqueurfunktion zurechtgestutzt worden. Diese Gefahr besteht bei Jeremia kaum. Person und Botschaft in ihrer Unverwechselbarkeit, aber auch in ihrem faszinierenden Widerstreit sind so farbig konturiert, daß sie nicht leicht schablonisiert und funktionalisiert werden können. Ein Schüler, der Jeremia als Beispiel echter Prophetie kennengelernt hat, wird einem Guru schwerlich verfallen.

3. *Warum Jeremia?*

Nachdem wir begründet haben, warum fachspezifische Kurse u. E. für den heutigen Religionsunterricht erforderlich sind, wir uns zweitens einen Überblick über die religionspsychologische und religionssoziologische Disposition, den Denk- und Fragehorizont und die Erwartenshaltung der Bezugsgruppe verschafft haben, gilt es nun zu motivieren, warum uns Stoffe des Jeremia-Buches zur Erreichung dieses Zieles in besonderer Weise geeignet erscheinen.

3.1 Wir hatten gesehen, daß die Heranwachsenden darauf warten, in die Stilmittel und Redeweise antiker Schriftsteller eingewiesen zu werden, um zwischen Form und Inhalt, Gesagtem und Gemeintem unterscheiden zu lernen. Gibt es bei Jeremia Texte, an denen dies zu demonstrieren ist? Wir meinen, ja: Z. B. die Berufungsgeschichte und die sog. „Visions"- und „Auditions"-Berichte eignen sich in besonderer Weise dazu, diesen Fragenkreis zu problematisieren und u. U. auch zu Ergebnissen, zumindest ersten Einsichten zu gelangen.
Zudem ergibt sich von der vergleichsweise übersichtlichen Quellenproblematik her (Selbstzeugnisse des Propheten, die Aufzeichnungen des Baruch, spätere Bearbeitung) die Möglichkeit, paradigmatisch den Entstehungsprozeß eines biblischen Buches zu beleuchten.

3.2 Wir meinten feststellen zu können, daß auch bei Schülern, die zu unterscheiden gelernt haben zwischen einem „Glaubenserlebnis" und dem Bericht über dieses „Erlebnis", die historische Frage nicht verstummt ist. Das Problem der historischen Echtheit bleibt, weil es ja auch in anderen Fächern immer wieder ein wichtiges Kriterium ist, im Religionsunterricht trotz aller gegenteiligen Beteuerungen virulent. Texte, die zumindest einen historischen Bezug erkennen lassen, öffnen sich dem Schüler leichter als „nur religiöse Dichtung".

Auch hier könnte das Buch Jeremia echte Brückenfunktion erhalten, denn wir befinden uns in diesem weithin auf historisch gesichertem Terrain. Es ist uns möglich, die zeitgenössische Weltgeschichte, aber auch das Geschick Judas gut nachzuzeichnen. Bei den meisten Kapiteln ist der historische Hintergrund verhältnismäßig leicht zu rekonstruieren. Das ist ein nicht hoch genug in Rechnung zu stellender Vorteil.
Auch die zeitgenössische Historie ist nicht nur faßbar, sie ist auch interessant. Ohne schon jetzt ins Detail zu gehen, soll nur dies zur Charakterisierung angemerkt werden: Jeremia lebt nicht nur in einem wichtigen Abschnitt der Weltgeschichte, sondern diese ist auch für den heutigen Leser und Hörer von oft geradezu beängstigender Aktualität. Israel, im Schnittpunkt der Interessenssphären der Großmächte gelegen, ist gespalten. Die nördliche „Reichshälfte“ ist verlorengegangen. Sieben Kilometer nördlich von Jerusalem verläuft die „Zonengrenze“. Kann sich das kleine Südreich mit dem kultischen Mittelpunkt Jerusalem halten, ist die bohrende Frage. Jeremia steht mitten in diesen Wirren!

3.3 Eng damit hängt zusammen, daß im Jeremia-Buch nicht von Mirakeln berichtet wird. (Das Problem der sog. Visionen und Auditionen gehört nicht hierher, es ist gesondert zu behandeln.)
Wir denken hier insbesondere an wunderbare Rettungsgeschichten, wie sie bei anderen Propheten, aber auch im Neuen Testament – etwa in der Apostelgeschichte – geradezu selbstverständlich sind. Sie fehlen bei Jeremia ganz. „... kein Rabe speist den hungernden Propheten, kein Engel hält dem Löwen den Rachen zu.“[12] Reden und Handeln, Glauben und Leben vollziehen sich ungeschminkt in einer harten, durch keine mirakulöse Überzuckerung versüßten Welt der Realitäten. Das erleichtert den Schülern den Zugang.

3.4 In die gleiche Richtung weist das Fehlen eines Happy-End. „Jeremias Spur verliert sich im Elend, und zwar ohne jeden dramatischen Effekt.“[13]
Auch das ist sonst im religiösen Bereich, ja selbst im biblisch-christlichen nicht selbstverständlich. Im Gegenteil, das Grundschema lautet dort geradezu: Zwar hat der religiöse Heros – gerade um seines Glaubens willen – viel Anfechtungen, Schrecken und Nöte zu ertragen, aber die Prüfung wird gekrönt durch Lohn in dieser oder einer anderen Welt.
Das Jeremia-Buch verzichtet auf eine solche Lösung. „Für einen antiken Schriftsteller, dem es ein so tiefes Bedürfnis war, die Dinge am Ende doch wieder in Ordnung zu sehen, war das eine ungewöhnliche Leistung.“[14]
Aber gerade damit kommt Jeremia der Glaubenserfahrung vieler moderner Menschen, speziell Jugendlicher, entgegen. Spektakuläre real-eschatologische Ewigkeitshoffnungen können sie nicht so ohne weiteres in ihr Denkschema aufnehmen, aber auch eine innerweltliche „Belohnung“ ist ihnen fragwürdig ge-

12. G. v. Rad, Theologie, Bd. II, a.a.O., S. 219
13. G. v. Rad, Theologie, Bd. II, a.a.O., S. 219
14. G. v. Rad, Theologie, Bd. II, a.a.O., S. 219

worden. Dagegen flößen ihnen Menschen, die ohne Erwartung eines Happy-End „ihr Kreuz auf sich nehmen", Respekt ein.
Damit ist keine Leidensmystik gemeint. Es geht nicht darum, das Leiden an sich zu heroisieren und zu glorifizieren. Es wird keiner Leidensseligkeit das Wort geredet. Auf unser Problem bezogen: Es soll nicht der Dulder Jeremia gepriesen werden. Einen solchen – zumindest in Gestalt eines stummen, alles Unglück gelassen Ertragenden – hat es ja gerade nicht gegeben. Wenn einer, dann war es Jeremia, der sich leidenschaftlich gegen sein Schicksal aufgebäumt hat. Wie kaum ein anderer vor und nach ihm hat er Gott sein „Nein" entgegengeschleudert. Allerdings siegt nach jeweils schweren Kämpfen das „Ja". Aber nicht selbstverständlich und schon gar nicht automatisch. Es ist das „Ja" des – theologisch gesprochen – von Gott Überwundenen, anthropologisch gesehen das „Ja" dessen, der sich im Innern so gebunden und getroffen weiß, daß er nicht anders kann als „dranzubleiben", wenn er sich nicht selbst aufgeben und verlieren will. Es offenbart sich hier eine Glaubenserfahrung, die der des Beters des 73. Psalms ganz nahe kommt. Ihr Trutzwort ist das Dennoch.
So kommen wir zu den didaktisch vielleicht noch wichtigeren Besonderheiten.

3.5 In der älteren Prophetie kann man durchaus Männer finden, die fast nur Sprachrohr für den Botenspruch sind, den sie mitzuteilen haben. Zumindest die Berichte sind so angelegt, daß alles Gewicht einseitig auf dem Jahwe-Spruch liegt. Die Propheten sind scheinbar nur Medien. Von Reaktionen oder Wirkungen bei ihnen selbst wird wenig erzählt. Es sieht fast so aus, als könnten sie in „zwei Reichen" leben. Sie werden gerufen, stellen sich ohne Zögern und Widerspruch der Aufgabe, sie erledigen ihren Auftrag und kehren wieder in die Anonymität ihres Alltags zurück. Das kann ein einmaliger Vorgang sein, kann sich aber auch mehrere Male wiederholen, ohne daß sich das Leben der Boten offenbar groß verändert. Über ihr Schicksal erfahren wir fast nichts. Persönlich bleiben sie im Dunkel.
Bei Jeremia ist das anders. Hier bilden Wort und Tat, Lehre und Leben, Glauben und Denken eine Einheit. Die Botschaft beansprucht den ganzen Menschen. Daraus resultiert, daß bei ihm das Anthropologische, ja man kann sagen: der private Bereich eine Breite und Tiefe erhält, die wir bei anderen Propheten vergeblich suchen.[15]
Wie wenig Biographisches bringen sonst die biblischen Schriftsteller! Wie oft muß der Unterrichtende bei der Methode der „Entfaltung" Anleihen aufnehmen, will er den biblischen Gestalten auch nur ein wenig Farbe und Kolorit geben. Man denke nur daran, welche Mühe der Erzähler aufzuwenden gezwungen ist, wenn er z. B. die „schematischen" Jüngerberufungen (Mk. 1,14ff.) den Schülern auch nur einigermaßen anschaulich vor Augen stellen will. Die kerygmatisch verdichteten Texte bieten dort, so wie sie sind, auch nicht annähernd genügend Material für eine Erfolg versprechende schulische Unterrichtsstunde.

15. Vgl. dazu Henning Graf Reventlow: Theologie und prophetisches Ich bei Jeremia. Gütersloh, 1963

Ganz anders hier! In für biblische Stoffe geradezu einmaliger Weise gewähren sie uns Einblick in das Leben des Jeremia. Es gibt kaum eine andere Gestalt, über die wir so viel biographisches Detail erfahren. Selbst die Daten Jesu erstrecken sich maximal nur auf einen Zeitraum von drei Jahren, während wir hier Jahrzehnte überblicken können.
Das kommt den Erwartungen der Schüler entgegen. Ja, nicht selten finden sie das Berichtete so spannend, daß sie ganze Abschnitte freiwillig zu Hause lesen, bevor sie im Unterricht zur Behandlung gelangen.
Dieser Sachverhalt ist nun in inhaltlicher Hinsicht zu präzisieren:

3.6 Man könnte als erstes Novum die Tiefe und Breite seiner theologischen Reflexion nennen. Mit Recht charakterisiert von Rad den Propheten so: Er war „ungleich differenzierter" als etwa „Amos oder Micha". „Er mußte fragen, mußte verstehen."[16]
Aus der Fülle der hier zu nennenden Probleme wollen wir uns auf die Frage: „Falscher oder rechter Prophet?" beschränken. Dieser Komplex (vgl. Kap. 28) hat Jeremia vor allem Not bereitet. In immer neuen Anläufen versucht er, sich Klarheit zu verschaffen. Wir folgen in der Darstellung weitgehend Hans-Joachim Kraus, der sich in seiner Schrift „Prophetie in der Krisis"[17] in einem gesonderten Kapitel mit möglichen Lösungsversuchen auseinandergesetzt hat.

3.6.1 Die älteste Deutung – wie könnte es in der glasklaren theozentrischen Luft der Frühzeit der klassischen Prophetie anders sein – sieht den Grund für die verschiedenen konträren Botensprüche in der Offenbarungsbereitschaft Jahwes.
Als Exempel mag 1. Kön. 22 dienen: Die 400 Nebiim, die dort Ahab zum Feldzug gegen die Aramäer raten, sind keine Lügenpropheten. Ihre Prophetie stimmt insofern, als Israel tatsächlich die Schlacht gewinnen wird. Aber sie wissen eben nicht alles. Sie verfügen nur über Teilkenntnisse. Jahwe hat ihnen nur partielle Kunde zuteil werden lassen. Dagegen hat er dem Propheten Micha ben Jimla offenbart, daß zwar der Feldzug siegreich beendet werden wird, aber der König in der Schlacht sein Leben lassen muß.

3.6.2 Später hat man sich mit dieser Erklärung nicht mehr begnügt. Man sucht nach anthropologischen Kriterien. Micha (nicht zu verwechseln mit dem soeben genannten Propheten Micha ben Jimla) ist wohl der erste gewesen, der noch vor Jeremia seine Gegenspieler der Bestechung und der Korruption bezichtigt. „Sie predigen, es werde gut gehen, wo man ihnen zu fressen gibt; wo man ihnen aber nichts ins Maul gibt, da predigen sie, es werde Krieg kommen." (Mi. 3,5)

---

16. G. v. Rad, Theologie, Bd. II, a.a.O., S. 217
17. Hans-Joachim Kraus: Prophetie in der Krise. Neukirchen, 1964

3.6.3 Das Hauptkriterium meint Jeremia in der generellen Heilsbotschaft der professionellen Hofnabis gefunden zu haben. Deren ideologische Verflochtenheit mit den nationalistischen Hofkreisen macht ihn hinsichtlich ihrer Botschaft skeptisch. Über Wahrheit oder Unwahrheit ihrer Heilssprüche kann seiner Meinung nach erst die Verifikation oder Falsifikation durch die Geschichte entscheiden. Das aber heißt, daß sie praktisch wertlos sind. Denn wenn man doch erst die Faktizität abwarten muß, hat die Vorausschau ihren Wert verloren.
Paul Volz hat das schon erwähnte paradigmatische Kapitel 28, das von dem Zusammenstoß zwischen Channania und Jeremia berichtet, so kommentiert: „Jene Stunde, da Jeremia und Channania sich auf offenem Platz in Jerusalem gegenüberstanden, war ein denkwürdiger Augenblick in der Religionsgeschichte Israels: Die beiden Richtungen des Prophetentums stießen aufeinander. Sie waren fast von Anfang an nebeneinander da; ja ihr Nebeneinander war im Wesen der Mose-Religion begründet. Sie vertraten, die eine das Beschränkte, die andere das Unvergängliche der Mose-Religion; die eine, die Richtung der nationalistischen Nabis, fußte auf dem Glaubenssatz Moses': Jahwe, der allein wahre Gott, ist der Herr Israels; die andere, die große Prophetie, lebte für Moses' anderen Glaubenssatz: Jahwe, der allein wahre Gott Israels, ist der Gott der Gerechtigkeit.“[18]
In ähnlicher Weise scheint Jeremia selbst[19] eine Lösung der Problematik gesucht zu haben.
G. Quell[20] und G. von Rad[21] haben jedoch m. E. mit Recht diese zu glatte Lösung in Frage gestellt. Bei von Rad heißt es: „... Es wäre wohl unschwer nachzuweisen, daß die Heilslehre jener Propheten in allernächstem Zusammenhang mit einer stark positiv ausgerichteten Bundestheologie stand, die uns in mannigfacher Fassung innerhalb der kanonischen alttestamentlichen Literatur begegnet.“[22] Und in seiner „Theologie des Alten Testaments“ resümiert er: „Das Pseudos kann weder an dem Amt an sich, noch an den Worten an sich, noch an der Fragwürdigkeit des Menschen, der sie aussprach, erkannt werden.“[23] Dahinter werden wir nicht zurückgehen können. Auch Jeremia ist, obgleich er immer wieder versucht hat, auf diese oder andere Weise theoretisierend die Problematik zu lösen[24], keine letzte Sicherheit zuteil geworden. Wie sollte es auch anders sein? „... Ein solches Kriterium formaler oder inhaltlicher Art konnte es ja gar nicht geben.“[25] – Hier zeigt sich, daß es im Bereich des Glaubens ohne Überführtwerden, aber auch ohne Wagnis nicht geht.

---

18. Paul Volz: Der Prophet Jeremia. Leipzig, ^{2}1928, S. 254
19. Jer. 28,9
20. Gottfried Quell: Wahre und falsche Propheten. Gütersloh, 1952
21. Gerhard von Rad: Die falschen Propheten. In: ZAW. Berlin, 1933, S. 109 ff. und Theologie, Bd. II, a.a.O.
22. G. v. Rad: Die falschen Propheten, S. 117
23. G. v. Rad: Theologie, Bd. II, a.a.O., S. 222
24. Jer. 2,8b
25. G. v. Rad: Theologie, Bd. II, a.a.O., S. 221

Welche didaktische Konsequenz ist daraus zu ziehen?
Die problematisierende theologische Reflexion kann zwar zu keinem im naturwissenschaftlichen Sinn beweisbaren Ergebnis führen, welches Engagement und Vertrauen überflüssig machte, dennoch ist sie nicht verboten, sondern geradezu unabdingbar. Wir können von Rad nicht zustimmen, der bedauert, daß „die herrliche Gewißheit und die Eindeutigkeit, in der den klassischen Propheten die Dinge erschienen, ... Jeremia nicht mehr in gleichem Maße" gegeben war[26]. Denn gerade darin ist uns Heutigen Jeremia so nahe. Auch der Schüler wird bei einem Problem wie dem „Richtiger oder falscher Prophet?" immer wieder fragen wollen und müssen:

- Könnte nicht die wirtschaftliche Abhängigkeit (Berufsprophet) die Botschaft beeinflussen?
- Färbt nicht gewollt oder ungewollt die Verflochtenheit von „Thron und Altar" der Hofnabis auf den Botenspruch ab?

Und daraus folgt: Die Erkenntnis, daß „das Pseudos weder an dem Amt an sich, noch an den Worten an sich, noch an der Fragwürdigkeit des Menschen" an sich erkannt werden kann[27], ist dann aber nicht mehr sakrosankter theologischer Lehrsatz, von dem aus theologisches Problematisieren abgekanzelt wird, sondern mögliche Glaubenseinsicht, die die Grenze der Nur-Reflexion sichtbar werden läßt. Die bisherigen Unterrichtsversuche haben gezeigt, daß der Jugendliche heute sich mit einem Mann, der den Grund und den Inhalt seiner Botschaft, die früher mit dem Tabu der Autorität zugedeckt wurden, aufzudecken wagt, identifizieren kann.

3.7 Aber typisch für Jeremia ist nicht nur die intellektuelle Skepsis, der theologische Zweifel, für ihn ist seine Botschaft gleichzeitig ein eminent existentielles Problem. „Wohl ist er Jahwes Bote an das Volk, aber ebensosehr Vertreter des Volkes gegenüber Jahwe; erst diese Mittlerrolle umschreibt seine Stellung richtig." Er übernimmt nicht einfach das Strafurteil Jahwes, sondern untersucht selbst, „ob das Volk als Ganzes wirklich so viel Zorn verdient hat".[28] Und wo er Jahwe recht geben muß, übt er immer wieder die Fürbitte.
Gleichzeitig kämpft er leidenschaftlich um die Herzen seiner Hörer. Mit allen Mitteln versucht er, sie „von der Bahn des Verderbens zurückzureißen".[29] Und groß ist seine Klage, wenn er einsehen muß, daß er nichts erreichen kann.
Das wiederum bringt ihn auch persönlich in schwerste Konflikte mit seinem Gott. Er kritisiert nicht nur die Entscheidungen Jahwes, sondern lehnt sich mit letzter Leidenschaft gegen ihn auf. So finden wir „viel Ungebärdigkeit" bei ihm,

---

26. G. v. Rad, Theologie, Bd. II, a.a.O., S. 222
27. G. v. Rad, Theologie, Bd. II, a.a.O., S. 222
28. Wilhelm Rudolph: Jeremia. Tübingen, 1947, S. IX
29. W. Rudolph, Jeremia, a.a.O., S. IX

„ein Aufbäumen gegen Schickungen, die frühere Zeiten ... wahrscheinlich ergebener ertragen hätten".[30] Er klagt Gott an, er rechtet mit ihm, ja er wagt es, ihn zu beschimpfen. Er will sich seinem Willen entziehen, will seinen Dienst quittieren und sein Amt Jahwe „vor die Füße werfen". So ernst hatte er seinen Auftrag genommen, so sehr hatte er sich mit ihm identifiziert, daß er in dem Augenblick, da er nur noch dessen Sinnlosigkeit und Erfolglosigkeit meinte konstatieren zu müssen, auch nicht mehr weiter leben zu können glaubte. Er geht so weit, den Tag seiner Geburt zu verfluchen.[31] Totale desperatio. Wer dächte nicht an Mk. 15,34?

3.8 Ist er denn wenigstens psychisch und konstitutionell für ein solches „Geschick" prädisponiert? Die Antwort muß lauten: im Gegenteil. Wir werden ihn als sensiblen Menschen kennenlernen. Wer ihn mit dem selbstsicheren, furchtlosen, fast stoischen Jesaja vergleicht, wird vielleicht zuerst enttäuscht sein. Bei jenem gibt es offensichtlich keinen Zweifel, unbeirrt von Anfeindungen und Mißerfolgen geht er seinen Weg. Nichts scheint ihn gefährden zu können. Ein Gottesmann mit geradezu heldischen Zügen. – Dagegen Jeremia: ängstlich und scheu. Der Mißerfolg macht ihn unsicher. Er zweifelt an sich und seiner Botschaft. Die Vereinsamung, in die ihn seine Predigt führt, belastet ihn schwer. Melancholie und Schwermut durchziehen seine Gedanken.
So wird er ungerecht gegen die anderen und sich selbst. Wilde Rachegedanken schleudert er gegen seine Feinde, und er selbst verliert sich in masochistischer Selbstzerfleischung. Und dennoch: Durch wen vermag der Schüler heute wohl eher einen Blick in die Welt des Glaubens zu tun, durch Jesaja oder Jeremia? Der „Glaubensheld" verstellt dem Schüler eher den Weg, als daß er ihn öffnet. Selbst ein in manchen Büchern des Neuen Testamentes christologisch überzeichneter Jesus bleibt vielen Schülern fremd. Wer ohne Zweifel und Angefochtenheit seinen Glaubensweg zu gehen vermag – meinen sie –, muß wohl nicht von dieser Welt sein. Jedenfalls kann er den nach Glauben Suchenden und den um Glauben Ringenden aus den Höhen seiner Glaubensgewißheit heraus offenbar kaum verstehen und ihm helfen. Ein Mann wie Jeremia dagegen vermag trotz seiner Schwächen – wohl besser: gerade wegen seiner Schwächen – schneller einer der ihren zu werden. In nicht wenigen Fällen ist es überhaupt nur über ihn gelungen, den Schülern einen Zugang zur biblischen Botschaft zu ebnen.

3.9 Wir wollen diese Argumentationsreihe schließen mit einigen Überlegungen zu dem Problemkreis: Prophetische Glaubensgewißheit. Letzte Gewißheit wurde Jeremia auf andere Weise zuteil. Die sog. Konfessionen geben davon erschütternde Zeugnisse. Als ihm die aufgetragene Botschaft ganz dunkel wurde und als er angesichts der Erfolglosigkeit seines Auftrages den Entschluß fassen wollte, sich Jahwe zu verweigern, wußte oder spürte er unmittelbar, daß das un-

30. G. v. Rad, Theologie, Bd. II, a.a.O., S. 217
31. Jer. 20,14

möglich war. (Jer. 20,9) Er, der weg- und ziellos Gewordene, erfuhr hier eine Grenze, die er nicht überschreiten konnte. Ja mehr, er erlebte Jahwe als eine reale Macht, die bis in sein Innerstes hinein wirkte, der er sich nicht zu entziehen vermochte. Im Gegenteil: Je mehr er sich sperrte und dagegen ankämpfte, desto größer wurde ihre Gewalt über ihn. Sicherlich handelt es sich hier nicht um ein beliebig wiederholbares Phänomen. Dennoch sind wir der Überzeugung, daß sich hier eine religiöse Urerfahrung manifestiert, die nicht isoliert dasteht.
Aus dem biblischen Bereich wären zumindest Am. 3,8 und 1. Kor. 9,16 zu nennen. Aber auch religionsgeschichtliche Parallelen bieten sich an: „Bei Muhammed z. B. ist in der Anfangszeit seines Wirkens dieses zwangsmäßige Element genauso zu beachten, das ihn aller Anfechtung und Verfolgung zum Trotz ausharren... ließ."[32] Und zumindest partielle Verbindungslinien sind doch wohl auch zu dem sokratischen „dei" = „muß" zu ziehen.
Dies alles scheint mir in der gegenwärtigen Diskussion um Glauben und Glaubensgewißheit viel zu wenig beachtet zu werden. Zu schnell verweist man den Glauben ausschließlich in den psychologischen und soziologischen Bereich. Natürlich haben derartige empirische Untersuchungen und theoretische Reflexionen ihr Recht. Die Frage ist nur, ob auf diesem Wege dem, was wir als „letzte Gewißheit" bezeichnen wollen, beizukommen ist.
Läßt sich wirklich psychologisch und soziologisch befriedigend erklären, warum ein Mann wie Jeremia in all seinem Zweifeln und Schwanken dies nicht konnte: sich von Jahwe und seinem Auftrage trennen. Und warum er sich so anders entschied als viele andere, die vielleicht anthropologisch, soziologisch und psychologisch für eine solche Grenzsituation viel besser disponiert waren als er. Schließlich: Mag man den historischen Wert des Luther-Bekenntnisses in Worms: „Ich kann nicht anders!" so hoch oder niedrig veranschlagen, wie man will, daß hier jemand aufgrund innerster Gebundenheit „Nein!" sagt, kann doch nicht im Ernst bestritten werden.
Aber nun zu uns: Wenn uns vieles unsicher wird, wenn uns Werte und Normen entgleiten, wenn wir uns fragen, „was bleibt", was würden wir niemals tun, ohne uns selbst zu verlieren, dann werden wir vielleicht zunächst wenig konkret Positives aufweisen können. Aber auf der via negationis wird uns schneller deutlich: „Das nicht!"
Wie mir scheint, ist das auch Schülern und Jugendlichen nahezubringen. Sie können zumindest bis zu der staunenden Feststellung geführt werden, daß hier Menschen anders handeln, als nach den Regeln der Verhaltenspsychologie zu erwarten gewesen wäre. Und sie lächeln durchaus nicht, wenn jemand konstatiert: „Hier bin ich gebunden! Ich kann nicht anders!" Wenn sie vernehmen, daß Menschen fest davon überzeugt sind, daß es sich hier um eine „Fremdbindung" handelt, die nicht so ohne weiteres immanent plausibel zu machen ist, können wir damit rechnen, daß sie auch darüber nachdenken. Vielleicht entsteht so für

32. W. Rudolph, Jeremia, a.a.O., S. 113

den einen oder anderen selbst eine Brücke, die ihm einen Zugang zu dem Phänomen des Glaubens und der Glaubensgewißheit eröffnet.
Fassen wir zusammen: Alle diese Argumente – sicherlich mit verschiedener Gewichtigkeit – haben zu der Vermutung geführt, daß der Prophet Jeremia unter den alttestamentlichen, ja allen biblischen Gestalten für den Religionsunterricht heute besonders geeignet ist. Die angestellten Unterrichtsversuche haben dies weithin bestätigt.

4. Lernziele[33]

4.1 Kenntnisse

4.1.1 Die Schüler sollen den weltgeschichtlichen Hintergrund, die Zeitgeschichte Israels, die religionsgeschichtliche Situation zur Zeit der Propheten und wesentliche Daten und Ereignisse aus dem Leben und Wirken des Propheten Jeremia kennenlernen.
– Sie sollen Kenntnisse und Grundwissen von der Zeit sowie der Geschichte des Volkes Israel (auch geographische Kenntnisse), soweit sie zum Verständnis des Propheten, insbesondere des Werkes Jeremia vorausgesetzt werden müssen (Überblick: Karte, Fries), erwerben.
– Sie sollen den religionsgeschichtlichen Hintergrund des Werkes Jeremia kennenlernen, um vor diesem paradigmatisch die Entstehungsgeschichte biblischer Schriften und deren Sitz im Leben zu ermitteln.
– Sie sollen ein Grundwissen von Jeremias Leben und Wirken erwerben.

4.1.2 Die Schüler sollen durch Unterscheidung zwischen Interpretament und Intention ein sachgemäßes Verstehen religiöser Sprache erwerben.
– Sie sollen zwischen Tatsachen und Deutungen unterscheiden lernen (politische Ereignisse – theologische Deutung: z. B. Siegeszug Nebukadnezars gedeutet als Strafexpedition Jahwes gegen Israel).
– Sie sollen zwischen Bild und Sache, Gesagtem und Gemeintem differenzieren können (Gleichnisse: Töpfergleichnis; Symbolhandlungen: Zerbrechen des Joches).
– Sie sollen Spezifika der Stilmittel und sprachlichen Formen der Schriftprophetie am Paradigma Jeremia kennenlernen (z. B. Berufungsgeschichten, Visionen und Auditionen, Klagelieder, Bekenntnisse, Drohworte, Strafreden).

---

33. Vgl. Siegfried Vierzig: Lernziele des Religionsunterrichts. In: Informationen zum Religionsunterricht. Hannover, 1 und 2/1970, S. 5ff.; Eta Linnemann: Lernziele des Religionsunterrichts. In: ZRP. Dortmund, 10/1971, S. 307ff.

4.1.3 Die Schüler sollen exemplarisch biblische Traditionen, Dokumente und Personen kennenlernen und in Auseinandersetzung mit deren religiösen Erfahrungen und Aussagen eigene Grundfragen des Glaubens verbalisieren und aufarbeiten.
– Sie sollen „religiöse Urerfahrungen“ herausarbeiten und sie in Korrelation zu eigenen „Glaubenserfahrungen“ setzen.
– Sie sollen die Frage der religiösen Disponibilität erörtern.
– Sie sollen die Urerfahrung des „abwesenden“ bzw. „schweigenden Gottes“ thematisieren und problematisieren.
– Sie sollen die Theodizeefrage thematisieren und Deutungsmöglichkeiten eruieren.
– Sie sollen die Grenze theoretisch-theologischen Problematisierens kennen und verstehen lernen.
– Sie sollen das Problem der „Glaubensgewißheit“ thematisieren und problematisieren sowie nach adäquaten Aussageweisen heute suchen.
– Sie sollen über das Problem des „Scheiterns“ nachdenken, nach Ursachen fragen und Lösungsmöglichkeiten – insbesondere das „Dennoch“ des Glaubens – erörtern.

4.2 Fertigkeiten

– Die Schüler sollen Ereignisse und Daten in Karten, Übersichten, Friesen (Zeitleisten) lesen, einordnen und solche Darstellungen selbst anfertigen können.
– Sie sollen mit der Bibel und biblischen Schriften (Einzeltexten) sachgemäß umgehen lernen.
– Sie sollen theologische und religiöse Fragen verbalisieren, problematisieren und anfangsweise selbständig erarbeiten können.

4.3 Verhalten

In bezug auf die Bibel:
– Die Schüler sollen die hilflos verlegene, rational unbegründet ablehnende, sowie oft emotional unkontrollierte aggressive Haltung gegenüber dem Hauptdokument des christlichen Glaubens verlieren.
– Sie sollen vielmehr lernen, unvoreingenommen und sachgerecht mit biblischen Texten umzugehen.
In bezug auf das Phänomen „Glauben“:
– Sie sollen offen werden für die Erfahrung, daß religiöse Motivation befreiende, sinngebende und wegweisende Impulse auslösen kann.
– Sie sollen offen werden für die Erfahrung, daß Glauben immer Handeln intendiert und sich erst in ihm verifiziert.

– Sie sollen offen werden für die Erfahrung, daß im interpersonalen Bereich aus dem Glauben neue Bindungen entstehen (Jeremia–Baruch), aber auch frühere Bindungen (Jeremia und seine Verwandten) gelöst werden können.
– Sie sollen offen werden für die Erfahrung, daß Glaubensgewißheit nicht selten mit bestehenden religiösen Institutionen in Konflikt gerät.

II. Überblicksinformationen für Lehrer

Karl Heinemeyer

1. *Allgemeines über Propheten in Israel*

1.1 *Wurzeln des Prophetentums*

Für uns heute hat das Wort „Prophet“ mit Vorherwissen, Vorhersagen und Weissagen zu tun. So sind die Begriffe Prophet, prophezeien und alle Ableitungen im säkularen Sprachgebrauch durch den Akzent der Zukunftsvoraussage bestimmt. Ein Wort ist für uns prophetisch, wenn in ihm heute ausgesprochen wird, was später geschieht.
Dieses moderne Verständnis eröffnet kaum einen Zugang zur alttestamentlichen Prophetie; denn hier geht es viel weniger um Voraussage, als primär um den Ausruf einer Wirklichkeit vor den Ohren der Menschen und im Auftrage Gottes.
Die o. a. Bedeutung ist im griechischen und hebräischen Begriff mit enthalten. „‚Prophezeien‘ heißt ursprünglich nichts anderes als ‚aussprechen‘, ‚verkünden‘, ‚bekanntmachen‘.“[1] Das hebräische Wort „nabi“ wird im Griechischen mit „Prophet“ wiedergegeben, doch ist „nabi“ (nebiim) nicht eindeutig zu übersetzen. Es kann aktivisch („Rufer“, „Verkünder“) und passivisch („Berufener“) verstanden werden.
Die Schwierigkeit ergibt sich nun aber daraus, daß innerhalb des Alten Testaments kein einheitlicher Sprachgebrauch vorliegt; so heißt es in 1. Sam. 9,9, daß man jetzt Propheten nennt, die man früher als „Seher“ bezeichnete. Eine dritte Variante begegnet uns 1. Sam. 2,27; 1. Kön. 12,22 u. ö., nämlich: „Mann Gottes“. Je weiter wir den Begriff zurückverfolgen, um so unschärfer wird sein Bild.
Für das Altertum war die unmittelbare Beziehung zwischen der eigentlichen Geschichte und Gott selbstverständlich; sie ist hier mitzubedenken. So gab es auch außerhalb Israels Propheten; man muß daher mit nichtisraelitischen Einflüssen in der alttestamentarischen Prophetie rechnen. Daraus resultiert, daß im Alten Testament verschiedene Wurzeln der Prophetie zur Geltung kamen.
Es heben sich folgende Typen ab:

1.1.1 *Die Ekstatiker.* Sie gehören zu den „Vorläufern“ der Propheten oder besser: „Eine Wurzel des historisch greifbaren Prophetentums wird mit Sicherheit in jenen ‚Haufen‘ von Ekstatikern zu erblicken sein, die vielleicht als im ganzen Vorderen Orient verbreitetes religiöses Phänomen angesprochen werden müs-

---

1. Vgl. Heinz Grosch: Der Prophet Amos. In: Handbücherei für den Religionsunterricht. Heft 6. Gütersloh, 1969, S. 5 (vgl. auch RGG^3 unter „Propheten“)

sen"[2], (z. B.: 1. Sam. 10,5.10.19 in der Saulgeschichte, sie „weissagten" unter Musikbegleitung und „in Verzückung", magische Praktiken werden 1. Kön. 18 erwähnt).
Ekstase ist uns heute fast fremd, aber wir finden sie in allen Religionen; neuerdings zeigt sich Vergleichbares in religiösen Bewegungen.
Die Rolle ekstatischer Formen und Erscheinungen in der israelitischen Prophetie ist schwer auszumachen; ausschalten darf man sie nicht. Aber das alttestamentliche Prophetentum kann auch nicht einfach als ekstatisches Phänomen betrachtet oder erklärt werden. Fest steht: Die Ekstase betrifft primär die Weise des Empfangs des Gotteswortes.

1.1.2 *Der „Seher"*. Schon in frühester Zeit (10. Jahrhundert v. Chr.) begegnet uns diese Art Prophetie (z. B. 4. Mose 24,3 ff. Bileam, ein heidnischer Seher und 1. Sam. 9,15; 2. Sam. 24 Gad).
Die Inhalte der geschauten oder gehörten Offenbarungen sind denkbar verschieden. Einerseits: alltägliche Dinge; andererseits: weittragende religiöse und politische Entscheidungen (z. B.: Ri. 4,4 ff.; 1. Sam. 10).

1.1.3 *Der „Mann Gottes"*. Er zeichnet sich durch besondere von Gott verliehene Kräfte aus, aber trotz gelegentlichen Auftretens erscheint der Gottesmann wenig im Vordergrund, d. h. in der Öffentlichkeit und bei den Auseinandersetzungen, die sein Wort auslöste (z. B.: Elia / 1. Kön. 17,18–24; 2. Kön. 1,2–13; 2. Kön. 4–8; 2. Kön. 13,19).
Elia und Elisa zeigen gleichzeitig Züge des Sehers.
So ist es schwer, die verschiedenen Erscheinungsformen der Prophetie eindeutig zu unterscheiden. Sicherlich bestand auch eine Wechselbeziehung zwischen Einzelgestalten von Propheten und Gruppenbildungen.
„Prophetengemeinschaften sind u. a. belegt für Rama (1. Sam. 19,18 ff.), Bethel (1. Kön. 13,11) und Jericho (2. Kön. 2,5)."[3]
Die Erzählungen von Gottesmännern, Sehern und Ekstatikern helfen zwar, dem Phänomen der Prophetie in seiner Eigentümlichkeit ein Stück näher zu rücken, aber eine zureichende Erklärung des Prophetentums geben sie nicht.

1.2 Ort und Zeit des Prophetentums

Wie verstanden sich die Propheten selbst?
Wie wurden sie verstanden?
Welche Rolle spielten sie zu den je verschiedenen Zeiten innerhalb des Volkes Israel?

---

2. H. Grosch, Amos, a.a.O., S. 5
3. H. Grosch, Amos, a.a.O., S. 6

Hinsichtlich der alttestamentlichen Prophetie haben wir es mit einer „historisch eigentümlich abgegrenzten Erscheinung“ zu tun, „sowohl räumlich wie zeitlich“[4].

Martin Noth („Geschichte Israels“), weist darauf hin, daß „die großen geschichtlichen Bewegungen und Wendungen“[5], die Israel in der ersten Hälfte des 1. Jahrtausends betrafen, zugleich auch die Nachbarvölker Israels in Mitleidenschaft zogen (wie umgekehrt, Verf.), doch hat es eine vergleichbare Prophetie in diesen Völkern nicht gegeben.

Weiter fällt dem Beobachter auf, daß das „religiöse“ Phänomen der Propheten in charakteristischer Weise mit der „politischen“ Erscheinung des israelitischen Königtums verknüpft ist.[6]

Propheten können geradezu als Gegenspieler der Könige bezeichnet werden (von ca. 1000–587 v. Chr. zum Exil),

zum Beispiel Samuel – Saul,
Nathan – David,
Amos – Jerobeam II.,
Jesaja – Ahas und Hiskia,
Jeremia – Josia, Jojakim und Zedekia.

Gleichsam als „kritische Instanz“ (Westermann) wachten die Propheten über die Treue der jeweiligen Dynastie zu Jahwe (Bund), denn das „Wissen um Gott als den Herrn der Geschichte drohte unter dem doppelten Einfluß neuer gesellschaftlicher Gestaltungen (Königtum, Staatswerdung etc.) und religiöser Traditionen des Kulturlandes (Fruchtbarkeitskulte als Ausdruck bäuerlicher Religiosität) verlorenzugehen.“[7]

„Damit jedoch gerieten sie zugleich in eine tiefe Spannung zu den beamteten Vertretern der Religion, zum Priestertum.“[8] Denn schon sehr früh hat die feste Verbindung von Priestertum und gesellschaftlicher Ordnung zu Traditionsbildungen geführt, deren Stützung ebenso im Interesse der politisch und wirtschaftlich Mächtigen lag, wie umgekehrt das Priestertum ein vitales Interesse an der Stabilität der politischen und wirtschaftlichen Verhältnisse haben mußte.

Was der Prophet im Gegenüber, im Anblick solcher Verhältnisse ausruft, ist öffentlich gerichtetes Wort, das in die unmittelbar gegenwärtige Geschichtsstunde hineinstößt, die Situation deutlich ausspricht und ins Licht des Jahwe-Wortes hebt. Auf diese Weise wird dann auch die im Lichte dieser Gegenwart liegende Zukunft angekündigt. Prophetenwort will Gotteswort zur Stunde sein. Dabei ist noch zu beachten, was für das Alte Testament Wort und Sprache ist: ein per-

---

4. H. Grosch, Amos, a.a.O., S. 7
5. Martin Noth: Geschichte Israels. Göttingen, ^{4}1959, S. 232, vgl. auch G. v. Rad, Theologie, Bd. II., a.a.O., S. 34ff.
6. Vgl. H. Grosch, Amos, a.a.O., S. 7
7. H. Grosch, Amos, a.a.O., S. 7
8. Vgl. H. Grosch, Amos, a.a.O., S. 7. Siehe Eichrodt: Theologie des Alten Testaments. Bd. II/III. Göttingen, ^{7}1974, S. 218f.; Claus Westermann: Tausend Jahre und ein Tag. Stuttgart, ^{3}1961, S. 112 und 183

sonaler Vorgang, zu dem das Sprechen wie das Hören gehört: etwas von einer Person zu einer Person Geschehendes.

Die Ausleger der Wende des 19./20. Jahrhunderts betrachteten die Propheten in einem sehr spezifischen Sinne als Boten und Anwälte Gottes, weil ein soziales Engagement der Prophetie nicht zu übersehen ist: als Vertreter des „Geistigen" einer „bewußten Ethik" gegenüber dem „Sinnlichen" einer bloßen „Kulturreligion" (Nathan, Elia, Amos, Micha); vgl. Duhm.[9]

H. Greßmann spricht von den Verkündern der „göttlichen Offenbarung und untrüglichen Wahrheit", die „erhaben" sei „über alles menschliche Wissen und überliefertes Herkommen", und nennt die Propheten Offenbarer der „sittlichen Größe" der Gottheit, in denen zum ersten Male „das Bewußtsein der Einzelpersönlichkeit" erwache.[10]

Welche Legitimation haben Propheten vorzuweisen? Wer sagt uns, daß sie „echte" Propheten, legitime Ausleger der Überlieferung (1. Kön. 22) sind? Die Frage nach dem „wahren" und „falschen" Propheten ist sehr alt. Heilspropheten und Unheilspropheten werden gegenübergestellt, doch ist das keine Lösung des Problems, denn spätere Schriftpropheten (Deuterojesaja und Jeremia) haben neben Unheil eben auch Heil angesagt.

Das bedeutet: Es gibt keine eindeutigen Kriterien für die „Echtheit" der prophetischen Botschaft.

Die in der Ich-Form wiedergegebene Erzählung von der Berufung fordert zunächst einmal „Glauben", fordert das Zutrauen zu Gott, daß er durch Menschenmund geredet habe.

Grosch folgert daraus sogar, „daß unser – d. h. der christliche – Glaubensbegriff letztlich aus der Prophetie stammt"[11].

Mit dieser Botschaft vom Angewiesensein auf Gott und sein Wort bezieht der Prophet eine Gegenposition zu König und Priester.

Baut der König auf sein politisches Kalkül, so der Priester auf die Sicherheit der „Religion" (kultisches Handeln). Will der König die Welt als politisch-geschichtliche gestalten, so versucht der Priester, auf die oberste Instanz, auf Gott selbst, unmittelbar einzuwirken. „Beide aber – König und Priester – sind damit nur Repräsentanten des Menschen schlechthin, des Menschen, der in Politik und Religion sein Heil schaffen oder ermöglichen will. Darum gilt beiden ... die Botschaft des Propheten, der zum Umdenken und zur Umkehr rufen muß, weil er selbst ein Gerufener ist."[12]

---

9. Bernhard Duhm: Israels Propheten. Tübingen, [2]1922, S. 71 und 75
10. Vgl. H. Grosch, Amos, a.a.O., S. 8
11. H. Grosch, Amos, a.a.O., S. 10; vgl. C. Westermann, Tausend Jahre, a.a.O., S. 221 f.; Jesaja: 7,9
12. H. Grosch, Amos, a.a.O., S. 10

1.3 Die Schriftpropheten

Überblick[13]

Wir müssen unterscheiden zwischen
1.3.1 Propheten, über die wir nur wissen, was die Geschichtsbücher erzählend überliefern; z. B.: Nathan (1000), Elia (900) und Micha ben Jimla (vgl. dazu 2. Sam. 7ff.; 17ff.; 1. Kön. 22), und

1.3.2 denen, deren Worte aufgezeichnet, gesammelt und überliefert worden sind, den sog. Schriftpropheten.
Diese Schriftpropheten begegnen uns an drei Schwerpunkten der Geschichte des Volkes Israel:

1.3.2.1 Im 8. Jahrhundert v. Chr.: Zeit des Aufstiegs der Assyrer, vor der Auslöschung des Nordreichs (722)
- Amos und Hosea im Norden (750–700)
- Jesaja und Micha im Süden (750–700)

1.3.2.2 Gegen Ende des 7. Jahrhunderts: Aufstieg Babylons und Bedrohung des Südreichs (Exil 587)
Jeremia, Habakuk, Nahum und Zephanja (650–550)
(Jeremia nur in der dritten Periode)

1.3.2.3 Zeit des babylonischen Exils (592–538); (judäische Oberschicht): Jeremia (Zeuge der Ereignisse 587); Ezechiel (Hesekiel) und „Deuterojesaja" (Verf. Kap. 40–55) in Babylon (650–500).
Die „Nachfahren der Prophetie" (Westermann) haben ihr Gegenüber in der Jerusalemer Kultgemeinde der kleinen persischen Provinz Juda.

1.3.2.4 Haggai, Sacharja, Tritojesaja (Kap. 56–66) (um 450) und Maleachi.

1.3.2.5 In den letzten drei Jahrhunderten v. Chr.: Joel, „Jonas" und „Daniel" (300–0), die jüngsten Bücher des Alten Testaments.

Größere und kleinere Texte („Bücher") liegen von den Schriftpropheten vor. Wie sind sie entstanden? Wie konzipiert?

Die sprachlichen Formen der Schriftprophetie. Die Bücher bzw. Texte, wie wir sie heute in der Bibel (Altes Testament) vorfinden, sind in ihrer jetzigen (letzten) Form nicht durch die Hand der Propheten entstanden. Jedes Werk hat seine Entstehungsgeschichte.

---

13. Vgl. H. Grosch, Amos, a.a.O., S. 11

(A) Man unterscheidet (vereinfacht):
  a) Fremdberichte (In der dritten Person ist vom Propheten die Rede): Z. B.: Am. 7,10–17; Jes. 37; Jer. 36; das Buch „Jona" insgesamt ist eine Erzählung über den Propheten.
  b) Die eigentlichen Prophetensprüche: Das sind die durch den Propheten übermittelten Worte des Herrn.
  c) Seltener Gebetstexte: in denen sich der Prophet sozusagen antwortend mit Lob und Klage (ähnlich den Psalmen) an Gott wendet.

(B) Andere Unterscheidung:
  a) die meist in gebundener Sprache abgefaßten Prophetensprüche (Poesie) und
  b) die Erzählungen (Prosa):
    1. in der Er-Form
    2. in der Ich-Form

Die Prophetenworte bilden in beiden Einteilungen eine besondere Gruppe. Da sie den weitaus breitesten Raum einnehmen, wenden wir uns ihnen kurz zu:
Die Prophetensprüche sind Bot-schaften im strengsten Sinne des Wortes. Entscheidendes Charakteristikum ist die Botenformel. Mit ihr weisen die Propheten ihre Predigt als das Wort Jahwes aus.
Diese Formel steht zu Beginn, aber auch mitten im Text (z. B.: „So spricht Jahwe", „Ausspruch des Herrn Jahwe").
Daraus ersieht man, daß die prophetische Botschaft – als mündliche (gesprochene) – ihren Sinn im Überbrücken eines Abstandes hat (Westermann, Grundformel, S. 70ff.). Jemand (Gott) schickt einen Boten, weil er nicht selber sprechen kann oder will; eine Nachricht wird übermittelt.
Die vorexilischen Propheten waren vor allem Boten des Gerichts (Geschichtliche Situation: kritisches Gegenüber von König- und Priestertum).
Daraus erklärt sich, daß die
  Grundform des Prophetenspruches von zwei Elementen bestimmt ist:

1. von der Anklage: (Scheltwort)
   (Vorstellen des Vergehens, der Schuld des Angeklagten)
   und
2. von der Ankündigung des kommenden Unheils: (Drohwort)
   (vgl. 1. Kön. 21,17–19, 2. Kön. 1 u. 3 mit Am. 7,16–17)
   (bei Erzählungen und Sprüchen gleichermaßen).

Diese Struktur (Anklage – Botenformel – Gerichtsankündigung) kann vielfältig variiert und erweitert auftreten (Grundschema bleibt, situationsgemäße Abwandlungen).
(z. B.: Amos' „Spruch an Frauen der höheren Stände, die Luxusleben führen", S. 13, Grosch)
Die Propheten bedienten sich jedoch auch anderer Redeweisen:

z. B. Gleichnis (2. Sam. 12: Nathan – David)
volkstümliches Lied (Jes. 5,1 ff.)
Weisheitslehre: Fragen (Am. 3,3–8)
Symbolhandlung und Rede (Jer. 19)

Eine Sonderstellung nehmen die Berufungen ein:
Die Propheten beschreiben selbst in der Ich-Form die Visionen, aus denen sie den Auftrag ableiten. Die Mitte ist das Wort Jahwes, das der Prophet weitersagen soll und muß (Jes. 6,9; Hes. 3,11).

Vom Prophetenwort zum biblischen Buch. Die Rolle der mündlichen Überlieferung in einer ersten Phase der „Text"-Geschichte wird sehr hoch eingeschätzt. „Demgegenüber ist aber auch festzuhalten, daß gerade der syrisch-palästinensische Raum als die Wiege der Alphabetschrift eine sehr verbreitete Schriftkultur gekannt hat, die eine frühe Aufzeichnung des Überlieferungsgutes wahrscheinlich macht."[14]
(Z. B.: Jer. 36 „Buchrolle", Hinweis: Das 5. Buch Mose stammt aus der gleichen Zeit; Hinweis auf Nebeneinander von mündlicher und schriftlicher Tradition; 5. Mose 31,19.)
Der Befund ist sehr vielschichtig, zumindest bis zur Zeit des babylonischen Exils. Das Problem der mündlichen und schriftlichen Überlieferung ist bei jeder literarischen Einheit neu zu erörtern. Die Art der Weitergabe ist oft sehr unterschiedlich, je nach Gattung und Sitz im Leben.

1. „Mündliche Literatur" – poetische Stücke – werden oft durch einen festen Personenkreis und mit Sorgfalt ohne Änderungen weitergegeben.

2. Sagen und Sprichwörter werden anders tradiert, da sie der Volksmund geschaffen hat und unbedenklich verändert.

Die Überlieferung (mündlich und schriftlich) wurde in der Regel nicht mechanisch weitergegeben, sondern in je neuen und noch analogen Situationen aktualisiert oder neu formuliert (wie im Neuen Testament: Worte Jesu durch Urgemeinde und Evangelisten). Die Frage nach der Echtheit eines Wortes muß daher offen bleiben bzw. kann nur hypothetisch beantwortet werden.
Ihre endgültige Gestalt werden die Texte der klassischen Schriftpropheten erst in nachexilischer Zeit (5./4. Jahrhundert v. Chr.) gefunden haben.
Es ist schließlich zu beachten, daß die älteste hebräische Fassung des Alten Testamentes, die uns erhalten blieb, relativ jung ist, sie stammt aus dem 10. Jahrhundert nach Chr. (ältester erhaltener Prophetenkodex um 895 n. Chr.).
Die Kanonisierung (Festlegung eines allein und allgemeingültigen Textes) fand bereits um die Wende vom 1. zum 2. Jahrhundert nach Chr. statt.

---

14. H. Grosch, Amos, a.a.O., S. 12–14

Die Schriftenfunde in den Höhlen am Toten Meer (Qumran 1947) haben gezeigt, daß der Wortlaut des Alten Testaments vom 3. Jahrhundert vor Chr. an in großer Treue und Genauigkeit tradiert worden ist.[15]

2. Die geschichtliche Lage zur Zeit Jeremias[16] (Teils stichwortartig)[17]

2.1 Die Weltmächte

Im Jahre 650 v. Chr. wurde Jeremia geboren. In dieser Zeit hatte das neuassyrische Weltreich den Gipfel seiner Macht bereits überschritten (664 Höhepunkt: Unterwerfung Ägyptens; 612 Untergang Ninives, von Babyloniern erobert). Die Heere Asarhaddons (669–631) hatten durch die Eroberung und Zerstörung Thebens (663) die damalige Zeit in Schrecken versetzt. Sein Nachfolger Assurbanipal war nicht der große Feldherr wie sein Vorgänger oder gar wie Tiglatpilesar (745–727); Assurbanipal sonnte sich im Glanze seines Ruhmes. Seine Interessen galten vorwiegend der Förderung von Kunst und Wissenschaft (Anlage der großen Keilschriftenbibliothek). Um die Mitte des Jahrhunderts machte Ägypten sich daher auch bereits wieder selbständig (Pharao Psammetich 664–609). Noch wichtiger war jedoch, daß gleich nach dem Tode Assurbanipals der Chaldäer Nabopolassar König von Babel (626) wurde. Die alte Feindschaft Babel–Assur lebte wieder auf. Schließlich drängten aus dem iranischen Bergland die Meder gegen Assur vor, unterstützt von skythischen Reiterscharen aus den Steppen nördlich des Schwarzen Meeres. 612 fiel Ninive. Assuruballit vermochte auch mit der Unterstützung des Ägypters Necho (609–593) in der Stadt Harran im westlichen Mesopotamien das Reich nicht mehr zu halten.
Zwar hatte Pharao Necho alte Ansprüche Ägyptens auf eine Herrschaft in Syrien und Palästina erneuert, doch der neubabylonische König war nicht gewillt, auf dieses Gebiet zu verzichten. Im Jahre 605 besiegte der babylonische Kronprinz Nebukadnezar das Heer des Pharao Necho bei Karkemisch am Euphrat (siehe 2. Kön. 24,7). Die syrisch-palästinischen Kleinstaaten wurden dadurch zu tributpflichtigen Vasallen der Babylonier. Während der Regierung Nebukadnezars (604 bis 562) vollendete sich das Geschick des judäischen Staates.

---

15. Vgl. Rudolf Meyer: Qumram 3. In: RGG. Bd. V. Tübingen, ^{3}1961, Sp. 742–745
16. Eine Skizze einer Lehreinheit zur Geschichte Israels finden wir im Heft 2/1966 „Der Ev. Erzieher", Frankfurt, von Friedrich Hahn. Diese kann vom Lehrer erweitert, ergänzt bzw. verkürzt oder vereinfacht werden.
17. Siehe auch: M. Noth, Geschichte Israels, a.a.O.; Arthur Weiser: Das Buch Jeremia. In: ATD. Bd. 20/21. ^{5}1966, S. IX–XLIII; G. v. Rad, Theologie, Bd. II, a.a.O., S. 195ff.

2.2 *Juda zwischen den Weltmächten*

Im Jahre 722 hatten die Assyrer das israelische Nordreich mit seiner Hauptstadt Samaria erobert. Ein größerer Teil der Bevölkerung, besonders aber die führende Schicht, wurde in die Verbannung verschleppt. Übrig geblieben war nur noch das kleine Südreich Juda mit der Hauptstadt Jerusalem.

Verschiedene Versuche der Auflehnung gegen die assyrische Oberherrschaft waren fehlgeschlagen (Ende des 8. Jahrhunderts v. Chr.). Nach dem Tode des gottesfürchtigen Königs Hiskia (728–699) herrschte dort *Manasse* (686–642), der sich vermutlich in das unvermeidliche Los eines tributpflichtigen assyrischen Vasallen gefügt hat und dadurch Juda während seiner Regierungszeit den äußeren Frieden erhielt. (Jer. 44,17) Im Urteil jahwetreuer Kreise war allerdings der Preis zu hoch, denn sie sahen in ihm einen abtrünnigen Verführer zum Götzendienst. (Vgl. dazu Jer. 15,4; 19,3) Manasse hatte nämlich zum Zeichen der Unterwerfung zugestimmt (2. Kön. 21,16; Jer. 2,23–34), dem assyrischen Staatskult im Tempel von Jerusalem einen Platz einzuräumen. Dadurch fanden allerlei fremde Religionsformen Eingang ins Volk (vgl. 2. Kön. 21,1–18; 23,4–20; Zeph. 1,4ff.; 8f.) und führten zu synkretistischen Erscheinungen.

Diese religiösen Mißstände dauerten noch unter der Regierung Amons (641 bis 640) und in den ersten Jahren Josias (640–609), der mit acht Jahren König von Juda wurde, an.

Während dessen Regierungszeit (627 v.; vgl. Jer. 1,2 und 25,3) wurde *Jeremia* berufen. Er, der Sohn eines Priesters, der in der Tradition der Jahwereligion groß geworden war, lehnte die Religionsmischung scharf ab. Entrüstung klingt aus seinen Worten.

Mit dem Verfall des assyrischen Weltreiches gewannen nationale Freiheitsbestrebungen, verbunden mit religiöser Selbstbesinnung, neuen Auftrieb. *Josia* nutzte diese Zeit zur Aktivierung der eigenen Politik, die als Ziel die Befreiung von der assyrischen Abhängigkeit und die Wiederherstellung des davidischen Großreichs hatte. Die Beseitigung des assyrischen Staatskultes und anderer (astraler) Kultelemente (2. Kön. 23,4f.) waren wesentliche Schritte auf diesem Wege. Auch auf das Gebiet des ehemaligen Nordreichs (Kultort Bethel) dehnte Josia seine Kultreform und damit seinen Machtanspruch aus. (2. Kön. 23,15) Die schrittweise vorangetriebene Expansionspolitik griff sogar auf das Philisterland sowie das südliche Ostjordanland über (vgl. Jos. 13–19) und reichte bis in die Provinz Megiddo. (2. Kön. 23,29)

Die *Kultreform* (2. Kön. 23,4–20) wurde bestimmt durch das im Jahre 621 gefundene deuteronomische Gesetzbuch (2. Kön. 22,8ff.) und durch die auf die alte Bundestradition zurückgreifende Reinigung im Tempel von Jerusalem. Damit wurden gewisse Anliegen der Propheten (Nahum, Habakuk, Zephanja, Jeremia) verwirklicht. So fällt Jeremia über Josia ein positives Gesamturteil. (Jer. 22,15ff.)

Politisch trat während dieser Zeit keine der Großmächte (Babylon, Ägypten) mit besonderen Ansprüchen auf. Erst im Jahre 609 sah sich Josia gezwungen (oder er überschätzte seine Möglichkeiten bzw. sein Sendungsbewußtsein

wurde ihm zum Verhängnis), dem Pharao Necho, der als Bundesgenosse des letzten assyrischen Königs (Assuruballit) nach Norden zog, mit einem Heer entgegenzutreten. Dabei fand er den Tod. Das bedeutete das Ende aller judäischen Freiheitshoffnungen. Josias Sohn Schallum (Joahas) wurde vom Sieger Necho nach drei Monaten abgesetzt und nach Ägypten gebracht. (2. Kön. 23,31 f.; vgl. Jer. 22,10 ff.)
Necho legte dem Land einen schweren Tribut auf und setzte einen anderen Sohn Josias, Eljakim, als König über Juda ein, dessen Namen er zum Zeichen seiner Oberhoheit in Jojakim änderte. Jojakim regierte als ägyptischer Vasall von 608 bis 605 und zahlte hohen Tribut. Die deuteronomische Reform hatte praktisch ihre Bedeutung verloren. (Vgl. Jer. 7,16 ff.)
Jojakim hatte nichts von seinem sympathischen Vater Josia. Jeremia (36,23 ff.) schildert ihn als skrupellosen Despoten, der die Notlage seines Volkes rücksichtslos ausnutzte (Bauleidenschaft). Scharfe Kritik Jeremias und Haß des Volkes gegen ihn waren die Reaktionen.
Nach dem Sieg der Babylonier unter Nebukadnezar gegen Necho 605 wechselte lediglich der tributheischende Zwingherr. Nach 2. Kön. 24,1 war Jojakim dem Nebukadnezar zunächst drei Jahre untertan; das hatte die Übernahme babylonischer Staatsgötter in den Tempelkult zur Folge. (Vgl. Jer. 8,1 ff.)
Die Religionsvermischung unter Jojakim wird sich nicht sehr vom Synkretismus unter Manasse unterschieden haben.
Als Nebukadnezar in Ägypten 601/600 eine Niederlage erleidet (2. Kön. 24,1), sagt Jojakim ihm die Vasallentreue auf. Sofort erscheinen daraufhin babylonische Truppen plündernd und brandschatzend im Land.
Nebukadnezars eigentliche Strafaktion erfolgte aber erst im Jahre 598/597. Der Süden Judas fällt in die Hand des Feindes (Jer. 13,18 f.), Jerusalem wird belagert und am 15./16. 3. 597 eingenommen.
Jojakim stirbt kurz vor der Belagerung. Sein Sohn Jojachin (18jährig) und dessen Familie sowie der Hofstaat (Beamte u. a.) wurden nach Babel deportiert; bis zu Nebukadnezars Tod blieb er dort in Haft. (Jer. 52,31 ff.) Die waffenfähige Oberschicht und die Handwerker mußten ins Exil. Die Schätze des Tempels wurden eine Beute der Babylonier.
Nebukadnezar setzte den *Onkel Jojachins, Mattanja,* als König über den Rest-Vasallenstaat ein. Zum Zeichen seiner Oberhoheit nannte er ihn *Zedekia.* Dieser war ein schwacher, wankelmütiger Regent und deshalb Babel genehm. Obwohl ihn Jeremia vor der nationalistischen Kriegspartei warnte und ihm die Unterwerfung unter Babel als gottgewollt (Gericht) ans Herz legte, geriet er in den Bann der Militärs. Fanatisiert wurden die nach Unabhängigkeit Strebenden noch von gleichgesinnten Propheten. Die Zusage ägyptischer Hilfe ließ ihn den verhängnisvollen Schritt tun, Babel die Treue aufzusagen.
Nebukadnezar handelte sehr schnell, als Pharao Hophra von Ägypten erneut Ansprüche auf Palästina geltend machte. (Jer. 34,7) Das Land wurde wieder erobert und Jerusalem erneut belagert. (588 v. Chr.) Zunächst drängten die ägyptischen Truppen die Babylonier zurück, so daß die Belagerung Jerusalems vorübergehend aufgehoben wurde. Doch danach brach die endgültige Katastrophe

über Juda herein: Nach eineinhalb Jahren Belagerung (im August 587; Jer. 34,21; 37,5 und Jer. 37,7ff.) fiel Jerusalem. In seinem Hauptquartier Ribla ließ Nebukadnezar den ergriffenen Zedekia blenden, nachdem seine Söhne vor seinen Augen getötet waren. Der blinde König starb in der babylonischen Gefangenschaft. (2. Kön. 25; Jer. 52,11) Die gesamte israelitische Oberschicht traf das Schicksal der Deportation. Nur ein kleiner Teil der Landbevölkerung (Bauern und Winzer) verblieb in Juda. Jerusalem verfiel der Plünderung, der Tempel ging in Flammen auf. Alles Wertvolle wurde zur Kriegsbeute.
Das Königreich Juda gab es nicht mehr. Nebukadnezar setzte als Statthalter *Gedalja* ein, der seinen Sitz in Mizpa nahm, wo er erste Maßnahmen zur Neuordnung traf. Auch Jeremia gehörte zu denen, die am Wiederaufbau mithelfen wollten, obwohl ihm von den Babyloniern ein freies Leben in Babel angeboten worden war. Doch Gedalja fiel einer Offiziersverschwörung zum Opfer; das hatte die Flucht vieler Judäer nach Ägypten zur Folge, wohin auch Jeremia und Baruch gegen ihren Rat und Willen verschleppt wurden. (Jer. 40,5–43,7) Juda hatte seine politische Bedeutung verloren.

3. *Das Buch Jeremia*[18]

3.1 Die mündliche Verkündigung

Jeremia hat vorwiegend durch das gesprochene Wort verkündigt; die schriftliche Aufzeichnung und Sammlung der Worte bedeuten ein sekundäres Stadium der Überlieferungsgeschichte. In der mündlichen Verkündigung bedient sich der Prophet der verschiedenen prophetischen Rede- und Gattungsformen wie des Scheltworts, Mahnworts, der Drohung und der Verheißung, oft eingeleitet mit der Form des sogenannten „Botenspruchs“: „So hat Jahwe gesprochen“, abgeschlossen mit „ist Jahwes Spruch“.
Einzelsprüche (verwandt dem Orakel) sind bei Jeremia seltener als bei Amos oder Jesaja. Häufiger finden sich breiter ausgeführte Sprucheinheiten (6,9–15; 8,18–23; 15,5–9 usw.), die „prophetische Reden“ genannt werden können. (9,1–8; 9,9–11; 9,16–21) Vor versammelter Kultgemeinde (zur Belehrung und Paränese) haben sie die Form der liturgischen Predigt (besondere Stilgattung kultischer Rede vor Jeremia).
Sie ist gekennzeichnet durch Verwendung der rhetorischen Frage und einfache generalisierende Thematik, vgl. z. B. zu 7,1ff.; 8,4ff.; 10,1ff.; 11,1ff.; 16,1ff.; 17,19ff.; 18,1ff.; 18,13ff. usw., (belehrend – paränetische Predigt).

---

18. Nach A. Weiser, Jeremia, a.a.O., S. XXXVI–XLIII

Gelegentlich tritt Jeremia selbst im Gottesdienst als Vorbeter und Fürbitter der Gemeinde auf und verwendet dabei die traditionelle Form des „Volksklageliedes", dem die göttliche Antwort folgt. (Siehe 14,1–15,9) Er ist vertraut mit den überlieferten liturgischen Stilgattungen, wie sich in den persönlichen Klage- und Rachegebeten 11,20ff.; 15,10ff.; 17,12ff.; 18,19ff.; 20,7–13 zeigt (Verbindung von „Klagelied" und „Danklied", ähnlich wie in den Psalmen).
In den Selbstberichten über sein visionäres Erleben, die auf die Kündung eines Gotteswortes hinauslaufen und deshalb nicht einfach als autobiographische Stücke beurteilt werden können (1,4ff.; 1,11ff.; 1,13ff.; 13,2ff.; 24,1ff.; 25,15ff.), sowie in den prophetisch-symbolischen Handlungen (19,1ff.; 27,1ff.; 32,2ff.; 43,8ff.; 51,59ff.; vgl. auch 16,11ff.) und Zeichen (44,29ff.) bewegt sich Jeremia auf dem Boden prophetischer Gepflogenheit. Neben der Fülle der übernommenen Gattungen und Stilformen darf aber die eigene Leistung dieses Propheten nicht übersehen werden; er gehört zu den größten Dichtern des Alten Testaments. (Reichtum von treffenden Bildern und Vergleichen: dramatisch lebendige Darstellungskraft; weite Skala fein abgestimmter Sprachtönung)

3.2 Zur Entstehung des Werkes

Kapitel 36 gibt uns hierzu Aufschluß:
Als im Jahre 605 v. Chr. der von Jeremia längst angekündigte „Feind vom Norden" in Nebukadnezar (Babylonier) konkrete Gestalt angenommen hatte (Erfüllung der Drohworte), diktierte Jeremia seinem Schreiber Baruch die Worte aus der Zeit 626–605 zum Zweck der öffentlichen Verlesung im Tempel an einem Fasten- und Bußtag des Jahres 604. Diese sogenannte Urrolle ist vermutlich eine kleinere Sammlung gewesen (dreimal an einem Tag verlesen); bei der dritten Lesung ist sie von König Jojakim vernichtet worden. Nach 36,27ff. hat Jeremia den Inhalt aber ein zweites Mal Baruch diktiert und die Rolle erweitert (36,32). Diese zweite erweiterte Fassung bildet ohne Zweifel den Kern des Jeremiabuches, der hauptsächlich in den Kap. 1–25 enthalten ist. Eine Rekonstruktion dieser „Urrolle" aus dem jetzigen Werk ist trotzdem kaum durchführbar.
Das Jeremiabuch ist in seiner jetzigen Gestalt weder das Werk des Propheten noch des Schreibers Baruch, sondern das Endergebnis einer im einzelnen nicht mehr klar durchschaubaren Überlieferungsgeschichte, an der mehrere „Hände" beteiligt waren.
Sowohl C. Westermann als auch A. Weiser gliedern es in fünf Teile:
Nach Westermann:
1. Kap.: 1–25: Gerichtsworte an Juda-Israel
2. Kap.: 25 und 46–51: Gerichtsworte an die Völker
3. Kap.: 30–35: Heilsworte an Juda-Israel
4. Kap.: 26–29 und 36–45: Jeremias Leidensgeschichte
5. Kap.: 52: Geschichtlicher Anhang (= 2. Kön. 24,18–25,30)

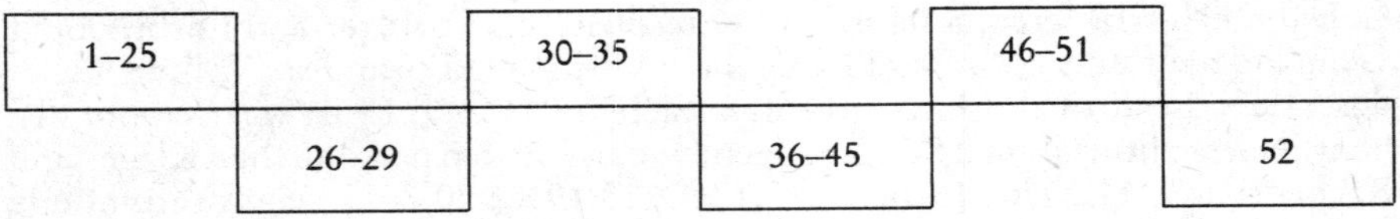

Nach Weiser[19]:
1. Kap.: 1–25: Prophetenworte (Zeit: Josia, Jojakim, Zedekia)
2. Kap.: 26–36: Reden und Handlungen Jeremias (Bericht Baruchs)
3. Kap.: 37–45: Erzählungen über Jeremias Wirken und Leidensschicksal
4. Kap.: 46–51: Sammlung von Drohweissagungen über die Völker
5. Kap.: 52: Geschichtlicher Anhang (vgl. 2. Kön. 24,18–25,30)

Zur Entstehung des Jeremiabuches wäre abschließend zu sagen, daß sich verschiedene Schichten der Tradition noch erkennen lassen und gegeneinander abheben, die einen allgemeinen Überblick über den Werdegang des Jeremiabuches gestatten.[20]

1. Die Grundlage für die Entstehung des Jeremiabuches bilden zunächst eigene Aufzeichnungen des Propheten; ferner Aufzeichnungen persönlicher Art, wie die sogenannten Konfessionen (Bekenntnisse), Klage- und Rachegebete, die Sammlung von Heilsweissagungen Kap. 30f., die Königssprüche 22,10ff. und die Worte gegen die Propheten 23,9ff. usw.
2. Die zweite Entwicklungsstufe beginnt mit der Entstehung und Erweiterung der genannten Schriftrolle (36,32), die Baruch teils nach dem Diktat Jeremias, teils aus eigener Erinnerung aufgeschrieben, gesammelt und selbständig ausgestaltet hat. Sie endigt mit der Abfassung der Leidensgeschichte Jeremias und der damit verbundenen Gottesworte, die einmal den Abschluß der von Baruch zu treuen Händen überlieferten Jeremiaprophetie gebildet hat.
3. Die dritte Schicht der Überlieferungsgeschichte des Jeremiabuches ist durch redaktionelle Umgestaltungen und Erweiterungen gekennzeichnet, woran verschiedene Hände und Interessen (Redaktor, Sammler) durch einen längeren Zeitraum hindurch beteiligt waren (gottesdienstliche Verwendung und Schriftgelehrten-Arbeit).

19. A. Weiser, Jeremia, a.a.O., S. XXXLX–XLII
20. Einzelheiten siehe: A. Weiser, Jeremia, a.a.O., S. XXXLX–XLIII; Claus Westermann: Abriß der Bibelkunde. Fischer Bücherei. Nr. 935. Frankfurt, 1968, S. 105–114

4. Jeremias Leben und Wirken[21] *(Stichwortartig)*

4.1 Vorbemerkungen

Geboren: 650 v. Chr. in Anatot, 7 km NO von Jerusalem, Sohn des Priesters Hilkia; Ahnen: bis Abjatar = Priester Davids, der nach Anatot verbannt wurde (1. Kön. 2,26f.), begüterte Familie. Stilles, bescheidenes Wesen, zurückhaltend. An ihn wendet sich Gott, als er noch jung ist (627/626).

Seine Wirksamkeit fällt in die Regierungszeit von fünf Königen, davon sind zwei in Jer. 1,1–3 nicht genannt: (Schallum/Joahas und Jechonja); Josia, Jojakim, Zedekia.
Während der Zeit der Letztgenannten liegen die Hauptperioden seiner Prophetie. Seine Wirksamkeit ist verbunden mit dem tragischen Geschick (Untergang) seines Vaterlandes (Volkes). Daher rührt z. T. die Tragik seines Lebens, das heißt seines Berufs[22] (Leiden für sein Volk).
Aus der Tradition der Priesterfamilie erklärt sich seine Vertrautheit mit den im Jahwekult gepflegten Überlieferungen (Exodus, Sinaibundesschluß und Landnahmetradition). Die Ziontradition (siehe Jesaja) fehlt bei ihm ganz.[23]
Jeremia war ein sensibler Mensch. Ein Leben in Gemeinschaft mit Freunden lag ihm näher als ein Kampf in der Öffentlichkeit gegen Menschen und Mächte. So wollte er zunächst Jahwes Ruf ausweichen. Dann ging er aber doch den Weg des Leidens, er stieß auf Unverstand, Verleumdung, Spott und Verfolgung; manchmal droht er an seinem Auftrag zu zerbrechen. (6,10; 15,18; 20,7ff.) (Weiser: der Prophet wird zum Märtyrer seines göttlichen Berufs.[24]) Sein Schicksal ist dunkel; die Legende berichtet vom Märtyrertod durch seine Landsleute in Ägypten nach der Verschleppung.
Am Ende seines Lebens steht Jeremia wieder da, wo er begonnen hat: Im vergeblichen Kampf gegen Ungehorsam und Götzendienst, dem sich seine Landsleute wieder zugewandt hatten (ägyptischen Göttern), weil sie das Vertrauen auf Jahwe und die Furcht vor seinen Drohungen verloren hatten (Weiser, S. XXII).
In Jeremias Weg spiegelt sich:
Gott handelt verborgen in menschlicher Erfolglosigkeit durch seine Boten.

---

21. Siehe A. Weiser, Jeremia, a.a.O., S. XIV–XV; G. v. Rad, Theologie, Bd. II, a.a.O., S. 199ff.
22. Vgl. A. Weiser, Jeremia, a.a.O., S. XIV–XV
23. Vgl. G. v. Rad, Theologie, Bd. II, a.a.O., S. 199
24. Vgl. A. Weiser, Jeremia, a.a.O., S. XV

4.2 In der Zeit Josia[25]

(Von der Berufung bis zur deuteronomischen Reform, 627/26–622/21) Jeremias Prophetenworte der Frühzeit (Kap. 2–6) sind an Jerusalem oder an die Jahwegemeinde der „Männer von Juda und Jerusalem" (1,2; 4,14; 5,1 und 4,3f.; 5) gerichtet und setzen weithin die im Festkult des Tempels überlieferte Bundestradition voraus; so wird Jeremia z. B. bei großen Festversammlungen in Jerusalem gesprochen haben.[26] G. v. Rad faßt die Verkündigung der Frühzeit Jeremias (1–6) in dem einen Satz zusammen:
„Über Israel, das den Jahwekult verlassen und sich dem Baalskult ergeben hat, kommt aus dem Norden Unheil."[27]
Israel hat seinen Gott vertauscht; dieser Abfall ist schlechterdings widersinnig.
Jeremia denkt in seiner Frühzeit noch stark in kultischen Kategorien. (Jer. 3,2f.) Gegenüber der Klage über den Abfall treten die Vorwürfe über die Verletzungen der Rechtsordnungen entschieden in den Hintergrund. (2,8b; 5,1f.; 6,6b; 7,27f.) In Jer. 4,5–6,30 sind die Weissagungen über die Gefahr aus dem Norden zusammengefaßt.
Die Gerichtsdrohung tritt zunächst gegenüber der Klage zurück: der Klage Jahwes und den Reflexionen über das Unbegreifliche des Abfalls. Die Aussagegehalte der „Kriegsdichtungen" (4,5–6,26) gehen über Scheltrede und Gerichtsansage weit hinaus; die Aussagen sind ins Empirische und Dramatische erweitert. Das Darstellerische bei Jeremia bewegt sich theologisch in einer sehr charakteristischen Richtung: Es dominiert das Pathos der Klage und des Leidens.
Das „Unheilsgeschehen wird... durch das Medium der erleidenden Seele des Propheten deutlich". „So ist also auch hier das künftige Geschehen ganz vom Standpunkt eines Menschen dargestellt, der es vorwegnehmend bis an die Grenze seiner Tragkraft erleidet."[28]
Da die Kultreform des Josia mit dem fremden Kultwesen aufräumte und wir aus der Zeit zwischen Reform und Josias Tod (609) keine Aussprüche Jeremias kennen, legt sich die Annahme nahe, daß der Prophet keinen Anlaß nahm, während dieser Zeit öffentlich aufzutreten.
Wahrscheinlich hat er auch die deuteronomische Reform als einen gewissen Erfolg seiner Verkündigung begrüßt und Anzeichen einer Umkehr des Volkes gesehen.
Eine abwartende Haltung Jeremias in der Hoffnung auf eine Wendung zum Guten würde sein Schweigen nach der josianischen Reform hinreichend erklären. Unmittelbar zur Reform Stellung zu beziehen, konnte man von Jeremia nicht erwarten, „denn Propheten waren keine Reformer, und ihre Verkündigung des

25. Nach A. Weiser, Jeremia, a.a.O., S. XV–XXII
26. A. Weiser, Jeremia, a.a.O., S. XV
27. Nach G. v. Rad, Theologie, Bd. II, a.a.O., S. 201–203
28. G. v. Rad, Theologie, Bd. II, a.a.O., S. 203

Gotteswortes war nicht gleichbedeutend mit der Aufstellung und Durchführung eines kultischen oder sozialen Programms"[29].

4.3 In der Zeit Jojakims

Jojakim war das unerfreuliche Gegenteil seines Vorgängers Josia (wenn wir von Schallum/Joahas absehen, da dieser nur drei Monate regierte).
Deshalb ist Jeremia auch sogleich wieder auf dem Plan. „Für ein Volk, das den Dekalog mißachtet – so führt Jeremia in seiner berühmten ‚Tempelrede' aus –, bietet auch der Tempel keinen Schutz mehr (Jer. 7,1–15)."[30] Jeremia erinnert an das Schicksal Silos. „Die allgemeine Enttäuschung über den Verlust der nationalen Freiheit und die Angst vor erneuter Feindbedrohung hatte zwar im Volke einerseits eine durch die Priesterschaft genährte Intensivierung des Jahwekults zur Folge, die sich in einem geradezu abergläubischen Vertrauen auf die Unantastbarkeit des durch die deuteronomische Reform zu erhöhter Bedeutung gelangten Tempels (7,4) und in einer Steigerung des Opferkultes (7,21) äußerten, andererseits aber den Jahweglauben in seiner Tiefe so erschüttert, daß viele sich wieder den fremden Kulten zuwandten, wie sie in der Zeit des Manasse im Schwange waren (7,30f.; 8,2)."[31]
Mit einem „Rigorismus, der vor dem Heiligsten nicht haltmacht und der alles fromme Sicherungsstreben zerschlägt, steht Jeremia noch ganz in der Reihe der klassischen Prophetie des 8. Jahrhunderts"[32] (Amos, Hosea, Jesaja, Micha).
Die Logienquelle gibt den Inhalt der Rede wieder, doch berichtet eine Erzählerquelle von näheren Umständen, vor allem von bedrohlichen Anfeindungen, die infolge dieser Rede über Jeremia kamen und denen er nur durch das Dazwischentreten einer Gruppe von Landjudäern entkommen konnte. (Jer. 26,10)[33] (Spruchquelle und Erzählerquelle für dasselbe Ereignis)
„Als er in prophetisch-symbolischer Handlung auf Gottes Geheiß einen Krug zerschmetterte zum Zeichen, daß Jerusalem wegen seines Götzendienstes in Trümmer geschlagen werde, wurde er von dem Oberaufseher (Paschur) der Tempelpolizei verhaftet, ausgepeitscht und für eine Nacht in den Marterblock gelegt (19,1f.; 20,1ff.)."[34]
Jeremia wird der Tempel verboten, seine Familie hat einen geheimen Mordplan gegen ihn, Hohn und Spott, Verfolgung und Einsamkeit treiben ihn in ein seelisches Martyrium, das ihn an den Rand der Verzweiflung bringt. Erschütternde

29. Nach A. Weiser, Jeremia, a.a.O., S. XVI
30. G. v. Rad, Theologie, Bd. II, a.a.O., S. 204
31. A. Weiser, Jeremia, a.a.O., S. XVII
32. G. v. Rad, Theologie, Bd. II, a.a.O., S. 205
33. G. v. Rad, Theologie, Bd. II, a.a.O., S. 205
34. A. Weiser, Jeremia, a.a.O., S. XVII–XVIII

Selbstbekenntnisse seiner inneren Nöte (12,1 ff.; 15,10 ff.; 16,1 ff.; 20,7 ff.) und auch die Rachegebete (11,18 f.; 17,12 ff.; 18,18 ff.) zeigen Jeremia in der Tragik seines Prophetenberufs. (Vgl. 9,1 ff.; 18,1 ff.)
Doch selbst die Erkenntnis der endgültigen Verwerfung Jerusalems hat Jeremia nicht davon abgehalten, noch von Hoffnung zu sprechen. (Jer. 13,16 und davor)
Auch die Offenbarung, die Jeremia beim Töpfer empfing: „Kann ich nicht wie dieser Töpfer mit euch verfahren?", ist ja zunächst nur eine Frage und läßt noch Raum für den Ruf zur Umkehr. (Jer. 18.1 ff.)[35]
Die unheimliche Freiheit Gottes, auch in der Geschichtslenkung, kommt hierin zum Ausdruck; die Völkerorakel weiten das entsprechend aus ins Universale. Sie umschreiben beinahe schon ein Weltgericht. Der Umschwung der weltpolitischen Lage im Jahre 605 (Sieg Nebukadnezars über Necho) bedeutet für Jeremia Bestätigung seiner Prophetie und Lösung seiner Spannung, doch keinen Triumph; das nahende harte Schicksal trifft ihn mit. Die Buchrolle der Gottesworte, die er Baruch diktiert hatte, wird im Tempel verlesen, doch der König Jojakim zerreißt sie kaltlächelnd. Jeremias Bußruf stößt auf taube Ohren. Er muß sich und Baruch auf Anraten einiger Minister verborgen halten, um dem Haftbefehl des Königs zu entgehen.
Als schließlich 597 der erste Teil der Katastrophe hereinbricht, wird nicht Triumph des Propheten laut, sondern leidende Klage. (13,15 ff.; 18 f.; 14,17 ff.; 15,5 ff.; 22,20 ff.; 24 ff.)[36]

4.4 In der Zeit Zedekias[37]

Jeremia wurde bestärkt in seiner Aufgabe, sein Ansehen im Volk stieg und ebenso die Achtung vor der göttlichen Autorität. Auch Zedekia hört auf Jeremias Worte. (21,2 ff.; 38,14 ff.) Der Prophet mahnt immer wieder zur Umkehr, zu Gehorsam und zur freiwilligen Unterwerfung unter den König von Babel. Er sieht in der babylonischen Weltmacht das Werkzeug des in der Geschichte der Völker handelnden Gottes, der seinem „Knecht" (!) Nebukadnezar (27,6) für eine bestimmte Zeit die Weltherrschaft verliehen hat. Unterwerfung bedeutet hier Gehorsam Gottes Gebot gegenüber. Nationalisten und Heilspropheten standen Jeremia als gefährliche Gegner gegenüber. Exemplarisch steht dafür ein Zusammenstoß mit Chananja, einem Vertreter der „falschen" Propheten. (23,9; Kap. 27)
Mit der Belagerung Jerusalems im Jahre 588 beginnt für Jeremia wieder das Martyrium.
In des Volkes eigenstem Interesse rät er, um weiteres sinnloses Blutvergießen zu vermeiden, sich den babylonischen Belagerern zu ergeben (21,8 ff.; 34,1 ff.;

---

35. Vgl. G. v. Rad, Theologie, Bd. II, a.a.O., S. 206
36. Vgl. A. Weiser, Jeremia, a.a.O., S. XIX
37. Nach A. Weiser, Jeremia, a.a.O., S. XIX ff.

38,17ff.) und scheint – wenn auch nicht beim König Zedekia, so doch bei einem Teil des Volkes – damit Gehör gefunden zu haben, wie die beträchtliche Zahl der Überläufer (38,19; 39,9) und der politischen Häftlinge (vgl. zu 37,15) beweist.[38]
Die Anhänger der Kriegspartei und der Heilspropheten (Priester) gewinnen immer mehr Einfluß auf den König Zedekia. Es gelingt ihnen, Jeremia ohne Wissen des Königs in den Kerker werfen zu lassen. Man beschuldigt ihn des Hochverrats.
Jeremias Beschwerde beim König hat einen Teilerfolg; er wird im Wachthof untergebracht. Aber man wirft ihn in eine schlammgefüllte Zisterne; nur durch das Eingreifen eines ausländischen Hofbeamten entgeht Jeremia dem Tod. (38,1 ff.)[39] Er bleibt in Haft, bis ihn die einmarschierenden Babylonier befreien.
In einer geheimen Unterredung mit Zedekia vor dem Fall Jerusalems versucht Jeremia, den König zur Kapitulation zu bewegen, doch der weiche Zedekia entscheidet sich nicht zur Übergabe, so ereilt ihn das von Jeremia verkündigte Schicksal (38,14ff.): Blendung, vorher Tötung der Söhne.

4.5 Nach dem Zusammenbruch[40]

Jeremia wird zunächst einem Gefangenentransport zugewiesen, aber auf Befehl Nebukadnezars in Freiheit gesetzt. (39,11) Einen sorgenfreien Lebensabend in Babel schlägt der Prophet aus. Er bleibt seinem Volk und der Heimat auch im Unglück treu und wählt seinen Wohnsitz in Mizpa, wo der von den Babyloniern eingesetzte Statthalter Gedalja die aufbauwilligen Reste des Volkes um sich sammelte. (40,1ff.) Diese Entscheidung wäscht Jeremia vom Verdacht des Verrats und mangelnder Treue (37,13f.) rein. Auch in dieser neuen Situation hält sich der Prophet bereit für Gottes Dienst. Es ist wahrscheinlich, daß er aufgrund einer Heilsverheißung (schon in den Tagen der Belagerung) für die Zeit nach der Katastrophe (32,1 ff.; 33,1 ff.) beim Aufbauversuch Gedaljas mitwirkte. Aber allen Aufbauplänen und Hoffnungen setzt die Ermordung Gedaljas ein Ende. (40,13ff.) Wider ihren Willen und gegen Jeremias Rat werden er und sein Freund Baruch von den fliehenden Israeliten mit nach Ägypten verschleppt. Jedoch auch dort verkündet er als Zeuge Jahwes das Gericht gegen eine widerspenstige Hörerschaft. In einer prophetisch-symbolischen Handlung geißelt Jeremia das leichtfertige Sicherheitsgefühl der Auswanderer, die glauben, in Ägypten dem Gericht Jahwes und der Rache Nebukadnezars entronnen zu sein. (43,8ff.)

---

38. A. Weiser, Jeremia, a.a.O., S. XX; Anmerkung: Schallplatte aus dem Credo-Verlag Junge Gemeinde, Best.-Nr.: LB-A-105/1
39. Nach A. Weiser, Jeremia, a.a.O., S. XX–XXI
40. Nach A. Weiser, Jeremia, a.a.O., S. XXI–XXII

So steht Jeremia am Ende seines Prophetenlebens wie zu Beginn seiner Tätigkeit im vergeblichen Kampf gegen Ungehorsam und Götzendienst, dem sich Teile der Bevölkerung wieder zuwandten, weil sie das Vertrauen auf Jahwe und die Furcht vor seinen Drohungen verloren hatten.
Das letzte Wort Jeremias, das Baruch überliefert hat, ist das unerschütterliche und durch ein Zeichen nachdrücklich betonte Bekenntnis zur Wahrheit und Geltung des Jahwewortes. (44,1 ff.) Eine spätere jüdische Legende berichtet vom Märtyrertod durch seine Landsleute (Steinigung); ein Ende, das nicht unwahrscheinlich ist.[41]

41. Bis hier im wesentlichen nach A. Weiser, Jeremia, a.a.O., S. XXI–XXII

III. Exegesen exemplarischer Texte

Günther Klages

1. Die Berufung zum Propheten (1,4–10)

Übersetzung

4 Und es erging an mich das Wort des Herrn:
5 „Noch ehe ich dich im Mutterleibe bildete, habe ich dich erwählt, und ehe du aus dem Mutterschoße kamest, habe ich dich geheiligt, zum Propheten für die Völker habe ich dich bestimmt."
6 Da sprach ich: „Ach, Herr, mein Gott: Ich verstehe ja nicht zu reden, denn ich bin zu jung."
7 Doch der Herr erwiderte mir: „Sage nicht: ‚Ich bin zu jung', sondern gehe, zu wem immer ich dich sende, und rede, was immer ich dir befehle.
8 Fürchte dich nicht vor ihnen, denn ich bin mit dir, dich zu erretten", spricht der Herr.
9 Und der Herr streckte seine Hand aus und rührte (damit) meinen Mund an und sprach zu mir: „Damit lege ich meine Worte in deinen Mund.
10 Siehe, ich gebe dir heute Vollmacht über die Völker und über die Königreiche, auszureißen und einzureißen, aufzubauen und einzupflanzen."

Zeit und Gestalt des Textes

Die meisten Ausleger gehen davon aus, daß sich das in 1,2 Gesagte auch auf die Berufung bezieht, diese also ebenfalls für das 13. Jahr des Königs Josia, das heißt: 627/26 v. Chr. anzusetzen ist. Der Text wird mit hoher Wahrscheinlichkeit in der sogenannten „Urrolle" gestanden haben, auch wenn diese primär Unheilsweissagungen enthalten haben dürfte. Denn Jeremia mußte ja erklären, „wie er zu dieser doch keineswegs selbstverständlichen Verkündigung kam".[1] Der Streit der Exegeten, ob es sich bei der Berufung um eine Vision handele oder nicht, ob diese „Vision" mehr auditive Züge trage und daher eigentlich eine Audition sei, ist wenig ergiebig.[2] Vers 9 läßt darauf schließen, daß es sich dem Formular nach um eine Vision handelt. Natürlich bedient sich Jeremia der Stilmittel seiner Zeit. Hätte er etwa die Sprache des 20. Jahrhunderts sprechen sollen? Aber das Entscheidende ist nun: Ein Vergleich mit der Berufung Jesajas oder gar der des späteren Hesekiel zeigt, wie stark hier bereits „entmythologisiert" worden ist. Während dort die visionären Elemente kräftig entfaltet und stark ausge-

1. W. Rudolph, Jeremia, a.a.O., S. 3
2. Henning Graf Reventlow: Liturgie und prophetisches Ich bei Jeremia. Gütersloh, 1963, S. 24ff.

malt sind, handelt es sich hier nur noch um Andeutungen, die so schwach sind, daß man schon genau hinsehen muß, um sie überhaupt noch zu erkennen. Entscheidend ist die Gottesbegegnung, sekundär die Form.[3] Da sich Jeremia klar wurde, daß seine Botschaft umstürzend war wie die der großen Propheten vor ihm, berichtet er über ihre Initialzündung in der damals üblichen Form einer Prophetenberufung.

Auslegung

4 „Es erging an mich das Wort des Herrn" ist eine feststehende Formel für eine Offenbarungsrede Jahwes an einen Propheten.

5a Jeremia erfährt, daß Gottes Planen nicht erst mit der Geburt des Menschen beginnt, sondern daß er in „Gottes Gedanken" vorgedacht ist, noch bevor sein Eigenleben im Mutterleibe begonnen hat.

5b Schon vor seiner Personwerdung hat Gott ihn „geheiligt". Das heißt nicht, daß er ohne Sünde wäre, dagegen spricht fast jedes Kapitel. Es geht hier nicht primär um ethische Kategorien, sondern um religiöse. Was ist damit gemeint? „Herausgenommenwerden aus den gewöhnlichen Lebensbeziehungen und Hineingenommenwerden in ein besonderes Verhältnis zu Gott."[4]
Daß das nicht nur „Bevorzugung" ist, sondern schwerste Belastung bis hin zur Verzweiflung, hat der Prophet wie kaum ein anderer erfahren.

5c Wozu hat ihn Gott bestimmt: Er soll Prophet für die Völker sein! Was sind das für Worte an einen unbekannten, zurückgezogen lebenden jungen Mann! Hätten sie ihn nicht in Hochstimmung versetzen müssen ob einer solchen Auszeichnung!?

6 Jeremia empfindet nur Angst und Schrecken vor einer solchen Aufgabe. Er spürt, daß hier etwas auf ihn zukommt, das über jedes menschliche Maß hinausgeht. Darum kann seine Antwort nur Abwehr, nur Flucht sein. Wer dächte nicht an Mose am Dornbusch. (Ex. 4,10) Wenn der heilige Gott direkt in das Leben eines armseligen, schwachen Menschen eingreift, dann gibt es kein Hochgefühl und keinen Stolz, sondern allein die Erkenntnis des völligen Unvermögens und absoluter Hilflosigkeit.
So flüchtet Jeremia sich in die Entgegnung: „Ach, Herr, mein Gott, ich verstehe ja nicht zu reden, ich bin noch zu jung!"
Jeremia repräsentiert damit in typischer Weise den Menschen, bei dem Gott scheinbar an den völlig Falschen geraten ist. Nicht eine einzige günstige mensch-

3. Gegen Reventlow
4. A. Weiser, Jeremia, a.a.O., S. 5

liche Vorbedingung ist gegeben. Es zeichnet sich vielmehr schon das ab, was dann Paulus später erfahren hat, wenn Gott ihm sagt: „Laß dir an meiner Gnade genügen, denn meine Kraft ist in den Schwachen mächtig!" (2. Kor. 12,9)

7 So läßt denn auch Jahwe Jeremias Einwendungen nicht gelten. Wen Gott einmal beauftragt hat, den gibt er nicht frei. Ein Entrinnen gibt es nach der Beschlagnahme durch Gott nicht mehr. Hier gilt es nur zu gehorchen. Hier steht das „göttliche Muß".

8 Zur Furcht ist eigentlich kein Grund. Der Prophet kommt nicht im eigenen Auftrag, sondern in fremder Sache. Sein Auftraggeber ist Jahwe. Und dieser fordert nicht nur, sondern sagt ihm seine konkrete Hilfe zu.
Er verspricht ihm nicht den glatten Verlauf seiner Prophetentätigkeit[5], sondern nur dieses, daß er ihn aus den Gefahren, die ihm bevorstehen, „herausreißen" will. „Erretten" ist daher die richtige Übersetzung.

9 Nach der mündlichen Zusage folgt nun ein sichtbares Zeichen. Der Herr rührt Jeremias Mund an. Er, Jeremia, soll des Herrn Mund sein. (15,19) Wer dächte nicht an Jes. 6,7? Aber während es dort um die Entsündigung der unreinen Lippen geht, handelt es sich hier um die besonders feste und unmißverständliche Zusage und Beauftragung mit dem Worte Gottes. Es ist das gleiche gemeint, was in Hes. 2,8 ff. geschildert wird, dort nur viel drastischer und dramatischer. Es soll ihm unauslöschlich Gewißheit sein, daß es nicht sein Wort ist, das er predigt, nicht seine eigenen Gedanken, die er ausspricht, sondern die seines Gottes. Gleichzeitig ist es aber auch die Zusage, daß es als ein solches Wort des Herrn nicht wirkungslos ist, sondern einem Hammer gleicht, „der Felsen zerschmeißt". (23,29)

10 An diesem scheinbar so schwachen Menschenwort, in Wirklichkeit aber so dynamischen Gotteswort, entscheiden sich Heil und Unheil ganzer Völker und Königreiche.
Dieses Wort hat eine doppelte Funktion: Was Gott nicht gefällt, muß niedergerissen werden. Auf morschen und unzuverlässigen Fundamenten kann man keinen neuen Bau errichten. Wo allerdings fester Grund gelegt ist, kann neu begonnen werden.
Mit Volz, Rudolph und Weiser streichen wir die beiden Glieder: „... und zu vertilgen und niederreißen...", die wahrscheinlich nicht ursprünglich sind. Dann erhalten wir die beiden Gegensatzpaare:
ausreißen – einpflanzen (von Pflanzen)
einreißen – aufbauen (von Gebäuden)
die im Text chiastisch (kreuzweise) einander gegenübergestellt sind.

5. Die Übersetzung Brandts: „behüten" ist mißverständlich. (Siehe Theodor Brandt: Jeremia. Bad Salzuflen, [2]1946, S. 6)

Theologische Zusammenfassung

In der Sprache seiner Zeit, hier: Anhand eines Prophetenberufungsformulars berichtet Jeremia über die Motivation seines Auftretens. Er will damit sagen – und die ganze persönliche Indisponiertheit ist ein einziger „Beweis“ dafür –, daß sein Auftreten nicht die Folge jugendlichen Ehrgeizes oder gar übersteigerter Kritiksucht ist, sondern leidvolles Überführtwordensein von einer Macht, die stärker ist als er. Er muß Prophet sein.
Gleichzeitig spricht aus diesen Worten die Gewißheit, daß der, in dessen Auftrag er steht, „mit ihm“ ist, so daß er Angst und Furcht überwinden kann.
Wir fragen: Kann das nicht Täuschung sein?
Soviel kann man antworten: Jeremia selbst hat sich immer wieder mit diesem Einwand auseinandergesetzt. Er ist zu dem Ergebnis gekommen, daß er sich dem Auftrag nicht entziehen könne, wollte er sich nicht selbst verlieren. Darum hat er sein Leben drangegeben und auch den Märtyrertod nicht gescheut. Manche nach ihm haben ähnliches erlebt und erlitten. – Andere „Beweise“ gibt es nicht.
Auch heute gibt es Menschen, die fest davon überzeugt sind, daß es sich hier um ein Zeugnis letzter Bindung handelt.

2. Die Verheißung an den Propheten (1,11–19)

Übersetzung

11 Und es erging an mich das Wort des Herrn: „Jeremia, was siehst du?“ Ich sprach: „Ich sehe einen erwachenden Zweig.“
12 Da sagte der Herr zu mir: „Du hast recht gesehen, denn ich wache über die Ausführung meines Wortes.“
13 Hierauf erging das Wort des Herrn noch einmal an mich folgendermaßen: „Was siehst du?“ Ich antwortete: „Einen siedenden Kessel sehe ich, dessen Oberfläche (seines Inhalts) von Norden her (geneigt) ist.“
14 Da sprach der Herr zu mir: „Ja, von Norden her wird sich das Unheil siedend über alle Bewohner des Landes ergießen.“
15 „Denn siehe, ich rufe alle Königreiche des Nordens“, spricht der Herr. „Sie sollen kommen und ein jeder seinen Feldherrnstuhl aufstellen vor den Toreingängen Jerusalems, überall an seinen Mauern ringsum und an allen Städten Judas.
16 Und ich halte mit ihnen Gericht über all ihre Bosheit, daß sie mich verließen und anderen Göttern opferten und ihrer eigenen Hände Werk anbeteten.
17 Du aber, gürte deine Lenden, tritt auf und rede zu ihnen, was immer ich dir befehle. Erschrick nicht vor ihnen, sonst erschrecke ich dich vor ihnen!

18 Denn ich selbst mache dich heute zu einer festen Burg, zu einer eisernen
Säule und zu einer ehernen Mauer gegen das ganze Land, gegen die Könige
von Juda, seine Beamten, seine Priester und das Volk im Lande.
19 Mögen sie dich bekämpfen, sie werden dich nicht bezwingen; denn ich bin
bei dir," spricht der Herr, „dich zu erretten."

Zeit und Gestalt des Textes

Der Abschnitt ist wohl nicht als zeitlich direkt mit der Berufungsgeschichte zusammengehörend zu denken. Dennoch wird er zumeist der Frühzeit zugeschrieben. Die Kardinalfrage der Exegese lautet: „Haben wir es hier mit realen Dingen der Wirklichkeit oder nur mit geschauten Bildern zu tun?"[6] Selbst Reventlow gibt zu, daß bei isolierter Betrachtung „die Entscheidung... darüber schwer fallen" dürfte.[7] Er persönlich meint jedoch aufgrund formgeschichtlicher Parallelen zu dem Ergebnis kommen zu müssen, daß „es sich... bei Jeremia um Visionen und nicht um real geschaute Gegenstände..." gehandelt habe.[8] Uns hat seine Argumentation nicht überzeugt. Wir bleiben bei der schon von Cornill[9] gegebenen und später von den meisten anderen Exegeten übernommenen Lösung, daß es sich um Gegenstände der realen Wirklichkeit handelt.

Auslegung

11f. Der Mandelzweig

Wahrscheinlich kann man sich die Begebenheit so vorstellen: Es ist Winter, während ringsum noch alle Bäume und Sträucher „schlafen", fällt Jeremias Blick auf einen Mandelbaum, der als erster Frühlingsbote blüht, das heißt: gerade aus dem Winterschlaf erwacht. Dieses kleine Erlebnis läßt Jahwe ihm zu neuer Stärkung und Zuversicht für seinen Auftrag werden.
Im Hebräischen heißt der Mandelbaum schaked – der Wachende. Während Jeremia wohl dieses Wort ausspricht, wird es ihm zum Gleichnis für eine erneute Zusage Gottes. Denn schoked = wachend wird Gott über seinen Befehlen sein. (Die Vokale a und o klingen bei diesen beiden Worten im Hebräischen ganz ähnlich.)
Wir sehen, wie durchdrungen Jeremia von seiner Aufgabe ist. Auch ein ganz kleines, natürliches Erlebnis, das anderen kaum zu einem tieferen Gedanken Anlaß gewesen wäre, ist ihm ein Zeichen Gottes. Weiser urteilt mit Recht: „Nicht jedem enthüllen sich derlei Offenbarungen, die Gott im täglichen Leben

6. H. Graf Reventlow, Liturgie, a.a.O., S. 79
7. H. Graf Reventlow, Liturgie, a.a.O., S. 79
8. H. Graf Reventlow, Liturgie, a.a.O., S. 81
9. Carl Heinrich Cornill: Das Buch Jeremia. Leipzig, 1905, zur Stelle

zur Verfügung hat. Erst aus der dauernden Zwiesprache mit Gott wird ein solches Erlebnis des Propheten möglich und verständlich. Für Jeremia ist die Inspiration mit Gottes Wort nicht mehr wie bei der in der Antike verbreiteten Anschauung ein einmaliger Vorgang von magisch-dinghafter Objektivität, sondern gründet sich auf ein lebendiges Verhältnis zu Gott, der selbst über seinen Worten „wacht".[10]

13–16 Der dampfende Kessel
V. 13 f. berichtet von einem neuen Erlebnis. „Es handelt sich auch hier nicht um eine reine Vision, als ob ein solcher Kessel durch die Luft auf den Propheten zukäme oder ... als ob es ein Zaubertopf sei, der tödliche Rauchwolken ausstoße, sondern um einen wirklichen vor Jeremia auf der Feuerung stehenden Kessel, wahrscheinlich in seinem heimatlichen Haus. Die zufällige Tatsache, daß der Kessel nicht ganz eben auf dem Feuer steht, sondern von Norden nach Süden geneigt ist, so daß der brodelnde Inhalt zuerst nach Süden zu überlaufen muß, ist für ihn kein Zufall, sondern wieder eine gottgesandte Erleuchtung, die ihm Antwort gibt auf die ihn bewegende Frage nach dem Schicksal seines Volkes."[11] Von Norden her droht dem Lande große Gefahr. Damit haben wir die erste inhaltliche Aussage seiner Predigt. Ein bestimmtes Volk wird noch nicht genannt. Aber von Norden sind stets die gefährlichsten Feinde gekommen, die Skythen, die Assyrer und viele andere.

15 (Zum Text: „Sippen der" ist mit Rudolph als wahrscheinlicher Einschub aus 25,9 zu streichen.)[12]
Alle Städte Judas und besonders Jerusalem werden von den Mächten aus dem Norden belagert werden. Die „Throne" sind wohl als „Feldherrnstühle" (nicht Richterstühle) zu verstehen, von denen aus die Belagerungsoperationen geleitet werden. Gott gibt damit sein Volk nicht der Willkür preis, im Gegenteil: Es werden Strafexpeditionen sein. So ernst nimmt Gott das Handeln seines Volkes. Es ist ja sein Volk, darum darf er nichts übersehen. Die fremden Völker sind dabei nur Werkzeuge in seiner Hand, die die von ihm verhängten Strafen zu vollziehen haben.

16 Warum soll Juda zur Rechenschaft gezogen werden? Hier wird zum erstenmal die Ur- und Grundschuld Israels genannt. Den lebendigen Gott haben sie verlassen, aber sie sind nicht frei geworden, sondern sind anderen Göttern, besser Götzen, verfallen. Das geht so weit, daß sie das Werk ihrer eigenen Hände vergötzen.

17a Die Schlußverse kehren zur Berufung zurück, führen aber über diese hinaus. Jeremia kennt nun seinen Auftrag. Jetzt gilt es, dem in Gehorsam Folge zu

10. Vgl. A. Weiser, Jeremia, a.a.O., S. 9
11. W. Rudolph, Jeremia, a.a.O., S. 9
12. W. Rudolph, Jeremia, a.a.O., S. 8

leisten. „Lenden gürten“ heißt, das lange, herabhängende Gewand aufzuschürzen, wie es der Arbeiter vor der Arbeit und besonders der Soldat vor dem Marsch oder zur Schlacht tut.

17b Dieser Versteil nimmt den Gedanken aus V. 7 wieder auf, führt ihn aber in ganz bestimmter Richtung weiter. Angst und Menschenfurcht sind jetzt falsch. Es gibt für Jeremia nur die eine Möglichkeit, es im Vertrauen auf den lebendigen Gott zu wagen. Läßt er diese ihn allein haltende Hand los, so ist er verloren. Dann wird er vor aller Augen zuschanden. Ein Zurück gibt es für ihn nicht mehr. So reißt denn Gott seine Boten rastlos vorwärts. Ihn haben sie, ihn allein und sonst nichts. Wenn sie es mit ihm wagen, wird er sie nicht verlassen. Verlassen sie ihn, werden sie selbst zum Gespött unter dem Volk.
18 Darum braucht Jeremia nicht verlorenzugehen, ja er wird nicht verlorengehen. Gott selbst macht ihn zu einer Festung, zu einer starken Verteidigungsmauer, die niemand einreißen kann. Auch wenn sie alle gegen ihn sind, die Könige, deren Beamte, die Priester und das ganze Volk.
19 Es wird zwar ein harter und leidenschaftlicher Kampf werden. Aber bezwingen werden sie ihn nicht. Und zwar nicht deswegen, weil er ein so tapferer Kämpfer wäre, sondern allein, weil Gott für ihn kämpft und ihn letztlich aus allen Gefahren herausreißen wird.

Theologische Zusammenfassung

Auch dieser Abschnitt gewährt uns einen tiefen Einblick in die „Glaubenshaltung“ Jeremias. Bei ihm sind Glauben und Leben nicht in zwei voneinander getrennte Bezirke abgesperrt, sondern aufs engste miteinander verwoben. Alltägliche, banale Begebenheiten können ihm zum Zeichen, zur Antwort auf bohrende Fragen werden. So sicher auch hier: Aus vielen Selbstzeugnissen wissen wir um seine Unsicherheit, um seine Zweifel. – Ein aufblühender Mandelbaumzweig wird ihm zur Antwort: Furcht und Sorge sind unnötig, denn Gott selbst „wacht“ über ihm und seinem Auftrag! Ein scheinbar unbedeutendes Ereignis wird ihm zum Zeichen der Treue Gottes.
Formal ähnlich, inhaltlich anders ist die zweite Episode gestaltet. Hier geht es um die Frage: Von woher kommt der Feind? – Noch trivialer ist die „Begebenheit“ hier als vorher. Was passiert denn schon? Ein schiefstehender „Kaffeekessel“ läuft über. Das ist alles. Und doch: Jeremia drängt sich unter diesem Geschehen die Gewißheit auf, daß das Unheil – wie so oft in der Geschichte seines Landes – aus dem Norden kommt.
Und gleichzeitig wird ihm deutlich: Die drohenden Ereignisse sind nicht zufälliges, nicht schicksalhaftes Fatum, sie sind vielmehr Gerichte Gottes.

3. *Die erste Strafrede (2,1–13 und 18–19)*

Übersetzung

1 Es erging das Wort des Herrn an mich folgendermaßen:
2 „Gehe hin und predige zu Jerusalem öffentlich:
So spricht der Herr: Ich gedenke deiner Treue, als du jung warest, der Liebe deiner Brautzeit; wie du mir folgtest in der Wüste im unbesamten Land.
3 Geheiligt war Israel dem Herrn, sein Erstlingsanteil. Wer immer von ihm aß, wurde schuldig. Unheil kam über ihn.
4 Höret das Wort des Herrn, Haus Jakob und all ihr Geschlechter des Hauses Israel!
5 So spricht der Herr: Was haben eure Väter Unrechtes an mir gefunden, daß sie von mir weggingen, daß sie dem Nichts nachliefen und so selbst dem Nichts verfielen?
6 Sie fragten nicht, wo ist der Herr, der uns aus Ägyptenland führte, der uns in der Wüste leitete, im Lande der Steppen und Schluchten, im dürren und düsteren Lande, im Lande, das niemand durchzieht und kein Mensch bewohnt.
7 Ich war es, der euch in das fruchtbare Gartenland brachte, seine Frucht und sein Gut zu genießen. Aber kaum waret ihr darinnen, da habt ihr mein Land entweiht und mein Eigentum zum Greuel gemacht.
8 Die Priester fragten nicht: Wo ist der Herr? Die Hüter des Gesetzes kannten mich nicht. Die Hirten fielen von mir ab. Die Propheten weissagten im Namen Baals, so liefen sie (das Volk) solchen (Göttern) nach, die doch nichts vermögen.
9 Darum muß ich noch weiter mit euch rechten, spricht der Herr, muß rechten noch mit euren Kindeskindern.
10 Gehet doch zu den Inseln der Kittäer und schaut euch um, oder schickt nach Kedar und gebt wohl acht und sehet zu, ob je dergleichen geschehen ist;
11 ob je ein Volk seine Götter vertauscht hat, und das sind doch gar keine Götter!
Mein Volk aber hat seine Herrlichkeit (gemeint ist: seinen Gott) vertauscht gegen einen ‚Götzen', der nicht hilft.
12 Entsetzt euch darüber, ihr Himmel, schaudert und werdet starr vor Erstaunen; spricht der Herr.
13 Denn mein Volk tut eine doppelte Sünde: Mich, die lebendige Quelle, verlassen sie, um sich Zisternen zu hauen, rissige Brunnen, die das Wasser nicht halten.
18 Was soll dein Laufen nach Ägypten, um Nilwasser zu trinken, und was dein Laufen nach Assur, um Euphratwasser zu trinken?
19 Es ist deiner Bosheit Schuld, daß du so gestäupt wirst um deines Ungehorsams –, daß du so gestraft wirst. Also mußt du innewerden und erfahren, was es für Jammer und Herzeleid bringt, den Herrn, deinen Gott, verlassen und ihn nicht fürchten, spricht der Herr der Heerscharen."

Zeit und Gestalt des Textes

Da noch nichts auf die deuteronomistische Reform hinweist, können wir diesen Abschnitt für die Zeit zwischen 627 und 622 ansetzen. Der V. 18b „Was soll dein Laufen nach Assur, um Euphratwasser zu trinken?" läßt zumindest den Rückschluß zu, daß Assyrien „noch als Staatswesen existiert".[13]
Für die Frühzeit spricht aber auch ein inhaltliches Argument: Jeremia bewegt sich in Vorstellungen, die Gemeingut alttestamentlicher Verkündigung sind. Besonders auffallend ist die Nähe zu Hosea.
Zum Formalen: Das Kapitel ist nicht als ursprünglich zusammenhängende Predigt zu denken. Es handelt sich vielmehr um Einzelstücke, die erst bei der schriftlichen Fixierung (Kap. 36) zusammengestellt sind.

Auslegung

Der erste Prophetenspruch umfaßt die Verse 1–3.

1 Jeremia soll öffentlich predigend auftreten. Vielleicht darf man als Ort an den Tempelvorplatz denken, wo das Volk nach einem Gottesdienst oder bei einem kultischen Fest sich versammelt hat.
Wie so oft in der prophetischen Literatur wird Israel auf die Urzeit seiner Begegnung mit Gott während der Wanderschaft in der Wüste angesprochen. Trotz aller äußeren Entbehrungen lebte es damals gleichsam in einer „heilen Welt".

2 Diese wird in V. 2 in dem Bilde des Bräutigams und der Braut dargestellt. Liebe und Treue waren die Kennzeichen dieses ursprünglichen Verhältnisses. Wie eine Braut ihrem Bräutigam vertrauend folgt, auch wenn die Zukunft oft gar nicht so sicher und gewiß ist, so folgte Israel dem Herrn ohne Zögern.

3 Aber es handelt sich hier nicht nur um eine freundliche Erinnerung an eine längst vergangene Zeit. In einem neuen Bilde kommt der Anspruch, aber auch die ganze Größe der Gabe Gottes zum Ausdruck.

a) Israel ist sein „Heiligtum", sein Eigentum. Das heißt, Gott hat einen Anspruch auf dieses Volk, genauso wie er ihn auf die Erstlinge des Viehs und der Ernte hat.
b) Aber primär geht es nicht um einen Anspruch, um eine Verpflichtung für Israel, sondern um eine Zusage Gottes. Im Bilde: Wer von dieser Erstlingsfrucht (Israel) aß, den traf der Zorn Gottes. Mit anderen Worten: Gott fragt sein Volk: Habt ihr denn vergessen, daß ihr nicht aus eigener Kraft dieses Land erobert und behalten habt? Nur weil ich euch vor den Amalekitern,

13. W. Rudolph, Jeremia, a.a.O., S. 11

Kanaanäern, Philistern u. a. geschützt habe, habt ihr bis heute in diesem Lande Raum zum Leben. Begreift ihr nicht, daß eure ganze Existenz inmitten dieser feindlichen Völkerwelt ein „Wunder" ist?

Der nächste Spruch, V. 4–9, schließt sich direkt an.
Nun aber ist das Erstaunliche eingetreten. Israel hat diese innige Gemeinschaft aufgegeben. Formal bekennt es sich zwar zu Jahwe, sein Herz aber gehört ihm schon lange nicht mehr.

5 Gott stellt die Frage nach dem „Warum". Ja, er richtet an sich selbst anklagend die Frage: Sollte die Schuld bei mir liegen? Worin kann denn nur der Grund für ein solch unsinniges Verhalten bestehen? Aber indem er in die „Beweisaufnahme" eintritt, wendet sich die Selbstanklage unter der Hand zur Anklage gegen das Volk.
Er hat seinen Bund gehalten. Sie sind es, die ihn verlassen haben. Wohin sind sie gegangen? Zu „Nichtsen". Das ist eine treffende Bezeichnung für die Götzen. Denn was sind sie gegenüber Jahwe? Wer auf sie sein Vertrauen setzt, wird selbst zu einem „Nichts".

6 Sie sind gar nicht auf den Gedanken gekommen zu fragen: „Wo ist der Herr, der uns aus Ägypten geführt hat?" Längst haben sie vergessen, daß er es doch war, der sie auf dem langen Wege der Wüstenwanderung vor dem sicheren Tode bewahrt hat.

7 Längst ist ihnen entfallen, daß er ihnen dies fruchtbare Land geschenkt hat. Niemals hätten sie es mit eigener Kraft erreicht, geschweige denn es erobert. Aber kaum waren sie im Lande, da haben sie sich, statt dankbar zu sein, von ihm abgewandt und sich fremden, heidnischen, sehr oft unzüchtigen Kulturen zugewandt (vgl. V. 20ff. und öfter).
Damit aber haben sie das Land entweiht. Nun sind sie auf die Stufe der Naturvölker herabgesunken, ja tiefer.

8 Wer trägt die Schuld daran?
Nicht Jahwe (siehe V. 5). Ihn können sie nicht verantwortlich machen. Sie selbst sind schuldig, insbesondere die führenden Männer.

a) Die Priester. Gleich zweimal werden sie genannt. Mit „Hüter des Gesetzes" sind sie auch gemeint. Sie haben sich nicht mehr in das Wort Gottes vertieft und nach seinem Willen geforscht. Nur darum konnte ein solcher Abfall geschehen.
b) Aber auch die „Hirten", das heißt die weltlichen Führer, Könige, Fürsten und Beamten, haben längst die Gebote und Ordnungen Gottes verlassen. Was waren sie gemessen an einem Mose, einem Josua, einem David?
c) Und schließlich die Propheten: Sie lassen sich von Baal inspirieren. Ihre eigenen Gedanken posaunen sie aus und prophezeien, was das Volk gerne hört.

Dabei sind sie gerissene Rhetoriker, die wissen, wie man das Volk anfassen muß. Sie haben daher einen großen Einfluß auf die Stimmung der Massen und die Beurteilung der Lage.

d) So ist es gekommen, daß das Volk in seiner großen Mehrheit de facto von Jahwe abgefallen ist.

9 Die Anklage geht nun direkt gegen die gegenwärtige Generation. Nicht nur sie, auch die Nachkommen der jetzigen Hörer werden noch daran zu tragen haben. Hier manifestiert sich, wie Sünde und Schuld, und entsprechend Sühne und Strafe, weiterwirken von Generation zu Generation.

10–11 Die folgenden Verse zeigen wiederum, daß das eigentliche Ziel Gottes nicht das Gericht ist. Die geheime Intention ist noch immer, das Volk zur Buße, zur Umkehr zu rufen. So weist er sie auf die Unvernunft und Torheit ihres Handelns hin. Sie müssen ja gleichsam mit Blindheit geschlagen sein. Daß ein Volk den Gott, der es treu geführt und geleitet, verläßt, gibt es ja nicht einmal bei den Heiden. Sie können lange suchen, bis sie ein Volk finden, das seine Götter einfach vertauscht. Sie können zu den Kittäern gehen (Kittäer sind die Bewohner der Stadt Kition auf Zypern. Sie werden hier paradigmatisch für ganz Zypern, ganz Griechenland, ja für den ganzen Westen genannt) oder nach Kedar (ursprünglich ein Stamm in der arabischen Wüste – siehe Gen. 25,13 –, dann pars pro toto den ganzen Osten vertretend), so etwas gibt es nirgendwo.

12 Ein scheinbar nur kleiner Zwischensatz, der uns aber die ganze Tiefe der israelitischen Gottesvorstellung zeigt. „Auch die Himmel sind seiner Hände Werk." Schöpfung und Errettung gehören ganz eng zusammen. Wenn sein geheiligtes Volk eine solche Torheit, eine solche Sünde begeht, dann können die Himmel nicht unbeteiligt „zusehen".

13 In dem betreffenden Bild von Brunnen und Zisterne findet unser Abschnitt einen gewissen Höhe- und Schlußpunkt. Noch einmal soll die ganze Unvernunft dargelegt werden. Käme je ein Bewohner dieses durstigen Landes darauf, einen Brunnen mit frischem Quellwasser zu verlassen, um sich dafür eine Zisterne zu bauen, die doch nur Regenwasser bergen kann? Einmal weiß er gar nicht, ob er genug Wasser einfangen kann, zum anderen muß er damit rechnen, daß einiges absickert, und schließlich wird das Wasser ja von Tag zu Tag ungenießbarer.
Wieder das unüberhörbare, heimliche Werben: „Israel, sei doch nicht so töricht, kehre wieder um zu mir!"

Zur Konkretion der Situation schließen wir noch V. 18 und V. 19 an.
18–19 Das Bild von V. 13 wendet sich. Während es dort um den religiösen Ersatz ging (rissige Brunnen = Götzendienst), wird hier das politische Schaukelspiel angeprangert. Wer den lebendigen Gott verlassen hat, sucht überall Hilfe und Halt, sei es im Pseudoreligiösen (V. 13), sei es bei den Mächten dieser Welt.

Die einen raten, sich Ägypten anzuschließen, die anderen, bei Assur zu bleiben. Typisch für die Zeit zwischen 627 und 622. Einige halten noch zu Assur, auch wenn sich sein Untergang schon anbahnt; andere meinen, Ägypten sei noch einmal im Kommen.

Theologische Zusammenfassung

Die doppelte „Sünde" des Volkes Israel wird in V. 13 in klassischer Weise zusammengefaßt:
„Jahwe, die lebendige Quelle, verlassen sie, um sich Zisternen zu hauen, rissige Brunnen, die das Wasser nicht halten."
Wie war das möglich? Die Repräsentanten Israels, ob Priester, Propheten oder Hirten, haben versagt. Sie haben Jahwe die Treue gebrochen. Das hat zur Folge: In kultisch-religiöser Hinsicht hat man das entstandene Vakuum unter dem Deckel eines scheinbar intakten Jahweglaubens mit den verschiedenen kanaanäischen Naturkulten angefüllt. Politisch versuchen es die Verantwortlichen mit einem gewagten Schaukelspiel zwischen den beiden damaligen Großmächten, Ägypten und Assur.
Dennoch ist die Tendenz des gesamten Abschnittes: Mahnung, Warnung, Ruf zur Umkehr! Dem dient letztlich auch der von Luther unüberbietbar übersetzte Schlußvers: „Es ist deiner Bosheit Schuld, daß du so gestäupt wirst, und deines Ungehorsams, daß du so gestraft wirst. Also mußt du innewerden und erfahren, was es für Jammer und Herzeleid bringt, den Herrn, deinen Gott, verlassen und ihn nicht fürchten, spricht der Herr Zebaoth."

4. Die Tempelrede (7,1–15)

Übersetzung

1 Das Wort, das vom Herrn an Jeremia erging, lautete folgendermaßen:
2 „Tritt in das Tor des Hauses des Herrn und verkündige dort dieses Wort und sprich: Höret das Wort des Herrn all ihr Leute von Juda, die ihr durch diese Tore gekommen seid, um den Herrn anzubeten.
3 So hat der Herr der Heerscharen, der Gott Israels, gesprochen: Bessert euren Wandel und euer ganzes Tun, so will ich euch an diesem Orte wohnen lassen.
4 Setzt euer Vertrauen nicht auf die trügerischen Worte: Der Tempel des Herrn, der Tempel des Herrn, der Tempel des Herrn ist dies!
5 Denn nur, wenn ihr wirklich euren Wandel und euer ganzes Tun bessert, wenn ihr wirklich das Recht untereinander gelten laßt,

6 wenn ihr Fremdlinge, Waisen und Witwen nicht bedrückt und kein unschuldiges Blut an diesem Ort vergießt und nicht anderen Göttern nachlauft, euch zum Schaden,
7 nur dann werde ich bei euch wohnen an dieser Stätte, in dem Lande, das ich euren Vätern gegeben habe, von Ewigkeit zu Ewigkeit.
8 Aber seht, ihr verlaßt euch auf Trugworte, die keinen Wert haben.
9 Nicht wahr? Stehlen, Morden, Ehebrechen, Falschschwören, dem Baal opfern und anderen Göttern nachlaufen, die ihr nicht kanntet –
10 und dann kommt ihr und tretet vor mich hin in diesem Hause, das nach meinem Namen genannt ist, und sprecht: ‚Wir sind geborgen', um dann doch alle diese Greuel weiter zu tun.
11 Ist denn dieses Haus, über dem mein Name genannt ist, in euren Augen eine Räuberhöhle? – Gut, dann sehe auch ich es so an, spricht der Herr.
12 So geht doch zu meiner heiligen Stätte, die in Silo war, wo ich zu Anfang meinen Namen wohnen ließ, und seht, was ich aus ihr gemacht habe wegen der Bosheit meines Volkes Israel!
13 Und nun, weil ihr alle die gleichen Taten getan habt, so lautet der Ausspruch des Herrn, und obwohl ich unaufhörlich und immer wieder zu euch geredet habe, ihr aber nicht gehört, und obschon ich euch gerufen, dennoch ihr nicht geantwortet habt,
14 so will ich mit diesem Hause, über dem mein Name ausgerufen ist und auf das ihr euer Vertrauen setzt, und mit der Stätte, die ich euch und euren Vätern gegeben habe, verfahren, wie ich mit Silo verfuhr.
15 Ich will euch von meinem Angesicht verstoßen, wie ich eure Brüder, die gesamte Nachkommenschaft Ephraims, verstoßen habe."

Zeit und Gestalt des Textes

Eine Parallele zu diesem Abschnitt liegt in Kap. 26 vor. Während dort der historische Rahmen der Rede und ihre Folgen für Jeremia aufgezeigt werden, beschränken sich unsere Verse auf die Rede selbst.
Aus 26,1 erfahren wir, daß diese Rede im Jahre des Regierungsantritts des Königs Jojakim (608/07) gehalten worden ist. Anlaß wird wahrscheinlich eines der großen kultischen Feste gewesen sein. Juda steht noch unter dem Eindruck der Niederlage seines Königs Josia bei Megiddo im gleichen Jahr. Damit sind alle hochfliegenden politischen Träume zerstört worden. Es hat sich nicht die erwartete Freiheit eingestellt, sondern im Gegenteil, die nur noch sehr lose und recht erträgliche Oberherrschaft der Assyrer der letzten Jahre hat man mit der harten Gewalt der Ägypter vertauschen müssen. Pharao Necho läßt sie spüren, daß ihr König sich ihm entgegengestellt hat. Da war es nur zu verständlich, daß man sich in dieser so unsicheren und bedrohten Zeit in besonderer Weise um den Tempel scharte. Dies schien der einzige Ort zu sein, der Sicherheit bot. Hier fühlte man sich geborgen.

Das konnte man sogar aus der Geschichte ablesen. Vor fast 100 Jahren, im Jahre 701, als der Assyrer König Sanherib die Stadt umzingelt hatte und Jerusalem eine sichere Beute für ihn zu sein schien, da hatte man sich auch treu und in festem Glauben zum Tempel gehalten, und das Wunder war geschehen. Zwar mußten große materielle Opfer gebracht werden, aber Sanherib zog ab. Die heilige Stadt und der Tempel waren gerettet.
Und sie selbst hatten es doch scheinbar auch erlebt. Politisch war Juda zwar wieder bedeutungslos geworden. Aber die Kultreform des Josia hatte zumindest in der Zentralisierung des Opferkultes auf den Jerusalemer Tempel einen Erfolg gezeigt, der, allen Wirren zum Trotz, blieb. Konnte man nicht darin einen besonderen Gnadenerweis Gottes sehen? Darum die scheinbar so glaubensstarken und zuversichtlichen Worte der Priester: „Hier ist des Herrn Tempel!"

Zur Gestalt:
Die Verse bilden den Anfang eines größeren Abschnittes, der die Kapitel 7–10 umfaßt. Den Exegeten ist „der breite erbauliche Stil mit verschiedenen Wiederholungen" aufgefallen. Allgemein wird angenommen, daß eine Überarbeitung der jeremianischen Vorlage durch zweite Hand erfolgt ist. Die Deutung Rudolphs, daß es sich um eine deuteronomistische Fassung handele[14], scheint jedoch m. E. unzutreffend, „denn das Wort Jeremias gegen den Tempel läuft der deuteronomistischen Tendenz direkt entgegen"[15]. Wenn auch redaktionelle Eingriffe nicht zu übersehen sind, so zeigt der Inhalt doch, „daß sich die Jetztgestalt nicht allzuweit von der jeremianischen Vorlage entfernt"[16].

Auslegung

1 f. In diese Situation hinein erreicht Jeremia der Befehl Gottes: Er soll sich in das Tor des neuen Tempels stellen, um der versammelten Festgemeinde ein neues Gotteswort zu sagen.

3 Jahwe repräsentiert sich als der Gott Israels, der das ganze Volk, alle zwölf Stämme, aus Ägyptenland herausgeführt hat. Er hält noch fest an dem damals geschlossenen Bund. Er will dem Volk noch eine Chance geben, in der Heimat, an heiliger Statt, bleiben zu dürfen.
Aber er erhebt eine klare Forderung. Sein Wort ist nicht nur Zuspruch, es ist auch gleichzeitig Anspruch: „Bessert euren Wandel und euer ganzes Tun!"

4 Wer das nicht will, für den gilt auch nicht die schützende Zusage, daß Gott sein Haus und damit die Stadt retten will. Wer nur Gnade verkündigt, ohne die daraus resultierenden Konsequenzen, verkündet „Trugworte".

---

14. W. Rudolph, Jeremia, a.a.O., S. 54
15. A. Weiser, Jeremia, a.a.O., S. 61
16. A. Weiser, Jeremia, a.a.O., S. 61

In den Kommentaren wird darauf hingewiesen, daß die dreimalige Wiederholung der Worte „der Tempel des Herrn“ Anklänge an babylonische Beschwörungstexte habe.[17] Das besagt, daß Gott gleichsam mit magischer Kraft gezwungen werden soll, dem Volk in Stadt und Tempel Schutz zu gewähren. Das aber lehnt Jahwe ab. So dinghaft, für jeden anschaubar und beweisbar, läßt Gott sich nicht durch Menschen binden.

5 Aber die Situation ist noch verworrener. Das gleiche Volk, das scheinbar so inbrünstig zu Gott um Hilfe schreit, denkt gar nicht daran, im Alltag seine Gebote ernst zu nehmen. Nicht das Recht entscheidet, sondern Macht, Geld und Gunst.

6 Die drei Gruppen, die im Alten Testament immer wieder der besonderen Fürsorge der Gemeinde empfohlen werden, werden sträflich vernachlässigt: Die Fremden, die sich noch nicht auskennen, werden übervorteilt. Die Witwen und die Waisen sind weithin der Willkür ausgeliefert. Sie bekommen kein Recht. Ja, vor Morden und unrechtmäßigen Todesurteilen scheint man nicht zurückzuschrecken. Und neben der offiziellen Gottesverehrung im Tempel treibt im Verborgenen der Götzendienst weiterhin oder schon wieder neue schlimme Blüten.

7 Die Abstellung des eben Genannten ist jedoch die Voraussetzung für das Verbleiben Jahwes an diesem Ort. Er ist treu von Ewigkeit zu Ewigkeit. Wenn sie zur Bundestreue zurückkehren und sich an die Bundesverpflichtungen halten, ist er, der Herr, bereit, trotz allem, ihnen neuen Schutz zu gewähren – aber auch nur dann.

8–10 In diesen Versen wird die ganze Verlogenheit der Haltung dieser Männer und Frauen deutlich. Man glaubt, in der Gewißheit des göttlichen Schutzes die einfachsten Gebote Gottes übertreten zu können und kommt dennoch mit frecher Stirn in den Tempel, um sich hier bestätigen zu lassen, um hier Schutz zu finden.

11 Dieser Versuchung nachgeben heißt ja nichts anderes, als den Tempel Gottes zur „Räuberhöhle“ zu machen. Wenn Gott die Zerstörung auch dieses Gotteshauses zuläßt, ja, sie geradezu befiehlt, dann wird nur das vernichtet, was in Wirklichkeit schon längst besudelt und entweiht ist.

12 Es wäre nicht das erste Mal, daß Gott das geschehen läßt. Dieses Wort ist nicht leere Drohung. Jerusalem hat ein warnendes Beispiel vor Augen. Silo war einst das große Wallfahrtsheiligtum des alten Zwölf-Stämmebundes (1. Sam. 1). Es hatte die Bundeslade und die Gesetzestafeln beherbergt. Aber Gott ließ es um 1050 v. Chr. durch die Philister zerstören.

---

17. A. Weiser, Jeremia, a.a.O., S. 62

13 Das wird auch Juda erfahren müssen. Und niemand kann sagen, er habe es nicht gewußt. Zweimal wird das Bemühen Gottes unterstrichen. Er hat geredet, aber sie hörten nicht. Er hat gerufen, aber sie hielten es nicht für nötig, ihm zu antworten.

14–15 So trifft sie das gleiche Gericht, das einst das Nordreich getroffen hat. Ephraim steht paradigmatisch für die andere Reichshälfte.
Man hat aus diesem Abschnitt eine Gegnerschaft Jeremias gegen Tempel und Tempelkult herauslesen wollen. Das trifft nicht zu. Er sieht nur den Widerspruch zwischen der Hochachtung des Tempels und der gleichzeitigen Mißachtung der Gebote Gottes. Beides verträgt sich nicht miteinander.

Theologische Zusammenfassung

Daß sich das Volk in der Stunde der Not – der letzte große König ist gefallen und damit de facto das politische Ende Judas eingeläutet; das zwanzigjährige Nachspiel bis 587 zählt eigentlich nicht – um den Tempel schart, ist verständlich, ja ist geradezu ein Zeichen für die tiefe Verwurzelung des Glaubens in allen Schichten der Bevölkerung. Dies scheint die Kultreform bewirkt zu haben.
Aber dennoch: Das sich hier manifestierende Glaubensverständnis zeigt zwei typische Schwächen, ja Fehlverhaltensformen. Auf der einen Seite offenbart es fast magische Züge, auf der anderen Seite damit korrespondierend: keinerlei Folgerungen für den Alltag. Im Gegenteil: Die Frömmigkeit wird zum Deckel der Bosheit. Der Kult garantiert durch den Sündenerlaß geradezu das asoziale Verhalten der „Gläubigen". Eine Gefahr, die sich wie ein roter Faden durch die israelitisch-christliche „Frömmigkeitsgeschichte" hindurchzieht. Falsch verstandene einseitige Gnadenpredigt, die geringschätzig auf die „Werke" herabsieht, wird nicht selten zum Ruhekissen des „allzumal Sünderseins".
Eine solche Haltung entlarvt der Prophet schonungslos. Über sie ist bereits das Gerichtswort gesprochen.

5. Das Töpfergleichnis (17,14–18 und 18,1–11)

Übersetzung

Kap. 17:
14 Heile du mich, Herr, so werde ich heil; hilf du mir, so ist mir geholfen. Denn mein Lobpreis bist du.
15 Siehe, sie sprechen zu mir: „Wo bleibt denn das Wort des Herrn? Es treffe doch ein!"

16 Ich habe mich ja nicht dem Hirtenamt in diesem Dienst entzogen und habe den Tag des Unheils nicht herbeigewünscht. Was über meine Lippen gegangen ist, liegt offen vor dir.
17 Werde mir nicht zum Schrecken, du, meine Zuflucht, am Tage des Unheils!
18 Laßt meine Verfolger zuschanden werden, aber nicht mich! Jage ihnen Schrecken ein, aber nicht mir! Bringe über sie den Tag des Unheils! Zwiefach zerschmettere sie!

Kap. 18:
1 Das Wort, welches an Jeremia vom Herrn erging, lautete folgendermaßen:
2 „Mache dich auf und gehe in das Haus des Töpfers hinab, denn dort will ich dir meine Weisungen kundtun."
3 So ging ich denn in das Haus des Töpfers hinab und fand ihn gerade bei der Arbeit auf der Töpferscheibe.
4 Wenn nun das Geschirr, das er aus dem Ton machte, ihm unter den Händen mißriet, so machte er wieder ein anderes Geschirr daraus, wie es dem Töpfer gut schien.
5 Und es erging das Wort des Herrn an mich also:
6 „Kann ich nicht wie dieser Töpfer mit euch verfahren, Haus Israel? spricht der Herr. Siehe, wie der Ton in des Töpfers Hand, so seid ihr in meiner Hand, Haus Israel.
7 Bald drohe ich einem Volke oder einem Reiche, es auszurotten, zu zerstören und zu vernichten.
8 Bekehrt sich aber jenes Volk, gegen das ich gesprochen habe, von seiner Bosheit, dann lasse ich mich des Unheils gereuen, das ich ihm angedroht habe.
9 Bald verheiße ich einem Volke oder Reiche, es zu bauen und zu pflanzen.
10 Tut es dann aber, was mir mißfällt, und hört nicht auf meine Stimme, so lasse ich mich das Gute gereuen, das ich ihm verheißen hatte.
11 Darum verkündige nun den Männern von Juda und den Bewohnern Jerusalems folgendes: So hat der Herr gesprochen: Siehe, ich bereite Unheil wider euch und führe etwas gegen euch im Schilde. Es kehre doch ein jeder von seinem bösen Wandel um! Bessert eure Wege und euer Handeln!"

Zeit und Gestalt des Textes

Wir befinden uns im Jahre 605/604. Babylon hatte die Macht errungen. Das Reich der Assyrer war endgültig vernichtet. Nebukadnezar hatte 605 die Ägypter bei Karkemisch besiegt, das heißt: Man war die doch recht lästige ägyptische Besatzung los. Zwar war Juda nicht freigeworden, aber die neuen Herren, die Babylonier, zeigten sich sehr maßvoll. Die „Besatzungskosten" wurden pünktlich nach Babylon geliefert. Damit hatte man sich eine ganz erträgliche Gegenwart erkauft. Jeremias frühere Weissagungen vom „Feind aus dem Norden", der mit seinen Heerscharen alles verwüsten würde, hatten sich offenbar einmal mehr als Schwarzmalerei erwiesen. Dieser Jeremia schien ein hoffnungsloser

Pessimist, wenn nicht gar Defätist zu sein. Die Gegenwart war – so meinte man – Beweis genug, daß man seinen Worten keinen Glauben zu schenken brauchte. So lachte man über ihn und trieb Spott mit ihm. Sie forderten ihn geradezu heraus, indem sie ihm übermütig zuriefen: „Wo bleibt denn das Wort des Herrn? Es treffe doch ein!"
Ob nun die in Kap. 17,14–18 geschilderte Lage tatsächlich die Situation gewesen ist, in die hinein Gott dem Propheten sein Wort gesagt hat (18,5ff.), ist zwar nicht mehr mit letzter Sicherheit auszumachen, liegt aber durchaus im Bereich des Möglichen. Eine eindeutige Falsifikation haben wir jedenfalls nicht entdekken können. Zur Begründung der Verkoppelung beider Texte sei aber vielleicht an dieser Stelle schon ein didaktisches Argument erlaubt: Wir hatten zum Prinzip erhoben, wo irgend möglich, den „Sitz im Leben" eines jeden Einzeltextes ausfindig zu machen, weil dadurch den Jugendlichen der Zugang erleichtert werden kann. Um einen solchen Versuch handelt es sich auch hier.
In formaler Hinsicht sehen wir in unserem Abschnitt eine Parallele zu 1,11–19. Hier wie dort handelt es sich um alltägliche Ereignisse. Unser Abschnitt bestärkt uns daher in der Auslegung von 1,11–19.
Die Einleitung von 18,1 und das visionäre Rudiment in 1,9 sind zeitbedingte Stilmittel. In ihnen drückt sich allerdings – und das ist das Entscheidende – die Gewißheit aus, daß Gott banales Geschehen transparent für sein Wort machen kann.

Auslegung

Kap. 17
14 In großer seelischer Not wendet sich Jeremia an den Herrn. Allein von ihm erwartet er Hilfe.

15 Hier hören wir von der konkreten Anfechtung des Propheten. Immer wieder beauftragt ihn Gott, dem Volke seinen Zorn und das kommende Unheil zu weissagen, aber es geschieht nichts.
So verlachte und verspottete man ihn. Ja, sie forderten ihn geradezu heraus, indem sie ihm übermütig zuriefen: „Wo bleibt denn das Wort des Herrn? Es treffe doch ein!"

16 Damit aber tun sie Jeremia bitter unrecht. Und er empfindet es auch als solches. Als ob er das Unglück für sein Volk herbeisehnte!
Er hat sich immer als Hirt seines Volkes gefühlt. Und im letzten Grunde möchte er auch nichts anderes sein. Er liebt doch sein Volk. Wie oft hat er sich in der Fürbitte für dieses Volk eingesetzt und so sein Hirtenamt in der einzigen ihm noch verbliebenen Möglichkeit wahrgenommen. Wieviel persönliche Überwindung kostete es ihn jedesmal, wenn er die harten Gerichtsdrohungen Gottes aussprechen mußte. Er würde wahrhaftig lieber anderes predigen. Es ist eine völlige Verdrehung der Tatsachen, ihn jetzt zu einem Defätisten und Volksfeind

stempeln zu wollen, der die Zeit der Strafgerichte Gottes für sein Volk gar nicht abwarten kann.
Gott weiß, daß dem nicht so ist. Er kennt seine Gebete.

17 Aber im Herzen Jeremias ist doch eine tiefe Unruhe. Er hat sich durch die Spötter unsicher machen lassen. Gott hat ihm zwar (1,17) sagen lassen: „Erschrick nicht vor ihnen, sonst erschrecke ich dich vor ihnen!" War nicht schon bei ihm eingetreten, daß er sich hatte erschrecken lassen?!

18 Dieser V. hat vielen Exegeten Mühe gemacht. Manche meinen, V. 18 widerspreche dem unzweifelhaft echten V.16 in gröbster Weise und streichen ihn daher.[18] Dem können wir uns nicht anschließen. Es ist vielmehr darauf hinzuweisen, daß es sich in V. 16 um das ganze Volk handelt, dem er im Auftrage Gottes Unheil ansagen muß, dem er aber nie das Unheil herbeigewünscht hat.
In V. 18 aber geht es um die Gruppe seiner Feinde (wohl Priester oder Propheten), die ihn persönlich angreifen und beschimpfen. Ihnen allerdings wünscht er schwere Bestrafung. Ich glaube nicht, daß man das abändern sollte. Wir haben eben hier eine der Stellen vor uns, an der der Unterschied zum Neuen Testament ganz deutlich wird (vgl. Lk. 23,34). U. E. ist ein solcher Vers gerade Zeichen für die Echtheit dieser Stelle.

Kap. 18
1f. Die Verse berichten von dem Gang Jeremias in eine Töpferei.

3 Die Töpferwerkstätten haben wahrscheinlich im südöstlichen Teil Jerusalems, in der Niederung nahe den königlichen Gärten gelegen. Dort war vor allem genug Wasser für die Töpferarbeit. Die Arbeitsweise war im Prinzip die gleiche wie die unsrige heute. Diese Kunst hatte schon damals einen Höchststand erreicht, so daß sich auch in zweieinhalb Jahrtausenden wenig daran geändert hat.
Um einen Holzstock als Achse drehten sich zwei horizontale flache Scheiben. Die größere untere setzte man durch Treten mit dem Fuß in Bewegung. Auf die obere Scheibe wird der Ton gelegt, der sich durch die Zentrifugalkraft zu einem Gefäß zu bilden beginnt. Der Töpfer unterstützt diesen Prozeß, indem er mit der linken Hand die Innenseite des Geschirrstücks formt und mit der rechten Hand außen nachhilft. – Dem schaut Jeremia zu.

4 Da geschieht es, daß gerade dieser Topf mißlingt. Das kommt schon einmal vor. Nun muß der Töpfer den Ton des mißlungenen Stückes wieder zusammenballen, um, solange der Ton noch verarbeitungsfähig ist, schnell einen neuen Versuch zu unternehmen.

---

18. Bernhard Duhm: Das Buch Jeremia. Tübingen/Leipzig, 1901; C. H. Cornill, Jeremia, a.a.O. zur Stelle

5 Dieses alltägliche Geschehen, an dem äußerlich gesehen gar nichts Auffälliges und Besonderes ist, wird nun Jeremia zum Gleichnis, zum Zeichen für das Verhältnis Gottes zu seinem Volk, ja zum Menschen überhaupt.

6 Wir sind Ton in seiner Hand. Diese Erkenntnis drängt sich ihm unwiderstehlich auf. Der Apostel Paulus drückt es so aus: „Wer bist du denn, daß du mit Gott rechten willst?" (Röm. 9,20)
So einseitig ist das Verhältnis Gott – Mensch. Er ist der Unbedingte, wir die ganz durch ihn Bedingten! Eine Erkenntnis, die uns klein werden läßt, die uns schonungslos sehen läßt, wer denn Gott ist und wer der Mensch.

7–8 Aber gerade an dieser Stelle zeigt sich, daß man solche Sätze nicht im Sinne einer starren Prädestinationslehre verstehen darf. Im Gegenteil: Indem die Freiheit Gottes so betont wird, wird sichtbar, daß es kein starres Gesetz gibt, dem Gott seine Freiheit unterzuordnen hätte. Gott selbst ist die Freiheit und setzt die Freiheit.
Aber diese Freiheit Gottes ist nicht Willkür, nicht Despotie. Gott hat dem Menschen durchaus einen Spielraum gelassen und nimmt ihn in diesem ganz ernst. Selbst wenn er schon einen Vernichtungsplan gegen ein Volk gefaßt hat, dann ist die Verkündigung dieses Ratschlusses noch nicht ein starres, unaufhebbares Gesetz, sondern immer noch Bußruf, Chance zur Umkehr in letzter Minute.

9f. Aber Gott ist natürlich auch frei zum Unheil. Wer meint, seine unverdiente Gnade und Güte mit Füßen treten zu können, darf sich nicht wundern, wenn Gott seine Hand von ihm abzieht.

11 Dieses ernste, mahnende Wort soll Jeremia wiederum dem Volk sagen.

Theologische Zusammenfassung

Diese Verse sind von grundlegender Bedeutung für das, was eigentlich „Gottes Wort" ist.
Es ist immer Anrede bzw. Predigt, das heißt Mahnung oder Zuspruch, Drohung oder Ermunterung, aber in jedem Fall ein Wort, das in seiner letzten Intention eine Änderung der menschlichen Haltung in bezug auf Gott bewirken möchte.
Das muß sich auch Jeremia sagen lassen, wenn er – unsicher geworden – fragt, warum denn Gott so lange zögere. Wir sehen an dieser Stelle wiederum, was für „kleine Kreaturen" auch Propheten waren. Das typische Beispiel ist hier wohl Jona (Jona 4), der Ninive Unheil predigen mußte. Aber Ninive bekehrte sich, so daß Gott es sich gereuen ließ. (Jona 3,10) Da fühlte Jona sich persönlich brüskiert, und „es verdroß ihn gar sehr, und er wurde sehr zornig". (Jona 4,1)
Wie schwer wird es dem Menschen, die Gedanken Gottes zu begreifen. Unser beleidigtes und zuerst an sich selbst denkendes Ich steht uns dabei immer im Wege.

6. Einsam um des Wortes Gottes willen (16,1–9)

Übersetzung

1 Und es erging das Wort des Herrn an mich folgendermaßen:
2 „Nimm dir keine Frau. Auch sollst du keinen Sohn und Tochter haben an diesem Ort.
3 Denn so hat der Herr gesprochen über die Söhne und die Töchter, die an diesem Ort geboren werden, und über ihre Mütter, die sie gebären, und über ihre Väter, die sie in diesem Lande zeugen:
4 Auf qualvolle Weise werden sie sterben. Niemand wird sie betrauern und begraben. Zu Dünger auf offenem Felde sollen sie werden. Durch Schwert und Hunger werden sie ums Leben kommen, und ihre Leichname werden den Vögeln des Himmels und den Tieren des Feldes zum Fraße dienen."
5 Weiter gebot der Herr mir: „Du sollst in kein Trauerhaus eintreten, zu keiner Totenklage gehen und niemandem dein Beileid bezeigen, denn ich habe diesem Volke mein Heil entzogen, spricht der Herr, die Güte und die Barmherzigkeit.
6 Groß und Klein werden sterben müssen in diesem Lande. Man wird sie nicht begraben und nicht beklagen; niemand wird sich um sie die Haut ritzen oder sich den Kopf scheren.
7 Niemandem wird man das Trauerbrot brechen, um ihn über seinen Verstorbenen zu trösten, niemandem wird man einen Trostbecher reichen wegen seines Vaters oder seiner Mutter.
8 Auch ein Haus, in dem ein Gastmahl stattfindet, betritt nicht, um mit ihnen zum Essen und zum Trinken zusammen zu sitzen.
9 Denn so hat der Herr der Heerscharen, der Gott Israels, gesprochen: Siehe, ich lasse von diesem Orte vor euren Augen und in euren Tagen verschwinden Jubel- und Freudenklang, die Stimme des Bräutigams und der Braut."

Zeit und Gestalt des Textes

Eine genauere Datierung des Abschnittes ist nicht möglich, doch spricht manches dafür, daß der Text in der Zeit der Verfolgung des Propheten durch Jojakim angesetzt werden kann.
Hinsichtlich der quellenmäßigen Zuordnung gehen die Vermutungen der Exegeten so weit auseinander, daß für unseren Zweck diese Überlegungen unergiebig sind. Nur so viel kann man wohl mit einiger Sicherheit sagen: „...der Inhalt ist unerfindlich."[19]

---

19. A. Weiser, Jeremia, a.a.O., S. 137

Die jetzige Überlieferungsform zeigt Merkmale der Überarbeitung. Der Stil ist in der Hauptsache predigtartig und liturgisch geprägt.

Auslegung

Unser Abschnitt gliedert sich deutlich in drei Teile:
1. Verzicht auf Weib und Kind (1–4)
2. Verbot der Teilnahme an Begräbnishandlungen (5–7)
3. Verbot der Teilnahme an froher Gesellschaft (8–9)

In den Versen 1–4 untersagt Gott dem Propheten Ehe- und Kinderglück. Welch großes Opfer das für einen Mann wie Jeremia bedeutet haben wird, kann der moderne Mensch, dem Ehe und Familie weithin Fessel und Ballast geworden sind, kaum ermessen. Für den Israeliten waren Ehe und Kindersegen Sinn des irdischen Lebens schlechthin. Was war ein Mann ohne Kinder? Wir brauchen nur an Abraham (Gen. 15,3 u. ö.) zu denken. – Wir dürfen auch nicht vergessen, daß es noch keine Ewigkeitshoffnung gab. Kinderlosigkeit bedeutete also: Die Geschichte Gottes mit ihm endete in seinem persönlichen Tode.

Hinzu kommt noch besonders bei Jeremia, daß gerade er als anlehnungsbedürftiger und schwacher Mensch in einer Ehe vielleicht Anlehnung und Halt gefunden hätte. Schließlich hätte man ihm, der so viel Feindschaft von allen Seiten erdulden mußte, die Ehe als Zufluchtstätte und Ort der Geborgenheit gewünscht.

Warum versagt ihm Jahwe dennoch das alles?

a) Er allein will seine Zuflucht sein, darum kann es keine innerweltliche Größe geben, die ihm daneben Halt und Trost sein könnte.

b) Die Anforderungen, die das Prophetenamt an ihn stellen, sind so groß, daß Jeremia ihnen physisch und besonders psychisch kaum gewachsen ist. Daneben an Frau und Kinder denken zu müssen, wäre ihm kaum möglich gewesen. Das heißt, er hätte den Anforderungen, die Frau und Kinder vermutlich gestellt, nicht in ausreichendem Maße gerecht werden können.

c) Den Hauptgrund haben wir aber mit all diesen Überlegungen noch nicht angeführt:

Für dieses Geschlecht und seine Nachkommen gibt es keine Zukunft mehr. Eltern und Kinder werden im Zuge der kriegerischen Ereignisse oder durch den Hunger als Kriegsfolge ums Leben kommen. Nicht einmal ein „ehrliches“ Grab sollen sie haben. Die Tage des „Israel nach dem Fleisch“ gehen einem vorläufigen Ende entgegen. Jeremia soll es persönlich symbolisieren. Seine Verkündigung ist also letztlich nicht von seiner Person zu lösen. Sein ganzes Leben soll Zeichen für das Handeln Gottes an diesem Volk sein.

5–7 Großfamilie, Sippe und auch Ortsverband spielten und spielen im Leben des Orientalen eine überragende Rolle. Selbstverständlichste Pflicht eines jeden

war es, dem Trauerhaus eines Bekannten oder Verwandten einen Besuch abzustatten, sein Beileid auszusprechen und in die Totenklage mit einzustimmen. Wer sich dem entzog, wurde nicht als Glied der Gemeinschaft anerkannt. Wieder wird von Jeremia ein schweres Opfer verlangt, wieder sollen seine privaten Verhältnisse Zeichen und Hinweis auf das kommende Unheil sein. Wenn Gott seine Güte und Barmherzigkeit – die Zeichen seiner Bundestreue – zurückzieht, ist die Zukunft des Volkes verloren. So groß wird die Zahl der Toten sein, daß die wenigen Hinterbliebenen nicht einmal die gewohnten Toten- und Bestattungsriten werden durchführen können. Selbst zum Begraben hat man keine Zeit.
V. 6b und 7 bringen eine Reihe interessanter Einzelheiten. Einritzungen in die Haut und Scheren des Haares als Zeichen der Trauer – ursprünglich heidnische Riten – sind nach Dtn. 14,1 ff. zwar verboten, aber wohl doch weithin in Israel üblich. (Am. 8,10; Jes. 22,12; Hes. 7,18)
Die Angehörigen fasteten außerdem am Tage des Eintritts eines Todesfalles. Am Abend nach Beendigung des Fastens kamen Verwandte und Nachbarn und brachten aus ihren Häusern das sog. „Trauerbrot" und den „Trostbecher" mit. Nach israelitischer Ansicht waren die Speisen im Hause des Verstorbenen kultisch unrein. V. 7 sagt nun: In Kürze wird es diese selbstverständlichsten verwandtschaftlichen und nachbarlichen Hilfsdienste beim Tode des Vaters oder der Mutter nicht einmal geben.

8–9 In die gleiche Richtung weist auch das Verbot der Teilnahme an fröhlicher Geselligkeit. Ein solches Ansinnen muß dem Orientalen, der so gern Feste gibt und an Festen teilnimmt, besonders schmerzlich sein. Die Hochzeit ist das Fest schlechthin (siehe noch im Neuen Testament). Auch dieser Lebensfreude muß er absagen.
Wie verständlich ist es, daß sich da seinem Herzen die Klage entringt: „Nie saß ich heiter im Kreise der Fröhlichen, im Banne deiner Hand saß ich einsam." (15,17) Von hieraus ist auch manches seiner verzweifelten Worte, mancher Aufschrei aus der Tiefe der Not seines Herzens zu verstehen.

Theologische Zusammenfassung

Die immer wieder beobachtete Identität von Lehre und Leben, Wort und Existenz wird hier ganz konkret bis in die Intimbereiche des Propheten ausgezogen. „Nicht nur das gesprochene Wort, auch die Handlungen des Propheten und seine Lebensweise werden hier zum Mittel der Verkündigung, zum Wort Gottes, das sich in seiner geschichtsbildenden Dynamik als symboldarstellendes, das kommende Geschehen wirkungsmächtig vorwegnehmendes Kerygma erweist. Wie Hosea (Hos. 1 und 3) und Jesaja (Jes. 7 und 8)..., so steht auch Jeremia mit seiner gesamten Lebensführung in Gottes Dienst; auch sein ‚Privatleben' dient seinem göttlichen Auftrag."[20] Er ist „verbum visibile".

---

20. A. Weiser, Jeremia, a.a.O., S. 137

7. Mordanschlag der eigenen Familie

(11,18a; 12,6; 11,18b–20a; 12,3; 11,20b–23)

Übersetzung

11,18a	Der Herr hat mich wissen lassen:
12,6	„Auch deine Brüder und Verwandten, auch sie sind falsch gegen dich! Traue ihnen nicht, wenn sie freundlich mit dir reden!“
11,18b	Ich merkte auf, da wurde ich ihr Tun gewahr.
11,19	Und ich war gewesen wie ein zutrauliches Lamm, das zum Schlachten geführt wird. Ich hatte nichts davon gemerkt, daß sie Anschläge gegen mich planten: „Laßt uns den Baum in seinem Saft vernichten! Laßt uns ihn ausrotten aus dem Lande der Lebendigen, daß seines Namens nicht mehr gedacht werde!“
11,20a	Aber, Herr der Heerscharen, der du recht richtest und Nieren und Herzen prüfst,
12,3	du kennst mich, du siehst mich, du prüfst mein Herz, wie es gegen dich gesinnt ist! Reiße sie heraus wie Schafe zum Schlachten und weihe sie für den Tag des Mordens!
11.20b	Laß mich deine Rache an ihnen sehen! Dir vertraue ich meine Sache.
11,21	Darum, so hat der Herr über die Männer von Anatot gesprochen, die mir nach dem Leben trachteten und sagten: „Du sollst nicht im Namen des Herrn prophezeien, sonst mußt du von unserer Hand sterben!“
11,22	Siehe, ich suche sie heim; sterben sollen durchs Schwert ihre Söhne, und ihre Töchter sollen sterben durch Hunger.
11,23	Und kein Überrest soll bleiben, wenn ich Unheil bringe über die Leute von Anatot im Jahre ihrer Heimsuchung.

Zeit und Gestalt des Textes

Der Text enthält keinen Anhalt für eine detaillierte Datierungsmöglichkeit. Der Inhalt läßt jedoch darauf schließen, daß im Zuge der Verfolgung Jeremias durch Jojakim auch die Angehörigen vor die Frage gestellt wurden, zu dem Propheten zu halten oder sich von ihm zu distanzieren bzw. sich seiner zu entledigen. Sie wählten den zweiten Weg.
Da die vorliegende Textgestalt 11,18–12,6 unbefriedigend ist, haben wir uns Volz angeschlossen, dem es als erstem gelungen ist, eine brauchbare Ordnung in diesen Abschnitt zu bringen.[21] Durch die Hereinnahme von 12,3 und 12,6 be-

21. P. Volz, Jeremia, a.a.O., S. 136ff.

kommen wir einen anschaulichen Text. Dieser Schritt ist dadurch gerechtfertigt, daß die späteren Kommentare größtenteils nur unwesentliche Änderungen gegenüber Volz vorschlagen, die aber u. E. keine Verbesserungen darstellen.

Auslegung

Die Nachricht, die den Propheten „zufällig" – wohl unter dem Siegel der Verschwiegenheit – erreicht, kann er nur als „Wink" seines Gottes verstehen: Selbst seine nächsten Verwandten planen einen Mordanschlag gegen ihn. Das Schlimmste dabei ist, daß sie in heuchlerischer Absicht ins Gesicht zu ihm freundlich waren, so daß er lange nichts Verdächtiges bemerkt hatte. Sie standen im Begriff, ihn wie ein „zutrauliches Lamm zur Schlachtbank" zu führen. So arglos war der Prophet. Und so heimtückisch hatten sie ihren Plan angelegt, daß er es wohl erst bemerkt hätte, wenn es zu spät gewesen wäre.
Warum sind sie gegen ihn? Warum wollen sie eine so große Schuld auf sich laden? Man hat mancherlei Vermutungen angestellt. Wahrscheinlich brauchen wir aber die Argumente nicht von weither zu holen.
Ein Mann, der soviel Aufsehen erregt, ist einfach lästig und peinlich für die ganze Familie (vgl. Mk. 3,21; Lk. 4,29). Man kommt durch ihn in einen schlechten Ruf, zumindest macht man sich – ihrer Meinung nach – lächerlich. Zudem gehören sie wohl zu denen, die Jeremia kein Wort glauben. Sie halten ihn für einen Phantasten, vielleicht gar für einen Defätisten.
Schließlich fühlen sie sich in ihrer Berufs- und Standesehre angegriffen. Wie konnte er als Priestersohn solche Drohworte gegen den Tempel ausstoßen?! Darum dieser so raffiniert ausgeklügelte Plan, ihn heimlich zu beseitigen. Einige Ausleger denken daran, daß man ihm Gift ins Essen tun wollte. So wäre wohl niemals ans Licht gekommen, welches die wirkliche Todesursache gewesen wäre.
Als Jeremia sie wohl darauf anspricht, stellen sie ihn vor die Wahl: Entweder Aufgabe des Prophetenamtes oder Tod. (21b)

11,20a und 12,3 Es ist gar nicht selbstverständlich, daß Jeremia als Mann des Alten Testamentes zuerst Gott fragt, ob die Schuld nicht bei ihm selbst liegen könnte. In manchen Psalmen und auch bei etlichen Propheten ist das ganz anders. – Aber im Gebet wird ihm deutlich, daß die Schuld nicht bei ihm liegt. Sie hassen sein Wort, das er verkündigt. Würde er schweigen, so wäre alles gut, und niemand würde ihm nach dem Leben trachten.

11,20b Wer will es Jeremia verdenken, daß er sich ganz mit seiner Botschaft, mit seinem Amt identifiziert. Gott soll Recht sprechen, nicht er selbst. Jahwe soll rächen, nicht er, denn in ihm beleidigen sie ja Gott.
Aber Gottes Rache möchte er doch sehen! Natürlich ist das nicht neutestamentlich gedacht. Christus betet anders. Hier zeigt sich der Abstand zur Botschaft Jesu.

11,21 ff. Jeremia erhält die Zusage: Nicht er soll sterben, sondern sie und alle ihre Nachkommen. Nicht einmal ein Rest wird übrigbleiben.

Theologische Zusammenfassung

Die Entdeckung Jeremias, daß sich selbst die eigene Familie gegen ihn stellt, ist nicht untypisch. Im Gegenteil: Sie steht exemplarisch für die Erfahrung vieler anderer Zeugen des Glaubens.
Wir beschränken uns auf das Neue Testament: Selbst Jesus mußte es erleben, daß sich seine Heimatstadt gegen ihn stellte und ihre Bewohner ihn zu töten versuchten. (Lk. 4,28 f.) Ja seine eigene Familie verstand ihn zeitweise nicht. Sie wollten ihn von seinem Auftrag abhalten. Sie meinten sogar, er sei irre. (Mk. 3,21)
Das Wort Gottes bringt durchaus nicht immer den Familien Frieden, es kann auch einen scharfen Schnitt mitten durch die engste Verwandtschaft ziehen. „Und des Menschen Feinde werden seine eigenen Hausgenossen sein!" (Mt. 10,36)

8. In tiefster Anfechtung (20,7–18)

Übersetzung

7 Du hast mich betört, Herr, und ich habe mich betören lassen. Du bist mir zu stark geworden und hast mich überwältigt. Ich bin zum Gelächter geworden den ganzen Tag, jeder spottet über mich.
8 Denn, sooft ich rede, muß ich schreien, „Unrecht und Gewalttaten" muß ich rufen. Täglich wurde mir des Herrn Wort zum Schimpf und Hohn.
9 Wenn ich aber dachte, ich will nichts mehr davon wissen und nicht mehr in seinem Namen reden, dann war's in meinem Herzen wie ein brennendes Feuer, das verhalten „glühte" in meinen Gebeinen. Ich mühte mich ab, es auszuhalten, aber ich vermochte es nicht.
10 Ja, ich habe das Geraune vieler gehört: „Grauen ringsum", „Zeigt ihn an!", „Wir wollen ihn anzeigen!"
Alle, die mir befreundet waren, lauern auf einen Fehltritt von mir.
11 Aber der Herr ist mir wie ein starker Held, darum werden meine Verfolger zu Fall kommen und nicht siegen. Sie sind zuschanden – Toren, die sie sind! – in ewiger, unvergessener Schmach.
13 Singet dem Herrn, lobpreiset den Herrn, denn er hat das Leben der Armen aus der Hand der Übeltäter gerettet.

14 Verflucht der Tag, an dem ich geboren; der Tag, an dem meine Mutter mich gebar. Er sei nicht gesegnet!
15 Verflucht sei der Mann, der meinem Vater die frohe Kunde brachte: „Ein Sohn, ein Knabe ist dir geboren!“ und ihn dadurch hoch erfreute!
16 Es ergehe jenem Tag wie den Städten, die der Herr mitleidslos zerstörte! Er (der Tag) höre am Morgen Hilfeschrei und am Mittag Kriegslärm,
17 weil er mich nicht getötet im Mutterleibe, so daß die Mutter mir zum Grabe geworden und ihr Schoß mich immerfort getragen hätte!
18 Warum nur mußte ich aus dem Mutterleibe, nur um Mühsal und Kummer zu erleben, daß meine Tage in Schmach vergehen?

Zeit und Gestalt des Textes

Wir haben hier die letzte der fünf sog. großen „Konfessionen“ vor uns. Die übrigen finden sich in 11,18ff.; 15,10ff.; 17,14ff. und 18,18ff. Zeitlich werden wir sie alle in die Regierungsjahre Jojakims datieren können.
Die Frage, die immer wieder die Auslegung beschäftigt hat, ist die, ob wir es in diesem Abschnitt mit einem zusammenhängenden Ganzen oder mit drei Einzelstücken (7–9: Klage über den Prophetenberuf, 10–13: Auseinandersetzung mit den Gegnern, 14–18: Selbstverfluchung) zu tun haben.
Gegen die Annahme eines zusammenhängenden Ganzen spricht vor allem der scheinbare Bruch zwischen V. 13 und 14. Weiser hat versucht, zwei Teile herauszuarbeiten (7–13: Dankgebet, 14–18: Selbstverfluchung)[22]. Mir scheint Rudolph, wie früher schon Köberle und Keil, einer Konfession wie dieser näher zu kommen, wenn er schreibt: „... Könnte Jeremia hier nicht seinen Seelenkampf schildern wollen, das Hin- und Herwogen vom Rand der Verzweiflung zum Jubel über Gottes Nähe und wieder hinab in die tiefste Nacht der Trostlosigkeit?“[23]
Haben wir nicht gerade hier den echten Jeremia vor uns? Ob wir einen solchen Text, wie Weiser es tut, mit den für die Psalmen sicher gültigen Formalkategorien beurteilen dürfen, erscheint uns fraglich. Die Schablonen der formalen Textanalyse geben u. E. wenig Hilfe. Das gilt noch mehr für die Ausführungen Reventlows.[24]

Auslegung

7a Eine tiefe Enttäuschung hat den Propheten ergriffen. Er ist verbittert. Er wirft Gott vor, sein Versprechen nicht gehalten zu haben. Er drückt es zunächst aus in dem Bilde eines Mädchens, das sich von seinem Liebhaber hat überreden

---

22. A. Weiser, Jeremia, a.a.O., S. 168f.
23. W. Rudolph, Jeremia, a.a.O., S. 113
24. H. Graf Reventlow, Liturgie, a.a.O., S. 205ff.

lassen, von ihm in seiner Gutgläubigkeit aber ausgenützt und nun in Schande zurückgelassen worden ist. – So kommt Jeremia sich vor. Es ist wohl besonders die Angst vor dem Spott und dem Hohn, die diesen sensiblen Mann verleitet hat, so zu sprechen.

7 b In einem zweiten Bilde wird sachlich das gleiche gesagt. Wie ein Ringkämpfer hat Gott ihn besiegt und ihn gezwungen, in seinen Dienst zu treten. Er hat sich nicht freiwillig dazu bereit erklärt. Gott hat ihn mit Gewalt dazu gebracht.

8 Worin besteht denn dieser Auftrag? Er muß überall Unheil verkünden, immer wieder harte Drohrufe ausstoßen. Und das macht ihn natürlich nicht beliebt. So hat er Feinde um und um. Aber weit mehr: Hat das Wort Gottes denn keine andere Wirkung? Ist das das einzige, was das Gotteswort vermag?

9 Dann weg damit! Er nimmt sich fest vor: Ich will nicht mehr predigen. – Wohl jeden Boten Gottes überkommen einmal solche Stunden äußerster Mutlosigkeit. Scheinbar keinerlei Erfolg oder Ergebnis, nur immer neue persönliche Nöte und Anfeindungen. – Wäre es da nicht besser aufzugeben?
Aber so einfach geht das nicht. Diese Möglichkeit ist letztlich nicht gegeben. Wen Gott mit Beschlag belegt hat, der kann nicht zurück. Das mußte er erleben, als er versuchte, Gott zu entfliehen. Jetzt wurde seine innere Not noch größer! Wohin soll er denn auch gehen, wenn er den lebendigen Gott verläßt? Vergleiche dazu Joh. 6,68: „Herr, wohin sollen wir denn gehen? Du (allein) hast Worte des ewigen Lebens.«
Wer einmal in der Nähe des lebendigen Gottes war, der kann diese Gegenwart nicht einfach mit einer anderen vertauschen. Und ist es so sinnlos, daß Gott mit einem gewissen Zwang seine Boten festhält, daß sie nicht jeder Laune nachgeben können, sondern einfach bleiben müssen, wenn sie sich nicht selbst verlieren und aufgeben wollen?! Daß gegen Gott Widerstand aussichtslos ist, muß auch Jeremia erkennen.

10 Dieser V. führt uns zu V. 8 zurück. Wir hören, daß sich unter den Feinden des Propheten sogar seine Freunde und Bekannten befinden. Sie alle warten darauf, daß er einen unbedachten Schritt tun möge, um ihn anzuzeigen und verhaften zu lassen. In welche Einsamkeit ist dieser Mann um des Wortes Gottes willen geraten! Das muß man deutlich sehen, wenn man die letzten Verse unseres Abschnittes nicht mißverstehen will. Er meint, in dieser Welt des Denunziantentums nicht mehr atmen zu können.
Sie äffen seinen Ausspruch „Grauen ringsum“, den er wohl oft in seiner Verkündigung gebraucht hat, nach und wenden ihn nun auf ihn selbst an.

11 In seiner Not findet der Beter den Weg zu Gott. Hier werden seine Ängste still. Was kann ihm denn schon geschehen? Der Herr ist doch mit ihm. Er hat doch seit seiner Berufung seine feste Zusage. Warum ängstigt er sich denn so sehr?

Seine Feinde wollen ihn zu Fall bringen. Aber sie werden dies nicht erreichen. Das Gegenteil wird eintreffen. Gott wird sie selbst vernichten.
In ihrer Hinterlist meinen sie klug und diplomatisch vorzugehen, um so den Propheten sicher zu vernichten. Aber in Wirklichkeit sind sie nicht klug, sondern mit Torheit geschlagen. Ihre Absichten und versuchten Handlungen werden ihnen zu ewiger Schmach gereichen. – Die Geschichte hat Jeremia Recht gegeben. –
Das in V. 12 stehende Rachegebet gehört nicht hierher. Wir lassen es aus.[25]

13 Alle Angst ist gewichen. Gott hat ihm die Unruhe und den Zweifel aus dem Herzen genommen. In seiner Hut fühlt er sich geborgen vor allen Feinden. Ja, er kann einstimmen in den dankbaren Lobpreis des Herrn.

14 Ohne Zweifel ist der Umschwung von V. 13 zu V. 14 gewaltig. Und es ist verständlich, daß viele Ausleger meinen, hier den Propheten zu einer ganz anderen Zeit in einer ganz anderen Verfassung vorzufinden. Müssen wir das wirklich annehmen, oder zeigt uns nicht Jeremia hier in schonungsloser Offenheit, daß alles, was er ist, er nur durch Jahwe ist? – Wenn dieser nur ein wenig seine Hand zurückzieht, bleibt ein verzweifelter, ohnmächtiger, zum Glauben unfähiger Mensch zurück. Es zeugt für die rücksichtslose Ehrlichkeit Jeremias, daß er sich nicht scheut, uns auch in diese Stunden tiefster Verzweiflung hineinblicken zu lassen. – Gerade darum hat er so manchem Angefochtenen weitaus mehr Hilfe und Trost geben können als sog. „Glaubenshelden“ oder aufgeputzte Heiligengestalten, die sich solcher Züge meinten schämen zu müssen und sie darum sorgfältig vertuschten.
In seiner Not sieht er keinen Ausweg mehr. Die ihm aufgetragene Botschaft führt niemanden zur Buße. Zudem trifft das Gericht nicht ein. Er selbst wird den anderen zum Spott, aber Gott schweigt dazu. Das ist offenbar das Fazit seines Lebens.
Wenn das aber so ist – und der Prophet kann es in dieser Stunde nicht anders sehen –, dann wäre es für ihn besser, er hätte nie gelebt.
So kommt es zur Verfluchung des Tages seiner Geburt. Während sonst der Tag, an dem Gott einem Kind das Leben schenkt, ein „gesegneter“ genannt wird, kann der Prophet seinen Geburtstag als Unglückstag ansehen.

15 Er verflucht den Mann, der seinem Vater die Kunde brachte, ihm sei ein Sohn geboren; eine Nachricht, die sonst jeden israelitischen Vater mit Dankbarkeit und Freude erfüllt. „...Ihn dadurch hoch erfreute...“ ist sarkastisch gemeint.

16 Hier lesen wir statt „Mann“ „Tag“. V. 16b bezieht sich nicht auf den Überbringer der Botschaft, sondern auf den Geburtstag des Propheten. Dieser steht ihm wie ein persönlicher Feind gegenüber. Er soll zum Unglückstag werden.

---

25. A. Weiser (Jeremia, a.a.O., S. 172), stellt es vor V. 11, was aber auch nicht befriedigt.

17 Immer tiefer sinkt der Prophet in geradezu wollüstige Selbstzerfleischung und Selbstvernichtung. Hätte er doch nie das Licht der Welt erblickt!

18 Eines der ergreifendsten Worte des ganzen Alten Testaments. In solch letzte Verzweiflung kann ein Mensch unter dem Auftrag des Wortes Gottes geraten. Sicher hat Duhm recht, wenn er darauf hinweist, daß einem Mann wie Jeremia als Vertreter des Alten Testaments ja noch jede Ewigkeitshoffnung fehlt. Wir müssen bedenken, „daß Jeremia sein Leben noch nicht ‚sub specie aeternitatis' zu betrachten weiß. Jeremia hätte dann sein Leben nicht verflucht, wenn er geglaubt hätte, daß sein Erdenleben nur einen kurzen Schritt in seinem Dasein bedeutete."[26]

Theologische Zusammenfassung

Kein anderer Prophet hat uns in gleicher Weise wie Jeremia in die dunkelsten Stunden seines Lebens schauen lassen. Hier ist nur finsterste Nacht. Er ist nicht nur am Ende eines Weges angekommen, sondern jetzt ist er selbst mit allen seinen Möglichkeiten total am Ende. Er vermag nur noch Erfolglosigkeit und Sinnlosigkeit zu erkennen. Darum die Verzweiflung, darum der wilde Aufruhr gegen Gott und die Todesbereitschaft.
Parallel dazu aber geht eine andere Erfahrung. Es ist die des „brennenden Feuers" (V. 9). Der Prophet möchte es löschen, aber er spürt übermächtig, daß das nicht möglich ist. Für ihn geht es um Sein oder Nichtsein. Seine Existenz ist mit diesem Wort unauflöslich verknüpft. Ohne Gott muß er „vergehen". Wir hatten früher die Ansicht vertreten, daß es sich hier um eine religiöse Erfahrung handelt. Wir möchten dies jetzt erweitern und die Vermutung aussprechen, daß es u. U. die religiöse Urerfahrung schlechthin ist.

9. *Die Vernichtung der Schriftrolle (36,1–32)*

Übersetzung

1 Im vierten Regierungsjahr Jojakims, des Sohnes Josias, des Königs von Juda, da erging folgendes Wort des Herrn an Jeremia:
2 „Nimm dir eine Buchrolle und schreibe darauf alle Worte, die ich zu dir geredet habe gegen Jerusalem, gegen Juda und gegen alle Völker von dem Tage an, da ich zu dir geredet habe, nämlich seit den Tagen Josias bis auf diesen Tag.

26. B. Duhm, Jeremia, a.a.O., S. 168

3 Vielleicht bekehren sich die vom Hause Juda, wenn sie all das Unheil hören,
das ich ihnen anzutun gedenke, ein jeder von seinem bösen Wandel, so daß
ich ihnen ihre Schuld und Sünde vergeben kann."
4 Da berief Jeremia den Baruch, den Sohn Nerijas, und Baruch schrieb nach
den Angaben Jeremias alle Worte des Herrn, die er zu ihm gesprochen hatte,
auf eine Buchrolle.
5 Da befahl Jeremia dem Baruch, dem Sohn Nerijas: „Mir ist es nicht möglich,
ich darf nicht in das Haus des Herrn gehen.
6 So gehe du hin und lies aus der Schriftrolle, die du nach meinem Diktat geschrieben hast, die Worte des Herrn dem Volke im Hause des Herrn am
Festtage vor; auch den Leuten aus ganz Juda, die aus ihren Städten gekommen sind, lies sie vor.
7 Vielleicht dringt dann ihr Flehen zum Herrn empor und sie bekehren sich
alle von ihrem bösen Wandel. Denn der Zorn und Grimm ist groß, mit dem
der Herr dieses Volk bedroht."
8 Da tat Baruch, der Sohn Nerijas, ganz, wie der Prophet Jeremia ihm befohlen hatte, indem er aus dem Buche die Worte Jahwes im Hause des Herrn
vorlas.
9 Es geschah nämlich im 5. Jahr Jojakims, des Sohnes Josias, des Königs von
Juda, im 9. Monat, daß man das ganze Volk in Jerusalem und alles Volk, das
aus den Städten Judas nach Jerusalem gekommen war, zu einem Fasten vor
dem Herrn berufen hatte.
10 Da las Baruch die Worte Jeremias aus dem Buche im Hause des Herrn in der
Halle Gemarjas, des Sohnes des Stadtschreibers Schaphan, im oberen Vorhof am Eingang des neuen Tempeltores, dem ganzen Volke vor.
11 Als nun Micha, der Sohn Gemarjas, der Sohn Schaphans, alle Worte des
Herrn aus dem Buche gehört hatte,
12 da ging er hinab zum Königspalast in die Kanzlei, wo gerade alle Oberen
(Königsbeamten) eine Sitzung hatten, der Staatsschreiber Elischama, Delaja,
der Sohn Schemajas, Elnatan, der Sohn Achhors, Gemarja, der Sohn Schaphans und Zedekia, der Sohn Hananjas und die sonstigen Oberen.
13 Und Micha teilte ihnen alle Worte mit, die er gehört hatte, als Baruch dem
Volke aus dem Buche vorlas.
14 Da schickten alle Oberen den Jehudi, den Sohn Netanjas, und Schelemja,
den Sohn Kuschis, zu Baruch mit der Aufforderung: Nimm die Buchrolle,
aus der du dem Volke vorgelesen hast, und komm hierher! Da nahm Baruch,
der Sohn Nerijas, die Rolle mit sich und kam zu ihnen.
15 Da sagten sie zu ihm: Setze dich hin und lies sie uns vor! Da las Baruch sie ihnen vor.
16 Als sie alle diese Worte gehört hatten, erschraken sie und sprachen zueinander: Wir müssen dem König die ganze Sache melden.
17 Und sie fragten den Baruch: Gib uns genau an, wie hast du alle diese Worte
niedergeschrieben?
18 Baruch antwortete ihnen: Mündlich sagte mir Jeremia alle diese Worte vor,
und ich schrieb sie mit Tinte in das Buch.

19 Darauf sagten die Oberen zu Baruch: Geh, verbirg dich, du und Jeremia, daß
niemand weiß, wo ihr seid.
20 Dann begaben sie sich zum König in den Palasthof, während sie die Rolle im
Zimmer des Staatsschreibers Elischama verwahrten, und berichteten dem
König die ganze Angelegenheit.
21 Da sandte der König den Jehudi, die Rolle zu holen: Der holte sie aus dem
Zimmer des Staatsschreibers Elischama. Und Jehudi las sie dem König und
allen Oberen, die um den König standen, vor.
22 Der König wohnte aber im Winterhause, da es der 9. Monat war. Und das
Kohlenbecken brannte vor ihm.
23 So oft nun Jehudi drei und vier Spalten gelesen hatte, schnitt er (der König)
sie mit dem Schreibermesser ab und warf sie in das Feuer auf dem Kohlen-
becken, bis die ganze Rolle im Feuer auf dem Kohlenbecken verbrannt
war.
24 Der König aber und alle seine Diener, die alle diese Worte gehört hatten, er-
schraken nicht und zerrissen ihre Kleider nicht.
25 Selbst als Elnatan, Delaja und Gemarja in den König drangen, die Rolle nicht
zu verbrennen, hörte er nicht auf sie.
26 Vielmehr befahl der König dem Prinzen Jerachmeel und dem Seraja, dem
Sohn Asriels, und dem Schelemja, dem Sohn Abdeels, den Schreiber Baruch
und den Propheten Jeremia zu verhaften; aber der Herr hatte sie verbor-
gen.
27 Nachdem der König die Rolle mit den Worten, die Baruch nach dem Diktat
Jeremias niedergeschrieben hatte, verbrannt hatte, erging das Wort des
Herrn an Jeremia.
28 „Nimm dir wieder eine andere Rolle und schreibe auf sie alle früheren
Worte, die auf der ersten Rolle standen, die Jojakim, der König von Juda,
verbrannt hat.
29 Und über Jojakim, den König von Juda, sprich: So hat der Herr gesprochen:
Du hast diese Rolle verbrannt und gesagt: ‚Warum hast du darauf geschrie-
ben: Der König von Babel wird sicher kommen und dieses Land verheeren
und Menschen und Vieh daraus vertilgen?‘
30 Daher spricht der Herr über Jojakim, den König von Juda: Er wird keinen
Nachkommen haben, der auf dem Throne Davids sitzt. Sein Leichnam soll
hingeworfen liegen in der Hitze bei Tag und in der Kälte bei Nacht.
31 Ich suche an ihm, an seinen Nachkommen und seinen Dienern ihre Schuld
heim und bringe über sie, über die Einwohner Jerusalems und über die Leute
von Juda, all das Unheil, das ich ihnen angedroht habe, ohne daß sie es hören
wollten.“
32 Und Jeremia nahm eine andere Rolle und gab sie dem Schreiber Baruch, dem
Sohn des Nerija. Der schrieb darauf nach dem Diktat Jeremias alle Worte
des Buches, das Jojakim, der König von Juda, mit Feuer verbrannt hatte.
Außerdem wurden noch viele ähnliche Worte hinzugefügt.

Zeit und Gestalt des Textes

Aus V. 1 geht hervor, daß die Buchrolle im vierten Regierungsjahr Jojakims, also im Jahre 605, angefertig ist.
Es ist viel herumgerätselt worden, warum sich Jeremia gerade in diesem Jahr entschließt, seine Botensprüche aufzuschreiben. Einige Kommentatoren glauben, es sei die gespannte Lage von 605. Der Prophet meinte, jetzt sei eine günstige Gelegenheit, dem Volk und seinen Führern noch einmal die große Gefahr vor Augen zu malen, in der sie sich befänden.
Rudolph[27] hat – u. E. mit Recht – aus diesen politischen Gegebenheiten den entgegengesetzten Schluß gezogen: Weil die Babylonier sich als neue Oberherren sehr konziliant gezeigt hatten, fühlte man sich schon wieder ganz sicher und sah in der Prophetie Jeremias primär lästige Schwarzmalerei. Um dem entgegenzuwirken, habe Jeremia mit der Zusammenstellung der Prophetensprüche sich eine neue „Waffe" verschaffen wollen.
Hinsichtlich der Verfasserschaft sind sich die meisten Exegeten darin einig, daß dieser Bericht ganz aus der Feder des Baruch stammt. Die genauen Orts- und Zeitangaben, die präzise Kenntnis vieler Details und nicht zuletzt die Aufzählung der beteiligten Personen mit Namen dürfte nur einem Augenzeugen möglich sein.

Auslegung

1f. Zu gerne wüßten wir natürlich, was auf dieser sogenannten „Urrolle" gestanden hat. Sichere Angaben haben wir jedoch nicht. Wir können allerdings vermuten, daß die persönlichen Gebete und Bekenntnisse gefehlt haben, wohl auch die Drohorakel an die Völker.

3 Sinn auch dieser Bemühung ist es: Möchte das Volk doch zur Umkehr, zur Buße kommen!

4 Baruch, der Sekretär Jeremias, übernimmt die Arbeiten der Niederschrift.

5 Die Worte sollen im Tempel öffentlich verlesen werden. Motiv der Niederschrift ist also kein literarisches Interesse; auch das geschriebene Wort steht ganz im Dienst der Verkündigung. –
Leider kann Jeremia die Verlesung nicht selbst übernehmen. Schon zu sehr hat er sich die Feindschaft der Priester und Propheten zugezogen. Ihn würde man wohl gar nicht zu Wort kommen lassen. Selbst wenn es ihm gelänge, würde es mit Sicherheit in Kürze zu Krawallen kommen. So ist es also nicht persönliche Feigheit, die ihn Baruch schicken läßt, vielmehr glaubt er, wenigstens so zu er-

27. W. Rudolph, Jeremia, a.a.O., S. 195/196

reichen, daß man dem Wort erst einmal Gehör schenkt. Einige Ausleger sind der Meinung, daß Jeremia schon ein offizielles Redeverbot im Tempel gehabt habe.

6 Als Zeitpunkt wählen sie einen Fasttag. Da sind viele Israeliten aus dem ganzen Lande in der „Heiligen Stadt" versammelt.

7 Wenn irgendein Tag günstig ist, dann ist es solch ein Bußtag.

8 Ganz schlicht und ohne jede Betonung der eigenen Leistung berichtet Baruch, daß er sich diesem für ihn ja auch höchst gefährlichen Auftrag nicht entzogen hat.

9 Der nächste Fasttag findet im Dezember 604 statt. Der akute Anlaß dieses Fasttages ist uns nicht mehr bekannt.

10 Baruch liest aus der Halle Gemarjas. Diese ist höchstwahrscheinlich zum Vorhof hin offen, so daß die Gemeinde ihn gut hören kann. – Die Familie Gemarjas hat immer ein besonderes Wohlwollen für Jeremia gezeigt. –
Über den Eindruck dieser Lesung wissen wir leider nichts. Weil sie jedoch von einem „Neuen" kam, hörte man wenigstens zu. Den Bewohnern der Landstädte und Dörfer waren diese Prophetensprüche vermutlich sowieso unbekannt. So viel steht jedenfalls fest: Zu einem Tumult kommt es nicht.

11 f. Der Sohn Gemarjas erkennt, daß hier Dinge von großer Wichtigkeit gesagt worden sind. Er wagt es daher, eine Kabinettssitzung zu stören. – Die an der Beratung teilnehmenden königlichen Oberbeamten werden genau aufgezählt.

13 f. Auch die Beamten merken, daß hier Worte von unübersehbarer Tragweite ausgesprochen worden sind. Sie wollen sich – und das spricht für sie – erst selbst ein genaues Bild machen. Sie verlassen sich nicht aufs „Hörensagen". Baruch wird herbeizitiert.

15 f. Dieser kommt auch ohne Scheu und liest ihnen noch einmal alles vor. Die Hörer erschrecken tief. Da das Ganze jedoch über ihre Kompetenz hinausgeht, melden sie es dem König.

17 f. Um genaue Auskunft geben zu können, stellen sie weitere Einzelheiten fest. Baruch verschweigt nichts. Er berichtet, daß Jeremia der eigentliche Autor ist.

19 Die „Minister" ahnen wohl, wie der König diese Prophetensprüche aufnehmen wird. Darum raten sie Jeremia und Baruch, sich zu verstecken.

21 Der König will selbst den Inhalt der Rolle hören.

22 Dieser Vers bringt ein paar Detailangaben zum äußeren Verständnis des folgenden. Es ist Monat Dezember. Der König befindet sich in seiner Winterwohnung. In einem offenen Kohlenbecken – wie man sie damals hatte – brennt ein Kohlenfeuer zur Erwärmung.

23 Wenn drei bis vier Kolumnen verlesen sind, schneidet der König sie mit einem Schreibermesser, das sonst zum Spitzen von Rohrfedern dient, ab und wirft sie eigenhändig ins Feuer.

24 Während die Oberbeamten tief erschrocken gewesen waren, als sie diese Worte gehört hatten, zeigt sich beim König keine Wirkung. Ihn und seine Dienerschaft lassen sie kalt. Er zerreißt nicht sein Kleid als Zeichen der Trauer und der Buße, sondern er zerfetzt das Wort Gottes.

25 Drei Oberbeamte wagen es, gegen den Despoten anzugehen. Es ehrt sie, daß sie dazu den Mut finden. Diese Gruppe von Männern ist übrigens die einzige, die wohl den Ernst der Worte erkannt hat. Darum hat vermutlich das Kollegium der Oberbeamten lange Zeit als einzige der Führungsgruppen des Landes Jeremia Wohlwollen und Verständnis entgegengebracht.

26 Aber der König geht in seinem Zorn noch weiter. Die Vernichtung der Schrift genügt ihm nicht. Er will auch die Verfasser zur Strecke bringen. Darum erläßt er sofort einen Haftbefehl. Vielleicht erscheinen ihm seine Oberbeamten nicht linientreu genug, darum betraut er einen seiner Söhne mit der Festnahme. Aber Jeremia und Baruch sind nicht aufzufinden. Auf Anraten der Oberbeamten hatten sie sich beide versteckt. Jeremia und Baruch können das nur als Tat Jahwes verstehen. Darum schreibt Baruch: „Aber der Herr hatte sie verborgen."

27f. Menschen können wohl einen Boten Gottes eine Zeitlang mundtot machen, man kann auch das geschriebene Wort der Schrift zerreißen und verbrennen, man darf nur nicht meinen, daß damit das Wort Gottes vernichtet wäre. Schon ergeht der Befehl zum Neuschreiben.

29f. Ein Mensch versuchte, das Wort Gottes zu vernichten. Nun wird ihm angekündigt, daß er vernichtet wird. Das ist nicht Ausdruck menschlicher Rache, sondern nach Jeremias Verständnis Wort des heiligen und gerechten Gottes, der über sein Wort wacht und es nicht zuläßt, daß jemand so mit diesem umgeht. Das erste Strafwort ist wortwörtlich eingetroffen. Sein Sohn Jojachin übernahm wohl die Regierung (2. Kön. 24,8 ff.), aber seine Regierungszeit währte nur drei Monate. Nebukadnezar nahm ihn mit nach Babel in die Gefangenschaft. Den Thron Judas bestieg als letzter kein Sohn Jojakims, sondern Zedekia, sein Bruder.
Aber auch betreffs seines persönlichen Endes spricht vieles dafür, daß es verlief, wie Jeremia angedroht hatte.

31 Das Strafwort über seine Diener wird sich vermutlich in der Endkatastrophe mit vollzogen haben.

32 Das Jahwewort wird neu aufgezeichnet und zugleich erweitert.

Theologische Zusammenfassung

Ein typisches Beispiel tyrannischer Despotie. Unbequeme geistige Produkte werden vernichtet, die Verfasser verbannt oder eingekerkert. Die Geschichte der Bibel – bis in die Gegenwart hinein – könnte als eine Geschichte ihrer Vernichtungsversuche beschrieben werden.
Parallel dazu wächst die Einsicht, daß solche Unternehmungen eigentlich zu keiner Zeit einen durchschlagenden Erfolg gehabt haben. Jesaja drückt diese Erfahrung so aus: „Das Wort unseres Gottes bleibt ewiglich." (Jes. 40,8)

10. Das Joch (27,1–22)

Übersetzung

1 Im Anfang der Regierung Zedekias, des Sohnes des Josia, des Königs von Juda, erging dieses Wort an Jeremia vom Herrn:
2 „So hat der Herr zu mir gesprochen: Mache dir Stricke und Jochhölzer und lege sie auf deinen Nacken.
3 Und schicke Botschaft an den König von Edom, den König von Moab, den König der Ammoniter, den König von Tyrus und den König von Sidon durch die Gesandten, die zu Zedekia, dem König von Juda, nach Jerusalem gekommen sind.
4 Und gib ihnen folgenden Auftrag an ihre Herren: So spricht der Herr der Heerscharen, der Gott Israels: So sollt ihr zu euren Herren sagen:
5 Ich habe die Erde, die Menschen und die Tiere, die auf der Erde sind, mit meiner großen Kraft und mit meinem ausgestreckten Arm gemacht, und ich kann sie geben, wem ich will.
6 Und jetzt habe ich alle diese Länder in die Hand meines Knechtes, des Königs Nebukadnezar von Babel, gegeben. Selbst die Tiere des Feldes habe ich ihm gegeben, daß sie ihm untertan sind.
7 Und alle Völker sollen ihm, seinem Sohn und seinem Enkel dienen, bis auch die Zeit seines Landes kommt, daß es mächtigen Völkern und großen Königen dienstbar sein wird.

8 Das Volk und das Königreich aber, das Nebukadnezar, dem König von Babel, nicht dient und seinen Nacken nicht unter das Joch des Königs von Babel beugt, ein solches Volk will ich heimsuchen mit Schwert, Hunger und Pest und es schließlich in seine Hand geben, spricht der Herr.
9 Und nun, höret nicht auf eure Propheten und Wahrsager, auf eure Träumer, Zeichendeuter und Zauberer, die zu euch sagen: ‚Ihr werdet dem König von Babel nicht dienen müssen!‘
10 Denn Lüge weissagen sie euch, um euch aus eurem Lande wegzubringen, weil ich euch dann verstoßen werde, daß ihr zugrunde geht.
11 Das Volk aber, das seinen Nacken unter das Joch des Königs von Babel beugt und ihm dient, das werde ich auf seinem Heimatboden lassen, spricht der Herr, und es wird ihn bebauen und darauf wohnen.“
12 Auch zu Zedekia, dem König von Juda, redete ich die gleichen Worte und sprach: „Beugt euren Nacken unter das Joch des Königs von Babel und dient ihm und seinem Volk, so bleibt ihr am Leben.
13 Warum willst du und dein Volk durch Schwert, Hunger und Pest umkommen, wie der Herr dem Volke gedroht hat, das dem König von Babel nicht dient?
14 Hört nicht auf die Worte der Propheten, die zu euch sagen: ‚Ihr werdet dem König von Babel nicht dienen müssen!‘ Denn Lügen weissagen sie euch.
15 Ich habe sie nicht gesandt, spricht der Herr. Vielmehr weissagen sie Falsches in meinem Namen, damit ich euch verstoße und ihr elend zugrunde geht, ihr mitsamt den Propheten, die euch weissagen.“
16 Schließlich habe ich zu den Priestern und zum ganzen Volk also geredet: „So hat der Herr gesprochen: Höret nicht auf die Worte eurer Propheten, die euch weissagen: ‚Siehe, die Geräte des Hauses des Herrn werden nun bald von Babel zurückgebracht werden!‘, denn Lügen weissagen sie euch.
17 Höret nicht auf sie, dient dem König von Babel, so werdet ihr am Leben bleiben. Warum soll diese Stadt zerstört werden?
18 Wenn sie wirklich Propheten wären und ihnen das Wort des Herrn verliehen wäre, so täten sie bei dem Herrn der Heerscharen Fürbitte, daß die Geräte, die im Hause des Herrn und im Palast des König von Juda und in Jerusalem übrig sind, nicht auch nach Babel kommen.
19 Denn so hat der Herr der Heerscharen gesprochen ... betreffs des Restes der Geräte, die in dieser Stadt übrig sind,
20 die Nebukadnezar, der König von Babel, bei der Wegführung Jechonjas, des Sohnes Jojakims, des Königs von Juda, ... nicht von Jerusalem nach Babel mitgenommen hat ...:
22 Sie werden nach Babel gebracht werden (und sollen dort bleiben bis zu dem Tage, da ich mich um sie kümmern werde), spricht der Herr (und ich sie wieder herschaffe und zurückbringe an diesen Ort).“

Zeit und Gestalt des Textes

Über ein Jahrzehnt ist seit der Zerstörung der Buchrolle durch Jojakim vergangen. Die Rolle ist wieder erstanden, größer und umfangreicher als zuvor. Jojakim aber ist tot.
Politisch hat sich viel ereignet. Ein Aufstandsversuch ist 597 niedergeschlagen, die Dynastie Jojakims erledigt, die Oberschicht ins Exil deportiert und Zedekia als König eingesetzt (Einzelheiten siehe chronologische Übersicht, S. 110ff.)
Der Abschnitt führt uns in das Jahr 594. Wiederum besteht die Gefahr, daß sich Juda an einer Koalition gegen Babel beteiligt. Fremde Gesandtschaften aus den Nachbarländern und Städten befinden sich in Jerusalem beim König Zedekia. Man will sich zusammentun, um einen Aufstand gegen Babylon zu organisieren. Ägypten hat Hilfe zugesagt. In Jerusalem als dem geographischen Mittelpunkt hat man sich versammelt. Ob Zedekia schon zu den Aufständischen gehört oder ob er erst gewonnen werden soll, ist nicht mehr eindeutig festzustellen. Die Zeit scheint für eine Erhebung jedenfalls nicht ungünstig zu sein, denn Nebukadnezar ist im eigenen Lande mit der Niederschlagung einer Rebellion beschäftigt.

Zur Gestalt des Textes:
Wahrscheinlich stammt der Text von Baruch, er berichtet von einer prophetischen Symbolhandlung. Jeremia soll sich aus Hölzern und Stricken ein Joch anfertigen, wie es die Ochsen bei der Feldarbeit benutzen, und es auf seinen Nakken legen. Aus 28,10 kann man rückschließen, daß Jeremia das Joch tatsächlich eine längere Zeit öffentlich getragen hat.

Auslegung

1–11 Die Warnung an die Gesandten

3f. Mit dem Joch auf dem Nacken soll Jeremia zuerst die Gesandten aufsuchen und ihnen eine Botschaft Gottes übermitteln.

5 Das Wort, das er zu bringen hat, setzt damit ein, daß Gott als der Schöpfer und damit der Herr der ganzen Welt, der Menschen und ihrer Geschichte bezeugt wird. Dieser Gott kann in völliger Freiheit Macht abgeben, wem er will.

6 Und nun hat es Gott gefallen, die Herrschaft über die damalige zivilisierte Welt dem Babylonierkönig Nebukadnezar zu übertragen. Jahwe bezeichnet ihn als „seinen Knecht". Jener kommt also nicht in eigener Machtvollkommenheit, nein, es wird ausdrücklich betont, daß es Jahwe selbst ist, der ihm alle Macht gegeben hat. Selbst die Tiere müssen ihm untertan sein, das heißt, seine Macht ist total.

7 Allerdings nicht auf ewig. Gottes Planen geht bereits weiter. Menschliches Herrschen ist immer zeitlich begrenzt. Nach drei Generationen muß auch dieses Reich die ihm anvertraute Macht wieder abgeben.
Die Septuaginta hat diesen Satz ängstlich gestrichen, weil diese Prophezeiung nicht wortwörtlich eingetroffen ist. Nebukadnezars letzte Nachfolger waren nämlich keine leiblichen Nachkommen, sondern Machthaber, die sich selbst auf den Thron gesetzt hatten. Wir dürfen aber solche Aussagen auch nicht pressen. Propheten sind ja keine Wahrsager im banalen Sinn. Nur das will Jeremia mit aller Deutlichkeit sagen: Ewig dauert auch das babylonische Reich nicht. Seine Zeit ist sogar relativ kurz bemessen. Etwa drei Generationen sind ihm zugedacht.

8 Für die Gegenwart gilt unmißverständlich: Ein Volk, das sich gegen Babel auflehnt, verliert seine nationale Existenz.

9 Jeremia muß das so deutlich sagen, weil, ähnlich wie in Juda, auch in den anderen Ländern Männer aufgetreten sind, die sich anheischig machen, für die nahe Zukunft den Untergang des babylonischen Reiches vorauszusagen. Jeremia nennt sie „Zauberer" und „Träumer".

10 Sie weissagen, was sie träumen, was ihnen als Wunschbild vorschwebt und was auch das Volk gern hört.–
Wenn die Könige ihrem Rat folgen, werden sie mit Sicherheit den Untergang ihrer Völker herbeiführen.

11 Wer dagegen das Joch des Babyloniers auf sich nimmt, letztlich in Beugung unter den Willen Gottes, des Herrn der Geschichte, der darf in seiner Heimat bleiben und dort unter erträglichen Bedingungen leben.

12–15 Die Warnung an den König

12 Wohl noch immer mit dem Joch um den Hals geht er nun zum König Zedekia. Da die Rede sich an eine Mehrheit richtet, dürfen wir annehmen, daß Zedekia seine Minister und Ratgeber um sich hat.

13 Sehr geschickt treibt Jeremia den König in die Enge. Wenn das als Ergebnis feststeht, und Jeremia läßt daran keinen Zweifel, daß Schwert, Hunger und Pest das Ende ihrer Rebellion sein würden, dann kann sie doch niemand wollen.

14 Direkt greift Jeremia nun die sogenannten „Heilspropheten" an. Sie weissagen nicht, was Gott ihnen in die Gedanken gibt. Ihre Rede ist Lüge.

15 Wer ihrem Rat folgt, geht mit ihnen zusammen zugrunde. Gott hat sich von ihnen ausdrücklich distanziert.

16–22 Die Warnung an die Priester und an das Volk

16 Zuletzt wendet sich Jeremia an die einflußreiche Gruppe der Priester und an das Volk. Er kennt ja den wankelmütigen König und weiß, von welcher Seite die größte Gefahr droht. Die nationalistischen Heilspropheten versuchen sehr raffiniert, die Priester endgültig für ihre Ideen zu gewinnen, indem sie ihnen weissagen, daß die Tempelgeräte, die Nebukadnezar 597 nach Babylon mitgenommen hatte, bald zurückkehren werden.

17 Dieser V. wird von mehreren Auslegern gestrichen. Er wiederholt die positive Mahnung aus V. 11 und 12 nun auch für die Priester und das ganze Volk. Darum belassen wir ihn hier.

18 Zu solch optimistischen Erwartungen liegt keinerlei Anlaß vor. Sie sollen vielmehr froh sein, wenn die übrigen Geräte in Jerusalem bleiben. Das werden sie aber mit Sicherheit nicht, wenn es zu dem geplanten Aufstand kommt. Statt solche Wunschträume als Wort Gottes auszugeben und damit falsche Hoffnungen zu erwecken, sollten sie, wenn sie wirkliche Propheten wären, den Herrn bitten, daß der Rest der zu Jerusalem verbliebenen heiligen Geräte nicht auch noch weggeschleppt wird.
Warum ist denn solch ernste und andauernde Fürbitte nötig? Jeremia kennt ein Gotteswort, das besagt: Auch diese Geräte kommen nach Babel. Das bedeutet nicht: Fürbitte ist zwecklos, sondern die Aufforderung, nun gerade Gott um so inbrünstiger anzurufen, daß er es sich vielleicht gereuen ließe.

19 Die Aufzählung der einzelnen Tempelgeräte ist sekundär. Sie ist wahrscheinlich aus 52,17 hier eingedrungen.

20 Der Versteil „und aller Vornehmen Judas und Jerusalems“ ist gestrichen worden. Er stammt vermutlich aus 2. Kön. 24,14ff.

21 Dieser V. bringt den gleichen Gedanken wie V. 19. Da er hier kaum ursprünglich ist und den Zusammenhang stört, haben wir ihn ausgelassen.

22 Auch 22b und 22c sind sehr fraglich. Wahrscheinlich hat der Spruch ursprünglich gelautet: „Sie werden nach Babel gebracht werden.“
Die Frage der späteren Wiederbringung steht hier nicht im Vordergrund. Diese Versteile sind wohl aus Esra 1,7ff. später eingefügt. Die Bemühungen Jeremias scheinen erfolgreich gewesen zu sein. Wir haben keinerlei Nachricht darüber, daß die geplante Rebellion verwirklicht worden sei. Menschlich gesehen hat wohl ein Kleinstaat dem anderen mißtraut. Es war ja auch eine ganz eigenartige Koalition. Einig werden sie sich nur in der gewünschten Abschüttelung der babylonischen Herrschaft gewesen sein.
Noch einmal hat die Vernunft gesiegt. Aber für wie lange?

Theologische Zusammenfassung

Der Abschnitt signalisiert eine Wende in der israelitischen Geschichtstheologie.
Jahwe, der Herr der Geschichte, das ist und bleibt das Credo. Aber nun die entscheidende Nuance, der Horizont weitet sich: Auch ein heidnischer Großkönig kann „Knecht Jahwes“ werden. Wenn er eine solch riesige Macht hat, dann spricht das nicht gegen Jahwe, es ist vielmehr Hinweis darauf, daß dann Jahwe Nebukadnezar die Macht gegeben haben muß.
Zwar wird Jahwe auch diese Herrschaft nicht „in den Himmel wachsen lassen“, aber jetzt gilt sie, und wer sich ihr widersetzt, widersetzt sich Jahwe.
Wir fragen: Wie kommt es zu einer solchen Gewißheit? Wie kann Jeremia so detailliert zur politischen Tagespolitik Stellung beziehen?
Bei dem Propheten lassen sich die religiöse und profane Welt nicht fein säuberlich auf zwei „Kammern“ verteilen. Glauben und Alltagsrealität stehen nicht bezuglos nebeneinander, sondern durchdringen sich wechselseitig auf vielfältigste Art und Weise.
Jeremia hat das Jahr 598 erlebt und mit Staunen festgestellt, wie viel staatsmännischer und damit großzügiger, wie viel milder und menschlicher die Babylonier waren als früher die Assyrer und auch die Ägypter. Sicher, es gab Bestrafungen und Deportation, im großen und ganzen war man aber nach dem fehlgeschlagenen Putsch auf anderes gefaßt gewesen.
Und gleichzeitig sah er den Zustand seines Volkes, des „Gottesvolkes“: Politisch stand es in der Gefahr, in die Hände kleinkarierter chauvinistischer Nationalisten zu geraten, die ohne Sinn für Realitäten jenem Raum sicher keine bessere politische Ordnung anzubieten hatten.
Im religiösen Bereich herrschte ein fast magisches „Gott-mit-uns“-Denken, das den engstirnigen Militaristen die ideologische Legitimation lieferte. Ethische Konsequenzen ergaben sich aus einer solchen Glaubenshaltung kaum.
So wird bei ihm die Einsicht gewachsen sein, daß die babylonische Lösung im Augenblick die beste sei. Sein Volk hatte diese Zeit bitter nötig als Chance zur Selbstkritik und Läuterung.
Der Prophet ist sich dessen sicher, daß erst sein Glaube ihn zu einem solchen „Realisten“ gemacht hat. Dem entspricht die formale Einleitung: „Jahwe sprach zu mir.“ (V. 2)

11. Prophet gegen Prophet (28,1–17)

Übersetzung

1 Im selben Jahr, im 4. Jahr des Zedekia, des Königs von Juda, im 5. Monat, sprach zu mir der Prophet Chananja, der Sohn des Assur aus Gibeon, im Hause des Herrn vor den Priestern und dem ganzen Volk:

2 „So hat der Herr der Heerscharen, der Gott Israels, gesprochen: Ich zerbreche das Joch des Königs von Babel.
3 Binnen zwei Jahren werde ich an diesen Ort alle Geräte des Hauses des Herrn zurückbringen, die Nebukadnezar, der König von Babel, von hier mitgenommen und nach Babel gebracht hat.
4 Auch Jechonja, den Sohn Jojakims, den König von Juda, und alle Verbannten Judas, die nach Babel gekommen sind, bringe ich hierher zurück, spricht der Herr; denn ich zerbreche das Joch des Königs von Babel."
5 Da redete der Prophet Jeremia zu dem Propheten Chananja vor den Priestern und dem ganzen Volk, die im Hause des Herrn standen.
6 Und es sprach der Prophet Jeremia: „Amen, so möge der Herr tun! Der Herr bestätige deine Worte, die du geweissagt hast, indem er die Geräte des Hauses des Herrn und alle Verbannten aus Babel nach hier zurückbringe.
7 Nur höre noch dieses Wort, das ich vor dir und dem ganzen Volk ausspreche:
8 Die Propheten, die vor mir und vor dir seit den ältesten Zeiten aufgetreten sind, die haben über viele Länder und große Königreiche von Krieg, von Unheil und von Pest geweissagt.
9 Der Prophet aber, der von Frieden weissagt, wird erst dann, wenn seine Prophezeiungen eingetreten sind, als ein Prophet anerkannt, den der Herr wirklich gesandt hat."
10 Da nahm der Prophet Chananja das Joch vom Nacken des Propheten Jeremia und zerbrach es.
11 Und Chananja sprach vor dem ganzen Volk: „So hat der Herr gesprochen: Ebenso zerbreche ich das Joch Nebukadnezars, des Königs von Babel, binnen zwei Jahren vom Nacken aller Völker." Da ging der Prophet Jeremia seines Weges.
12 Es erging aber das Wort des Herrn an Jeremia, nachdem Chananja das Joch vom Halse des Propheten Jeremia zerbrochen hatte:
13 Geh und sprich zu Chananja: „So hat der Herr gesprochen: Hölzernes Joch hast du zerbrochen und dafür ein eisernes gemacht.
14 Denn so hat der Herr der Heerscharen, der Gott Israels, gesprochen: Ein eisernes Joch lege ich allen diesen Völkern auf den Nacken, daß sie Nebukadnezar, dem König von Babel, dienstbar sein müssen; ja, sie sollen ihm dienen, und sogar die wilden Tiere des Feldes habe ich ihm übergeben."
15 Und der Prophet Jeremia sprach zum Propheten Chananja: „Höre, Chananja! Der Herr hat dich nicht gesandt; du aber hast dieses Volk verführt, auf Lüge sich zu verlassen.
16 Darum spricht der Herr also: Siehe, ich tue dich vom Erdboden weg; noch in diesem Jahre wirst du sterben, denn du hast Auflehnung gegen den Herrn gepredigt."
17 Und der Prophet Chananja starb noch im gleichen Jahre, im 7. Monat.

Zeit und Gestalt des Textes

Die Zeitangabe in V. 1 ist durch Redaktorenhand unklar geworden. „Am Anfang" ist zu streichen, denn anschließend wird deutlich angegeben, daß unser Geschehen sich im 4. Regierungsjahr Zedekias zugetragen hat. Der Abschnitt schließt also zeitlich und sachlich unmittelbar an Kapitel 27 an. Jeremia trägt noch immer das hölzerne Joch. V. 14 darf man wohl so verstehen, daß auch die ausländischen Sonderbotschafter noch da sind.
Das dauernde Zurschautragen des Joches durch Jeremia, aber auch sein klares Wort an die Gesandten, den König, die Priester und das ganze Volk wird vermutlich nicht ohne Wirkung geblieben sein. Darum versuchen die nationalistischen sogenannten „Heilspropheten" einen Gegenschlag. Deren Sprecher, der Prophet Chananja, tritt Jeremia im Tempel vor den Priestern und dem Volk entgegen.
Die Quellenproblematik ist im Detail schwer zu lösen. Fast jeder Kommentar bietet einen anderen Vorschlag. Wir bleiben, da keine allgemein überzeugenden Gegenargumente vorliegen, bei der einfachsten Lösung: Auch unser Abschnitt stammt, zumindest in seinem Grundbestand, aus der Feder des Baruch. Überarbeitungen sind festzustellen. Ihnen im Detail nachzugehen, würde jedoch unseren Rahmen sprengen.

Auslegung

2 Auch Chananja gibt vor, einen Gottesspruch zu haben. Die Form der Einleitung und der Rede sind völlig gleich den Reden der großen klassischen Propheten. Aber der Inhalt seiner Weissagung ist der des Jeremia diametral entgegengesetzt. Sie lautet: Gott wird das Joch Babels zerbrechen.

3 Ja, Chananja kann sogar ganz konkrete Angaben machen. Die Befreiung soll binnen zwei Jahren erfolgen, und die konfiszierten Tempelgeräte werden zurückkommen.

4 Auch Jechonja (Jojachin), den von Nebukadnezar im Jahre 597 nach Babel verschleppten König, und alle Gefangenen wird der Herr wieder zurückbringen.
In Jojachin sieht man immer noch den eigentlichen rechtmäßigen König. Den wankelmütigen, schwächlichen Zedekia, der ja nur von Nebukadnezars Gnaden regiert, übergeht man einfach. Daß er bei der Rückkehr Jojachins zurücktreten müßte, ist für die Kreise um Chananja selbstverständlich und steht nicht zur Diskussion.
Eine fürwahr schwierige Situation; hier steht Prophet gegen Prophet. Beide erheben den Anspruch, daß ihr Wort Gottes Wort sei. Wer spricht die Wahrheit?

5f. Es ist klar, daß nun die Reihe an Jeremia ist, dazu Stellung zu nehmen. Was wird er sagen?
Was vielleicht kaum jemand erwartet hat, geschieht: Er bestätigt in Wunschform die Weissagung Chananjas. Auch er würde sich freuen, wenn die heiligen Geräte zurückkehrten und alle Deportierten bald die Freiheit wiedererhielten. Sein Herz schlägt genauso für sein Volk wie das des Chananja. Wie gern hätte er wohl auch solche Worte verkündigt! Wir wissen zur Genüge, wie er unter den Unheilsdrohungen selbst litt. Der Mensch Jeremia und der Mensch Chananja stehen sich gar nicht so fern.

7–9 Und dennoch kann er sich ihm nicht anschließen. Jeremia schaut in die Geschichte zurück und sieht sich in der Reihe der großen Unheilspropheten. Ihre Aussagen galten schon damals unangefochten. Man denke nur an Jesaja, Amos, Micha u. a. Sie brauchten sich nicht auszuweisen.
Die anderen, die sog. Heilspropheten, die sich in den vergangenen 150 Jahren so oft geirrt haben, müssen es sich gefallen lassen, daß man sie erst dann als Propheten anerkennt, wenn ihre Weissagung in Erfüllung gegangen ist.
Warum diese unterschiedliche Art der Beurteilung?
Unheilsprophet wird niemand aus sich selbst. Diese Prophetie bringt nur Unverständnis, Haß und Feindschaft mit sich. Dem Träger der Botschaft ist sie darum mehr als unbequem. Bei den Heilspropheten dagegen liegt die Gefahr nahe, daß ihre Verkündigung durch eigennützige Motive, wie Streben nach Erfolg und Geld, auch Angst vor den Hörern, verdunkelt wird. – Vielleicht sind sie sich dessen nicht einmal subjektiv bewußt, aber die Geschichte lehrt, daß es oft so war. Darum müssen sie sich gefallen lassen, daß man skeptisch erst auf das Eintreffen ihrer Prophezeiungen wartet, bis man sie als Propheten akzeptiert.

10f. Aber auf solche Erörterungen kann und will sich Chananja jetzt nicht einlassen. Er will zeigen, daß er im Recht ist. Und persönlich wird er sicher von der Wahrheit seiner Verkündigung überzeugt gewesen sein. So greift auch er zu einer Symbolhandlung, um damit zu dokumentieren, daß auch sein Wort wirkendes Wort ist.
Er zerbricht das hölzerne Joch, das Jeremia noch immer auf der Schulter trägt.
Sein Prophetenwort ist deutlich auf die ausländischen Gesandtschaften bezogen: Alle eure Völker sollen in zwei Jahren frei sein! Indirekt: Wenn ihr euch jetzt alle gegen Babel zusammenschließt, erfüllt ihr den Heilsplan Gottes. –
Und Jeremia? Baruch berichtet lapidar: „Da ging der Prophet Jeremia seines Weges." Nicht, daß er unsicher geworden wäre oder gar aus Feigheit sich schnell entfernt hätte. Aber auch als Prophet verfügt er nicht zu jeder beliebigen Zeit über einen Gottesspruch. Er muß warten, bis er sich zu neuer Klarheit durchgerungen hat.

12 Dies scheint schon nach relativ kurzer Zeit der Fall zu sein.

13 Jeremia ist zu der Überzeugung gekommen, daß alle Beteuerungen Chananjas nicht Gottes Wort waren. Konkret: Das hölzerne Joch, d. h. den jetzigen Zustand der ganz erträglichen Verhältnisse unter Nebukadnezar, konnte er zwar zerbrechen. Aber das bedeutete nicht Befreiung, sondern neue, viel schlimmere Knechtschaft, im Bilde: ein eisernes Joch.

14 Wieder der universale Satz, den wir schon aus dem vorigen Kapitel kennen. Alle Welt muß Nebukadnezar dienen. Das ist der Wille Gottes. Damit hat sich für Jeremia nichts geändert. Die früheren Worte des Herrn gelten ungebrochen.

15 Aber nun folgt noch ein Wort an die Person seines Gegners. Jeremia sagt ihm nun auf den Kopf zu: Der Herr hat dich nicht gesandt. Du bist ein betrügerischer Volksführer, der dem Volk etwas vorgaukelt, was nicht stimmt. Du beschwörst damit nur größeres Unheil herauf.

16 Im Hebräischen liegt hier ein Wortspiel vor: Chananja gab sich als Gesandter des Herrn aus. Nun wird Gott ihn tatsächlich senden, aber nicht als Propheten, sondern von dieser Erde weg in den Tod. Chananja hatte für die Erfüllung seiner Botschaft einen Zeitraum von zwei Jahren gefordert, Jeremia kann jetzt im Auftrag des Herrn den Zeitraum für das Eintreffen seiner Botschaft sogar auf ein Jahr verkürzen.
Die Begründung, die Jeremia für diese harte Strafe gibt, ist die geschichtstheologische Erkenntnis, die sich ihm unter dem Worte Gottes in jahrelanger härtester Auseinandersetzung mit seinem eigenen Wunschdenken aufgedrängt hat: Nebukadnezar kommt nicht in eigener Machtvollkommenheit, sondern im Auftrage Gottes. Auflehnung gegen ihn ist darum Auflehnung gegen Gott.

17 Aber Gott läßt dem Chananja nicht einmal mehr ein Jahr Zeit. Im siebten Monat, also kaum zwei Monate später, stirbt er schon. Damit war entschieden, wer im Recht war.
Wir gehen wohl nicht in der Annahme fehl, daß dieses Ereignis für längere Zeit eine tiefe Wirkung gehabt hat. Vielleicht ist es sogar der letzte Anstoß für die Abreise der Nachbargesandtschaften gewesen.

Theologische Zusammenfassung

Prophet gegen Prophet! Eine brisante Situation. Chananja scheint in nichts Jeremia nachzustehen. Auch er trägt die Bezeichnung „Prophet“. Auch er behauptet, im Namen Jahwes zu sprechen. Aber auch darüber hinaus Parallelen über Parallelen: Chananjas „Gottesspruch“ unterscheidet sich formal nicht von dem Jeremias. Er gibt sogar eine kürzere Frist bis zum Eintreffen seiner Prophezei-

ung. Schließlich ist seine Symbolhandlung noch dramatischer: Mit großer Kraft zerbricht er Jeremias Joch. In formaler Hinsicht herrscht hier ein Remis. Jeremia versucht durch einen Blick in die Geschichte des israelitischen Prophetentums, sich und den anderen Klarheit zu verschaffen. Ziel seines Exkurses soll der Nachweis sein, daß die Unheilsprophetie durch ihren selbstlosen, ja gefährlichen Einsatz eo ipso ein Prae habe, ja eigentlich durch sich selbst Garant der Wahrheit sei.
Wir hatten früher zu zeigen versucht, daß ein solches Kalkül wohl berechtigt ist, letzte Sicherheit vermag jedoch die theoretisch-theologische Argumentation nicht zu vermitteln. Das Wagnis des Glaubens ist auch hier nicht entbehrlich. –
Das Eintreffen des Drohwortes gegen Chananja wird seine Wirkung nicht verfehlt haben. Aber im Augenblick der Entscheidungssituation bleibt der „Beweis" ja aus.
Die letzten Zeilen unseres Abschnittes führen uns auch die Grenzen der Propheten und des ganzen Alten Testamentes vor Augen. Im Munde Jesu ist das todbringende Drohwort undenkbar. Auch von einem theoretisch rational durchsichtigen Zirkelschluß hat das Neue Testament Abschied genommen.

12. Als Deserteur eingekerkert (37,11–21 und 38,24–28)

Übersetzung

37,11 Als nun das Heer der Chaldäer wegen des Heeres des Pharao von Jerusalem abgezogen war,
12 verließ Jeremia Jerusalem, um ins Land Benjamin zu gehen und dort eine Erbangelegenheit zu ordnen.
13 Als er aber ans Benjamintor kam, war dort ein Wachoffizier mit Namen Jerija, der Sohn des Schelemja, der Sohn Chananjas. Dieser hielt den Propheten mit dem Rufe an: „Du willst zu den Chaldäern überlaufen!"
14 Aber Jeremia sprach: „Du lügst. Ich laufe nicht zu den Chaldäern über." Jerija jedoch hörte nicht auf ihn, sondern nahm ihn fest und führte ihn zu den Oberen.
15 Die Oberen ließen ihren Zorn an Jeremia aus, schlugen ihn und legten ihn ins Gefängnis im Hause des Staatsschreibers Jonatan; dieses hatte man nämlich zum Gefängnis gemacht.
16 So kam Jeremia in den Zisternenraum, in die Gewölbe. Dort mußte er viele Tage bleiben.
17 Eines Tages schickte der König Zedekia hin und ließ ihn holen. Und der König fragte ihn heimlich in seinem Palast und sprach: „Ist ein Wort vom Herrn da?" Und Jeremia antwortete: „Ja, nämlich: In die Hände des Königs von Babel wirst du gegeben!"

18 Weiter sagte Jeremia zum König Zedekia: „Womit habe ich mich an dir, an deinen Dienern und an diesem Volk vergangen, daß ihr mich ins Gefängnis geworfen habt?
19 Und wo sind denn eure Propheten, die euch geweissagt haben, der König von Babel wird nicht über euch und über dies Land kommen?
20 Aber nun höre doch, mein Herr König! Möge meine Bitte vor dir Gehör finden! Laß mich nicht wieder in das Haus des Staatsschreibers Jonatan zurückbringen! Dort würde ich sterben."
21 Da gab der König Zedekia Befehl, und man brachte Jeremia im Wachthof in Gewahrsam. Und man gab ihm täglich einen Fladen Brot aus der Bäckergasse, bis es mit dem Brot in der Stadt überhaupt zu Ende war. So blieb denn Jeremia im Wachthof.
38,24 Zedekia aber hatte zu Jeremia gesagt: „Von dieser Unterredung darf niemand etwas wissen, sonst bist du des Todes.
25 Wahrscheinlich werden die Oberen erfahren, daß ich mit dir gesprochen habe und zu dir kommen und sagen: ‚Teile uns mit, was du dem König gesagt hast und was der König zu dir gesagt hat, verschweige uns nichts, sonst bringen wir dich um.'
26 Dann sage zu ihnen: ‚Ich habe dem König die dringende Bitte vorgetragen, er möge mich nicht wieder ins Haus des Jonatan zurückschicken, weil ich dort sterben würde.' "
27 Als nun die Oberen zu ihm kamen, ihn zu fragen, gab er ihnen genau die Antwort, die der König ihm befohlen hatte. Da ließen sie ihn in Ruhe, denn das Gespräch hatte niemand gehört.
28 Und Jeremia blieb im Wachthofe bis zu dem Tage, an dem Jerusalem erobert wurde.

Zeit und Gestalt des Textes

Allen Ermahnungen des Propheten zum Trotz hatte Zedekia sich auf die Dauer doch nicht den nationalistischen Einflüsterungen entziehen können. Er ließ sich trotz der Erfahrungen, die sein Vorgänger mit Aufstandsversuchen gemacht hatte, dazu verleiten, Nebukadnezar die Vasallentreue aufzukündigen. Wir können den Abfall auf die Zeit 590/89 ansetzen. Jedenfalls erschien schon 589 ein babylonisches Heer in Judäa. Fast das ganze Land fiel in kurzer Zeit in die Hände der Babylonier. Nur Jerusalem und die beiden Festungen Lachis und Aseka konnten sich halten.
Da trat ein, was niemand mehr für möglich gehalten hatte. Die Uhr der Weltgeschichte schien für etwa ein Vierteljahr stillzustehen: Ägypten machte seine Versprechungen wahr, Juda zu helfen. Tatsächlich rückte ein ägyptisches Heer heran, so daß die Babylonier gezwungen wurden, eine Zeitlang ihre Belagerung aufzugeben. Die nationalistischen Kreise jubelten, die Heilspropheten waren obenauf.

Für den Augenblick bedeutete es, daß die Jerusalemer die enge Stadt verlassen konnten, um sich Proviant vom Lande zu holen und überhaupt zu den Städten und Dörfern der Umgebung wieder Verbindung aufzunehmen.
Der Abschnitt beinhaltet ein weiteres Stück der Barucherzählung. In der Zusammenstellung des Textes sind wir Volz gefolgt, der u. E. überzeugend nachgewiesen hat, daß 38,24–28 hinter 37,11–21 seinen rechten Platz hat. Die Einzelbegründung dafür folgt bei der Auslegung.

Auslegung

37,12 Auch Jeremia will die Gelegenheit der Entsetzung nutzen, um in seiner Heimatstadt Anatot, die ja nur 7 km nordöstlich von Jerusalem im Lande Benjamin liegt, von einem Verwandten einen Acker zu kaufen (vergleiche Kap. 32).

13 Als er jedoch die Stadt in nördlicher Richtung durch das Benjamintor verlassen will, wird er von dem wachhabenden Offizier angehalten. Jeremia ist stadtbekannt. Man kennt überall seine Meinung betreffs des Ausganges des Krieges. Er hat ja sogar offen aufgefordert, zum Feinde überzugehen. Es ist überhaupt ein Wunder, daß ein solcher „Defätist" noch frei herumlaufen darf. Wenn er nun die Stadt verlassen will, besteht da nicht der Verdacht, daß er überlaufen will? Wir wissen, daß nicht wenige ins babylonische Lager übergewechselt sind, nicht aus Feigheit, sondern aus nüchterner Einschätzung der Lage. An sich ist der jetzige Augenblick zwar etwas unwahrscheinlich, denn die Chaldäer sind ja weg, aber der junge Wachoffizier, der wohl selbst zu der „Durchhaltepartei" gehört, weiß sicher, daß seine Vorgesetzten nur auf eine günstige Gelegenheit warten, diesen unliebsamen „Wühler", auf den schon viel zu viele hören, unschädlich zu machen.

14 Ohne groß auf die Beteuerungen Jeremias zu hören, daß er nicht überlaufen wolle, verhaftet er ihn und bringt ihn zu den königlichen Oberbeamten. Das war nicht mehr jene Gruppe, die dem Jeremia wohlgesonnen war und ihn oft unter Jojakim in Schutz genommen hatte. Jene besonnenen Männer waren vermutlich 597 mit der Führungsschicht in die Verbannung gekommen. Jetzt hatten Emporkömmlinge diese wichtigen Ämter inne.

15 Ihnen kommt gar nicht in den Sinn, daß Jeremia ja nicht ihr Privatgefangener ist, sondern bei Schuldverdacht vor ein ordentliches Gericht gestellt werden und einem gesetzmäßigen Verhör unterzogen werden müßte. Im Gegenteil: Sie witterten eine Chance, persönlich an ihm Rache nehmen zu können. Sie mißhandeln ihn – wahrscheinlich eigenhändig – und stecken ihn dann, ohne den König gefragt zu haben, in ein provisorisches Gefängnis, das zusätzlich im Haus des Staatsschreibers Jonatan errichtet worden war. Wahrscheinlich war die Zahl derer, die nicht auf seiten der Nationalisten standen, so groß, daß sie in den normalen Gefängnissen gar nicht untergebracht werden konnten.

16 Der Raum ist ein dunkles, feuchtes Zisternengewölbe. Bei unzureichender Verpflegung muß hier der Prophet eine längere Zeit zubringen. Man hofft wohl, sich auf diese Weise des sich ja schon in fortgeschrittenem Alter befindlichen Propheten ohne großes Aufsehen entledigen zu können. – Es zeugt für die objektive Betrachtungsweise des Baruch, daß er diese Schreckenszeit des Propheten kaum andeutet. Wir sehen, es geht auch ihm nicht primär um die Person, sondern um den Auftrag.

17 Dieser V. schließt sich nicht unmittelbar an das Vorhergehende an. Es liegt ein größerer Zeitraum dazwischen. Während Jeremia im Zisternenraum im Hause des Staatsschreibers Jonatan liegt, hat sich das ägyptische Heer vor den mit Verstärkung zurückkommenden Babyloniern längst wieder zurückgezogen. Die Babylonier haben die Belagerung wieder aufgenommen, und die Kriegshandlung neigt sich ihrem tragischen Ende zu.
Der König schwankt noch immer zwischen Furcht und Hoffen. Zwar hat sich die Hilfe der Ägypter als trügerisch erwiesen, dennoch hat er in seiner Not die Hoffnung auf irgendein Wunder noch nicht aufgegeben.
Heimlich, aus Angst vor den lautstarken Gegnern, läßt er Jeremia – wohl bei Nacht – zu sich in den Palast kommen. Er erhofft sich ein Wort Jahwes. Und ein solches ist auch da. Aber es bekräftigt nur das, was Zedekia schon weiß. Jeremia bleibt nichts anderes übrig, als seinem König diese bittere Wahrheit noch einmal zu sagen. Auch als Gefangener tut er das ohne Umschweife, obgleich er ja in seiner besonderen Lage auf Gnade oder Ungnade seines Königs angewiesen ist.

18 Jeremia unterscheidet sehr deutlich zwischen der unbedingten wahrheitsgemäßen Ausrichtung seiner Botschaft (V. 17) und dem persönlichen Anliegen, das er nun vorträgt. Er versucht nicht, sich die Geneigtheit des Königs durch Abschwächung oder Verharmlosung derselben zu erschleichen.
Nachdem er hier ohne „Verpackung“ gesprochen hat, wagt er jedoch, den König auf seine völlig unrechtmäßige Gefangensetzung hinzuweisen. Er versucht dabei nicht, das Mitleid desselben zu erregen, sondern begnügt sich damit, dessen Rechtssinn anzusprechen.

19 Was wirft man ihm denn vor? Hat er denn nicht die Wahrheit gesprochen? Die Tatsachen geben ihm doch recht! Die Babylonier sind wieder da, und es geht mit Schnelligkeit dem Ende entgegen.

20 Jeremia bittet nicht um Entlassung aus der Haft. Er weiß vermutlich, daß der König diese Bitte mit Rücksicht auf seine Gegner gar nicht erfüllen kann, auch wenn er es wollte. Er bittet nur um Hafterleichterung bzw. um einen Wechsel des Gefängnisses. Wenn er in das Kellergewölbe des Jonatan zurück muß, ist sein baldiges Ende abzusehen.

21 Der König rafft sich tatsächlich zu dem Entschluß auf, dieser Bitte zu entsprechen. Er gibt Befehl, Jeremia in den neben dem Königspalast gelegenen Wachthof zu bringen. Dort kann er sich unter Bewachung der königlichen Leibwache relativ frei bewegen und ist zudem gleichsam in Schutzhaft vor seinen Gegnern. Der König befiehlt außerdem, ihm die gleiche normierte Brotration zu geben, die alle Bewohner Jerusalems im Augenblick noch erhalten können. Allerdings zeichnet sich schon der Tag ab, wo es in Jerusalem kein Brot mehr geben wird.
Wir sehen auch hier wieder den König als einen persönlich durchaus gutwilligen, hilfsbereiten und auch rechtlich gesonnenen Mann. Aber Angst und Schwäche sind die eigentlich bestimmenden Faktoren seines Lebens. So beläßt er es bei halben Maßnahmen und wird damit Handlanger seiner Gegner. Das bedeutet aber, daß auch er dem Untergang geweiht bleibt.
Jeremia bleibt bis auf ein kurzes Zwischenspiel im Wachthof bis zum Kriegsende.

38,24 Wie wir schon eingangs sagten, haben wir im Anschluß an Volz[28] 38,14–23 hinter 37,11–21 gesetzt. Volz führt dafür folgende Gründe an:

a) Nachdem die Gegner 38,4 bereits seinen Kopf gefordert hatten, sind Verhandlungen in dieser harmlosen Form kaum mehr denkbar.
b) Die Fürsorge Zedekias für das Leben Jeremias wirkt nach 38ff. unglaubhaft.
c) Der Hauptgrund ist schließlich die verabredete „Notlüge", nicht mehr ins Haus des Jonatan zurückkehren zu müssen. Sie hinkt hinter 38,1–23 nach. Seit 37,21 ist er doch bereits nicht mehr im Zisternengewölbe Jonatans, sondern im Wachthof inhaftiert. Die vorgetäuschte Bitte wäre jetzt also sehr unglaubwürdig. Daß er sich schon seit längerer Zeit im Wachthof aufhalten darf, weiß doch jedermann.

Nach 37,11–21 hat dieser kleine Abschnitt aber durchaus einen Sinn.

25 In diesem V. haben wir mit Volz, Nötscher, Rudolph u. a.[29] das letzte Teilstückchen „...und was der König zu dir gesagt hat..." vorgezogen.

26f. Die Ausrede, zu der der König Jeremia verleitet und die dieser auch gebraucht, hat den Auslegern zu allen Zeiten Not bereitet. Wohl ein wenig zu Unrecht. Der Prophet berichtet über den zweiten Teil der Unterredung, über den anderen schweigt er. Und der Grund seines Schweigens ist auch nur Rücksichtnahme auf den schwachen König.

28 Bis zum Ende der Belagerung bleibt Jeremia im Wachthof. Die wenigen Stunden in der Zisterne (38,6ff.) werden hier als kurze Episode übergangen.

---

28. P. Volz, Jeremia, a.a.O., S. 337
29. Vgl. P. Volz, Jeremia, a.a.O., R. Rudolph, Jeremia, a.a.O.; Friedrich Nötscher: Das Buch Jeremia. Bonn, 1934, zur Stelle

Theologische Zusammenfassung

Hat sich Jeremia unter Jojakim bisher der Verhaftung entziehen können, jetzt wird er ins Gefängnis geworfen. Die Anklage, desertieren zu wollen, stimmt zwar nicht, aber den Nationalisten wird er längst als Defätist und „Vaterlandsverräter" gegolten haben.
Wie bei vielen anderen Propheten vor und nach ihm heißt es nun, auch mit Leib und Leben für den Auftrag einzustehen. Der Prophet erscheint gegenüber einer früheren Zeit sicherer und gefestigter. Jedenfalls erfahren wir von Anfechtungen nun nichts mehr.
Auch über die Widrigkeiten der ersten Haftzeit in dem dunklen Kellergewölbe berichtet Baruch nichts. Wir haben keine „Märtyrerakten" vor uns. Es geht nicht um Menschenverehrung, letztlich steht nur die Sache im Mittelpunkt.
Aber über ein anderes wird berichtet: ein Gespräch mit dem König bei Nacht. Welch ein Kontrast: Da der König. Äußerlich frei, noch immer Kommandeur seiner Truppen und im Besitz eines gewissen Machtapparates und dennoch: voller Furcht und Angst, haltlos, hilflos und schwankend, tatenlos das Ende erwartend, in der vagen Hoffnung, daß noch ein Wunder, ein Mirakel geschehen möge. Und auf der anderen Seite Jeremia: gefangen, unter der Anschuldigung der Desertion als Schwerverbrecher behandelt, den Tod vor Augen. Und er? Fest und furchtlos kann er auch als Gefangener noch raten und helfen. Sicher nicht nur dem König, sondern auch den Soldaten im Wachthof. Wer dächte nicht an die neutestamentliche Parallele, den Apostel Paulus. Er war ebenfalls noch als Gefangener lange Zeit „geistliches Zentrum" seiner Gemeinden. Und auch vor Königen verschwieg er das Wort nicht. (Apg. 25,23–26,32)

13. Der Ackerkauf (32,1; 7–17a; 24–29a. und 42–44)

Übersetzung

1 Das Wort, das vom Herrn an Jeremia erging im 10. Jahr des Zedekia, des Königs von Juda – das ist das 18. Jahr Nebukadnezars –:
7 „Siehe, Chanamel, der Sohn deines Oheims Schallum, wird zu dir kommen und sagen: Kaufe doch meinen Acker in Anatot, denn du hast die Lösepflicht, ihn zu erwerben."
8 Da kam wirklich gemäß der Ankündigung des Herrn Chanamel, der Sohn meines Oheims, zu mir in den Wachthof und sprach: „Kaufe doch meinen Acker in Anatot..., denn du hast die Übernahmepflicht, und dir steht die Lösung zu, erwirb ihn dir!" Da erkannte ich, daß es des Herrn Wort war.
9 So kaufte ich den Acker von Chanamel, dem Sohn meines Oheims in Anatot, und zahlte ihm das Geld: 17 Silberschekel.

10 Ich schrieb die Kaufurkunde, siegelte sie, ließ es durch Zeugen beglaubigen und wog das Silber auf der Waage nach Gesetz und Recht.
11 Dann nahm ich den Kaufbrief, den versiegelten und den offenen,
12 und übergab den Kaufbrief Baruch, dem Sohn des Nerija, des Sohnes des Machseja, in Gegenwart des Chanamel, des Sohnes meines Oheims, und in Gegenwart der Zeugen, die den Kaufbrief unterschrieben hatten, und in Gegenwart aller Judäer, die sich im Wachthof befanden.
13 Und ich gab Baruch in ihrer Gegenwart den Auftrag:
14 „... nimm diese Urkunden, diesen Kaufbrief, den versiegelten sowie den offenen, und tue sie in ein Tongefäß, damit sie lange Zeit erhalten bleiben.
15 Denn so spricht der Herr der Heerscharen, der Gott Israels: Man wird wieder Häuser und Äcker und Weinberge kaufen in diesem Lande."
16 Und nachdem ich den Kaufbrief dem Baruch, dem Sohne Nerijas, übergeben hatte, betete ich zum Herrn also:
17a „Ach, Herr Gott,
24 Siehe, schon sind die Wälle zum Sturm auf die Stadt an sie herangekommen. Und infolge des Schwertes und des Hungers und der Seuche ist die Stadt der Gewalt der Chaldäer, die gegen sie kämpfen, preisgegeben. Was du angedroht hast, ist eingetreten. Du siehst es ja selbst.
25 Und nun sagst du zu mir, Jahwe: ‚Kaufe dir den Acker um Geld und zieh Zeugen hinzu!', wo doch die Stadt schon der Gewalt der Chaldäer preisgegeben ist."
26 Es erging des Herrn Wort an mich:
27 „Siehe, ich bin der Herr, der Gott alles Fleisches; sollte mir etwas unmöglich sein?
28 Da sprach der Herr: Allerdings lasse ich diese Stadt in die Gewalt der Chaldäer und in die Hand Nebukadnezars, des Königs von Babel, fallen, und er wird sie einnehmen.
29a Und die Chaldäer, die die Stadt belagern, werden eindringen und Feuer an die Stadt legen und sie einäschern.
42 Wie ich aber über dies Volk all dies große Unglück gebracht habe, so bringe ich auch über sie all das Gute, das ich ihnen verheiße:
43 Man wird Äcker kaufen in diesem Lande, von dem ihr sagt: ‚Eine Wüste ist's, ohne Menschen und Vieh, in die Hand der Chaldäer ist's gegeben.'
44 Äcker wird man wieder um Geld kaufen, Urkunden darüber ausstellen und siegeln und Zeugen dazu nehmen im Lande Benjamin, im Bezirk Jerusalems und in den Städten Judas, in den Städten des Berglandes und in den Städten der Niederung und in den Städten des Südlandes. Ja, ich wende ihr Geschick, spricht der Herr."

Zeit und Gestalt des Textes

Da nicht sicher auszumachen ist, inwieweit die anderen Heilsweissagungen in Kap. 30 und 31 tatsächlich jeremianisch sind und ob sie sich – wenigstens partiell

– auf Juda beziehen, verzichten wir in unserem Zusammenhang auf diese. – Alles spricht auch dafür, daß die Heilsprophetie bei Jeremia nur eine geringe Rolle gespielt hat. Nur einem „Silberstreifen“ gleich leuchtet sie in unserem Abschnitt auf. Chronologisch gehört unser Kapitel hinter 37. Dort wird in V. 12 expressis verbis auf die hier verhandelte Erbangelegenheit angespielt.

Zum Text:

Da unser Abschnitt als ein Text mit heilsgeschichtlichem Aspekt mit den Heilskapiteln 30 und 31 verkoppelt ist, mußte der Redaktor zum Verständnis der Situation die wichtigsten Geschehnisse der Zwischenzeit stichwortartig berichten. Das geschieht in den Versen 2–5. Da wir über diese Ereignisse ausführlich im vorigen Kapitel berichtet haben, können wir auf diese Verse verzichten. Ebenso auf V. 6, der V. 1 wieder aufnimmt.

Als spätere Einschübe werden außerdem gestrichen: 17b–23 und 29b–41.

Auslegung

1 Zeit: 587 v. Chr. Nach Abzug des ägyptischen Entsatzheeres haben die Babylonier schnell die Belagerung wieder aufgenommen. Das Ende Jerusalems steht unmittelbar bevor. Da ergeht an Jeremia ein Spruch Gottes, der ihm ankündigt:

7 Dein Vetter Chanamel wird in Kürze erscheinen und dir seinen Acker in Anatot zum Kauf anbieten. Wahrscheinlich hört Jeremia nicht zum erstenmal davon. Er wollte ja (37,11 ff.) in der kurzen Atempause, die die Ankunft des ägyptischen Entsatzheeres brachte, schon damals nach Anatot gehen, um dort eine Familienangelegenheit zu regeln.

Überraschend für ihn ist, daß der Vetter jetzt während der Belagerung nach Jerusalem hereinkommen will, um ihm, inmitten dieser Kriegswirren, seinen Acker anzubieten.

Außerdem ist zu klären: Wieso kommt der Vetter gerade zu dem gefangenen Jeremia? Nach altisraelitischem Recht muß ein Verwandter einspringen, wenn jemand aus der Familie seinen Acker wegen Verarmung zu verkaufen gezwungen ist. Er muß ihn gleichsam aus der Verschuldung „lösen“, damit er im Familienbesitz bleibt. (3. Mose 25,25) Warum Chanamel verkaufen will, wissen wir nicht. Wahrscheinlich hat aber die Nähe der babylonischen Besatzungstruppen eine geregelte Bestellung und Aberntung der Felder nicht möglich gemacht, so daß er irgendwelchen Zahlungsverpflichtungen nicht nachkommen konnte. Der Acker wird verpfändet sein und geht in fremde Hand über, wenn Jeremia als nächster Verwandter nicht einspringt.

8 In die belagerte Stadt zu kommen ist dem Ortskundigen offenbar möglich. Jedenfalls steht Chanamel eines Tages vor Jeremia. Für Jeremia ist das ein Zeichen Gottes, daß es sich hier nicht nur um die Erfüllung einer familienrechtlich festgelegten Pflicht handelt. Gott benutzt vielmehr wiederum ein alltägliches Ge-

schehen, um ihm Hinweis für ein viel größeres, sein ganzes Volk betreffendes, zu geben.

9 Die folgenden Verse beschreiben sehr ausführlich den Kauf. 17 Silberschekel muß er bezahlen. Ob das ein hoher oder niedriger Preis war, kann man heute nur sehr schwer feststellen, da wir nichts über die Größe des Ackers, den Kaufwert des Geldes und den Grundsatz, nach dem man solche „Notkäufe“ tätigte, wissen. Wahrscheinlich war der Preis nicht allzu hoch, da ja der Verkäufer bei wirtschaftlicher Gesundung bald die Möglichkeit haben sollte, das Objekt zurückzukaufen.

10 Über den Kauf wird eine Doppelurkunde ausgestellt.[30] Der Kaufvertrag wurde zweimal untereinander auf ein Papyrusblatt geschrieben. Der obere Teil mit dem Text wurde fest zusammengerollt, verschnürt und versiegelt, während der untere Teil nur lose zusammengerollt und unverschnürt war, so daß man ihn schnell einsehen konnte. Die obere Rolle bleibt die eigentliche, gültige Urkunde. Im Zweifelsfall wird sie geöffnet, da auf dem zweiten Text u. U. Fälschungen vorgenommen sein könnten.
Zeugen werden herbeigeholt, um die Urkunde mit zu unterschreiben. Dann wird das Silber abgewogen. Es geschieht alles „nach Gesetz und Recht“. Diesen „stehenden Ausdruck“ haben wir mit den neueren Kommentaren aus V. 11 nach V. 10 vorgezogen.

11 f. Die Kaufurkunde bekommt nun Baruch. Die Übergabe erfolgt in Gegenwart Chanamels, der Zeugen und all der Judäer, die sich zufällig im Wachthof aufhalten. Unser Bericht betont immer wieder den Öffentlichkeitscharakter, den Jeremia diesem an sich alltäglichen Ereignis bewußt verleiht. Dieses Geschehnisses soll man sich noch nach Jahrzehnten erinnern. Es soll zeichenhafte Bedeutung haben.

13 f. In einem Tongefäß werden die beiden Teilurkunden aufbewahrt, damit sie vielen Generationen erhalten bleiben. Die Qumranfunde in unserer Zeit haben uns gezeigt, wie gut solche fachgerecht abgedichteten Tonkrüge Urkunden über Jahrtausende hin in lesbarem Zustand erhalten können.

15 Die Bedeutung dieser Handlung wird nun abschließend durch ein Gotteswort unmißverständlich herausgestellt: „Man wird wieder Häuser und Äcker und Weinberge kaufen in diesem Lande!“ Gottes Zusage trifft den Propheten und alle, die an sein Wort glauben, in einer der dunkelsten Stunden im Leben ihres Volkes. Gerade in diesen Tagen, da der endgültige Zusammenbruch auch des letzten Restes von politischer Eigenstaatlichkeit unmittelbar bevorsteht, leuch-

30. Ausführlich dazu u. a. Leopold Fischer: Die Urkunden in Jer. 32,11–14 nach den Ausgrabungen und dem Talmud. In: ZAW. Berlin, 1910, S. 136–142

tet dieses Heilswort um so heller auf. Die Geschichte Gottes mit seinem Volk hat noch kein Ende. Zorn und Gericht haben nicht das letzte Wort, sie sind nur Unterziele in seinem endgültigen großen Heilsplan.

16 Aber vermag der Glaube das so zu fassen, daß er daraus leben kann? Jeremia hat die Spannung zwischen dem, was vor Augen war und dem, was Gott als Heil verheißen hatte, immer wieder durchlebt, durchlitten und durchbetet.
Darum ist es durchaus abwegig, wenn ältere Kommentatoren meinen, Jeremia hätte nach dem Abschluß des Kaufvertrages und der daraus folgenden klaren Erkenntnis, daß es sich hier um ein Heilszeichen Gottes handelt, nicht ein solches Gebet sprechen können. Ganz im Gegenteil: Es wäre fast „unnatürlich", wenn dem Propheten diese Verheißung sofort als fester „Glaubensbesitz" gewiß gewesen wäre angesichts der sich in ganz anderen Bahnen bewegenden Ereignisse jener Tage.
Das ursprüngliche Gebet hat wahrscheinlich nur die V. 17, 24 und 25 umfaßt. 17b–23 sind späterer Einschub. Wir beschränken uns daher auf die ursprünglichen Verse.

17a, 24f. Da treiben die Feinde schon ihre Wälle bis unmittelbar an die Stadtmauer heran. Der Sturm kann jeden Tag beginnen, und die Stadt wird sich nicht mehr wehren können. Was aber noch viel schlimmer ist, ist die Tatsache: Was hier geschieht, ist nicht Ausfluß menschlichen Willens, sondern Folge des Gerichtswillens Gottes. Die Chaldäer sind nur Handlanger.
Nun aber kommt das Problem: Kann Gott gleichzeitig die Zerstörung und das Heil dieses Volkes wollen? Ist das Zeichen des Ackerkaufs, das er im Auftrage Gottes ausgerichtet hat, nicht widersinnig angesichts dieser historisch und theologisch scheinbar so eindeutigen Situation des Jahres 587?

26–29a Jeremia kennt sich nicht mehr aus. Darum bittet er um Antwort. Jahwe gibt sie, indem er zuerst auf seine Allmacht hinweist und dann seinen Plan kundtut: Die Chaldäer werden in die Stadt eindringen, sie erobern und total zerstören. Dahinter gibt es kein Zurück. Aber so wie der Herr bezüglich der Vernichtung Jerusalems nichts zurücknimmt und diese total durchführt, so wird er auch ganz zu seinem neuen Heilswort stehen. Der Kauf soll Zeichen für den Ernst des Heilswillens Gottes sein.

42–44 V. 44, der vermutlich nicht ursprünglich ist, führt aber doch abschließend und erläuternd sehr anschaulich aus, was in V. 42 und 43 nur andeutend gesagt ist. Genau wie er, Jeremia, einen Acker um Geld gekauft, Urkunden darüber hat ausstellen lassen und die Verträge gesiegelt und von Zeugen hat unterschreiben lassen, so wird es später wieder im ganzen Lande geschehen.
Und nun werden die verschiedenen Landesteile in breitem Erzählstil aufgeführt. Kein Landstrich wird von dieser neuen Heilszeit ausgeschlossen sein. In diesem Zusatz (V. 44) spricht schon der Israelit, der sich in großer Hoffnung auf diese glückliche Wende freut.

Ganz ähnlich erzählt auch heute noch etwa ein Bauer umständlich von dem, was ihn erwartet und was er vorhat. Da spart man nicht mit Worten. Man erlebt die Zukunft gleichsam in der Vorfreude schon vorweg.

Theologische Zusammenfassung

Selbst in der Predigt dieses Propheten fehlt das Heil nicht ganz. Es ist zwar dem Kreuz gleich unter unendlich viel Not und Tod verborgen. Zudem hat der Prophet selbst nichts davon zu sehen bekommen. Hier wird der „Glaube wider den Augenschein" gleichsam auf die Spitze getrieben. Denn was hat Jeremia schon vorzuweisen? Antwort: Allein die Gewißheit, daß Gott treu ist und zu seinem Wort steht. Das ist alles. Die Symbolhandlung soll das auch äußerlich besiegeln.

14. Das Ende des Propheten (40,1–6 und 44,26–30)
(Befreiung durch die Babylonier und Verschleppung nach Ägypten)

Übersetzung

40,1 Das Wort, das an Jeremia vom Herrn erging, nachdem ihn Nebusaradan, der Oberste der Leibwache, von Rama entlassen hatte. Dieser ließ ihn nämlich holen, während er mit Ketten gebunden, unter allen Gefangenen von Jerusalem und Juda war, die nach Babel in die Verbannung geführt werden sollten.

2 Als nämlich der Oberste der Leibwache Jeremia dort ausfindig gemacht hatte, sagte er zu ihm: „Der Herr, dein Gott, hat diesem Ort dies Unglück angedroht.

3 Und nun hat der Herr getan, wie er gesagt hat, denn ihr habt gegen den Herrn gesündigt und nicht auf ihn gehört.

4 Siehe, jetzt befreie ich dich von den Fesseln an deinen Händen. Wenn es dir beliebt, mit nach Babel zu kommen, so komme, so komme mit, und ich will ein Auge auf dich haben. Wenn es dir aber nicht beliebt, mit nach Babel zu kommen, so laß es. Siehe, das ganze Land steht dir offen. Gehe hin, wo es dir gut und angenehm erscheint.

5 Wenn du lieber bleiben willst, so gehe zu Gedalja, dem Sohne Achikams, des Sohnes Schaphans, den der König von Babel über die Städte Judas gesetzt hat, und bleibe mit ihm beim Volk oder gehe hin, wohin du willst." Und der Oberste der Leibwache gab ihm Wegzehrung und ein Geschenk und entließ ihn.

6 Da begab sich Jeremia zu Gedalja, dem Sohne Achikams, nach Mizpa. So blieb er mit ihm bei dem Volk, das im Lande übriggeblieben war.

44,26 „So höret nun das Wort des Herrn, all ihr Judäer, die ihr in Ägypten weilt: Fürwahr, ich schwöre bei meinem großen Namen, spricht der Herr: Nie mehr soll mein Name von irgendeinem Judäer irgendwo im Land Ägypten in den Mund genommen werden, daß er spräche: ‚So wahr Gott, der Herr, lebt!'
27 Wisset wohl: Ich will die Augen über ihnen offenhalten zum Verderben, nicht zum Heil. Und es sollen alle Judäer, die im Lande Ägypten weilen, durch das Schwert und durch den Hunger umkommen, bis sie völlig vernichtet sind.
28 Nur ein paar dem Schwert Entronnene werden aus dem Lande Ägypten ins Land Juda zurückkehren, damit der ganze Rest Judas... erkenne, wessen Wort sich bewahrheitet, das meine oder das ihre.
29 Und dies soll euch das Zeichen dafür sein, spricht der Herr, daß ich euch heimsuche an dieser Stätte, damit ihr erkennt, daß meine unheildrohenden Worte gegen euch in Erfüllung gehen werden."
30 So hat der Herr gesprochen: „Siehe, ich gebe den Pharao Hophra, den König von Ägypten, in die Hand seiner Feinde und in die Hand derer, die ihm nach dem Leben trachten, wie ich den Zedekia, den König von Juda, in die Hand Nebukadnezars, des Königs von Babel, gegeben habe, der sein Feind war und ihm nach dem Leben trachtete."

Zeit und Gestalt des Textes

Sicher wäre es interessant gewesen, aus den das Ende Jeremias behandelnden Kapiteln eine größere Auswahl zu treffen. Darauf müssen wir verzichten, da sonst der Stoffumfang zu groß wird. Nach längerer Überlegung sind wir zu dem Ergebnis gekommen, daß eine Konzentration auf zwei Themenkreise, die das Ende in Jerusalem und die Flucht nach Ägypten beinhalten, vertretbar ist.
Dies setzt voraus, daß eine Kurzinformation über den Fall Jerusalems vorgeschaltet wird. Dafür böte sich natürlich Kap. 39 an. Da dieser Text aber „ein Musterbeispiel von Textverwirrung" ist und zudem „zum großen Teil sogar wörtlich nur ein Auszug aus... Jer. 52,4–6"[31], schlagen wir als Grundlage für die Schilderung für die letzten Tage in Jerusalem den Abschnitt Jer. 52,5–16 vor. – Dieser Bericht ist weithin in sich unproblematisch und zudem so farbig und spannend geschrieben, daß man ihm mühelos die erforderlichen Informationen entnehmen kann.
Zum Verständnis von Jer. 40,1–6:
Aus der richtigen Notiz 39,11–14 können wir entnehmen, daß die Babylonier den Propheten nach der Eroberung Jerusalems (587) freigelassen hatten. In dem Durcheinander jener Tage muß er wohl aber von untergeordneten Organen wieder verhaftet worden sein. Jedenfalls findet ihn Nebusaradan, der Oberste

---

31. F. Nötscher, Jeremia, a.a.O., S. 353

der Leibwache, einige Zeit später gefesselt in einem Gefangenentrupp vor, der zum Abmarsch nach Babel bereitsteht. Er läßt ihn sofort befreien.
Der Abschnitt 44,26–40 beinhaltet das letzte Wort Jeremias in der Überlieferung des Baruch.
In der Zwischenzeit war folgendes geschehen: 40,6 hatte damit geschlossen, daß der Prophet sich dem von den Babyloniern eingesetzten Statthalter Gedalja in Mizpa zur Verfügung gestellt hatte. Gedalja entwickelte eine segensreiche Tätigkeit, und viele glaubten, hier die Zelle eines neuen israelitischen Gemeinwesens entstehen zu sehen. (40,7–12) Da geschah das Entsetzliche: Gedalja, „ein Mann ohne Falsch, selbstlos und aufrecht, ruhig und besonnen ...“[32] wurde von jüdischen Fanatikern ermordet. Aus Angst vor Repressalien von seiten der Babylonier, die ja Gedalja eingesetzt hatten, beschließen sie, nach Ägypten zu fliehen. Sie haben aus der Geschichte nichts gelernt.
Beschwörend versucht der Prophet, sie vor diesem Irrweg zu bewahren. Aber sie hören auch diesmal nicht auf ihn. Sie bezichtigen ihn – wie so oft früher – der Lüge, als er ihnen sagt, daß Gott gegen dieses Unternehmen sei. (43,2f.)
Jeremia und Baruch werden gegen ihren Willen mit verschleppt. Eine eigenartige Paradoxie: Man will – trotz allem – den Propheten bei sich haben, aber ihm gehorchen nicht.

Auslegung

40,1 Der V. ist durch Redaktorenhand entstellt. Er will in die Situation einführen.
Vielleicht wundern wir uns darüber, daß der babylonische König so genau um Einzelheiten in Jerusalem Bescheid wußte. Wir dürfen aber doch wohl damit rechnen, daß Jeremia zu den eindrucksvollsten Persönlichkeiten im Königreich Juda gehörte. Spione und Überläufer hatten den Babyloniern sicherlich von der Entschiedenheit dieses Mannes berichtet. Viele Überläufer werden wohl als Grund für ihren Schritt den Rat des Propheten angegeben haben.

2f. Natürlich ist die Rede Nebusaradans von Baruch frei stilisiert. Sie spiegelt die Erkenntnis des Propheten wider, daß die Heiden oft das Handeln Gottes besser verstehen als sein eigenes Volk.

4f. Diese Verse zeugen von großer Freundlichkeit und Ehrerbietung gegenüber dem Propheten. Solche Worte hat Jeremia in Jerusalem noch nicht gehört.
Der Babylonier stellt dem Propheten völlig frei, was er tun möchte und wohin er seine Schritte lenken will. Auch hier zeigt sich wieder der große Kontrast zwischen dem Handeln der Landsleute und dem der heidnischen Babylonier. Jene legten ihn in Ketten, diese gewähren ihm in großzügiger Weise absolut freie Ent-

32. A. Weiser, Jeremia, a.a.O., S. 353

scheidung. Unausgesprochen weisen diese Verse darauf hin, daß auch diesbezüglich die Zusage Gottes eingetroffen ist. Der Prophet war sich immer sicher, daß er die Katastrophe überleben würde. Gott hat ihn seinem Volk erhalten, das ihn noch so sehr braucht.

6 So entscheidet sich Jeremia auch nicht für einen ehrenvollen, gesicherten und ruhigen Lebensabend in Babel, sondern für den Verbleib in seinem armen, ausgeplünderten Vaterland.
Dieser Entschluß zeigt, wie hoch Jeremia über all den Verleumdungen und Verdächtigungen seiner Gegner stand, die ihn zu einem Deserteur und Hochverräter stempeln wollten. (37,11 ff.; 38,1 ff. und öfter) Mit einem Ehrengeschenk und Wegzehrung versehen, macht er sich auf zu Gedalja, dem neuen von den Babyloniern eingesetzten Statthalter. Dieser hat seinen vorläufigen Amtssitz nicht in dem zerstörten Jerusalem, sondern in dem ca. 10 km nordwestlich von Jerusalem liegenden Mizpa. Von dort aus versucht er ein neues, wenn auch bescheidenes jüdisches Staatswesen aufzubauen.
Gedalja wird den Jeremia freudig als Berater willkommen geheißen haben. Jeremia hatte zu dessen Familie stets freundschaftliche Beziehungen unterhalten. Sein Vater Achikam war einst Jeremias Beschützer gewesen.

44,26 Der V. setzt die Flucht nach Ägypten voraus. In 44,15 ff. lesen wir, daß die Emigrierten nichts aus der Geschichte ihres Volkes gelernt haben. Sie opfern wie zur Zeit Manasses der sog. „Himmelskönigin" und lassen sich durch den Propheten nicht davon abbringen. So muß denn das letzte uns überlieferte Wort an diese Exulantengruppe ein hartes Gerichtswort sein.
Doch Gott wird das nicht ungestraft lassen. Er wird dafür sorgen, daß es in Kürze in Ägypten keinen Judäer mehr geben wird, der die alte Schwurformel „So wahr Gott, der Herr, lebt" aussprechen wird. Mit anderen Worten: Er will sie alle vernichten.

27 Und er selbst will darüber wachen, daß es geschieht. Schwert und Hunger werden ihnen ein Ende bereiten.

28 Nur ein paar Überlebende soll es geben. Aber Jahwe beläßt ihnen nur deshalb das Leben, damit sie in Juda Zeugnis davon ablegen sollen, daß sein Wort, das er den Propheten sprechen läßt, sich bewahrheitet hat.
Auch dieses Wort ist in Erfüllung gegangen. Während die Exulanten aus Babylon in großer Zahl heimkehrten, ist die Gruppe in Ägypten – wenigstens damals – zu völliger Bedeutungslosigkeit herabgesunken. Religiös und völkisch haben sie sich assimiliert. Nur ganz kleine Reste – wie Jeremia geweissagt – haben nach Juda zurückgefunden.

29 f. Aber der Prophet wird noch konkreter. Sie werden in gar nicht allzu langer Zeit ein Zeichen für die Wahrheit dieses Gotteswortes erleben. Pharao Hophra (588–569) soll ein ähnliches Ende haben wie Zedekia. Der Text läßt offen, wer

dieser Feind sein wird. An Nebukadnezar ist wohl nicht zu denken, denn dieser besiegt 568 schon Hophras Nachfolger Amasis. Eher dürfen wir an die Ereignisse am Ende der Regierungszeit Hophras denken. Er wurde nach einer Niederlage, die er bei Kyrene erlitt, von Amasis gestürzt. Nach kurzer Gefangenschaft erwürgten ihn seine eigenen Landsleute. Wie im einzelnen die Unheilsverkündigung an die Judäer sich erfüllt hat, wissen wir nicht genau. Es kann aber angenommen werden, daß bei den kriegerischen Auseinandersetzungen mit Nebukadnezar 569 viele von ihnen den Tod gefunden haben.
Auch die Spuren Jeremias verlieren sich im Dunkel. Eine spätere Legende berichtet, daß er durch seine eigenen Landsleute gewaltsam ums Leben gekommen sei. Unwahrscheinlich klingt eine solche Aussage nicht. Es ist durchaus glaubhaft, daß irgendein Hitzkopf die Warnungen und Mahnungen des alten Propheten nicht mehr hören mochte und ihn deshalb getötet hat.

Theologische Zusammenfassung

Das Verhalten Jeremias nach seiner Befreiung zeigt, daß er kein Landesverräter ist. Er stellt sich sofort für den Wiederaufbau zur Verfügung. – Engstirniger Fanatismus jedoch vernichtet einen möglichen Neuanfang, bevor recht begonnen werden konnte.
So muß auch Jeremias letztes Wort ein Schelt- und Drohwort sein. Sein Leben und sein Werk enden nicht mit einem Happy-End.
Aber war das etwa bei Jesus anders? Nach Mk. 16,14 steht sein letztes Zusammensein mit den Jüngern unter dem Aspekt: „... und er schalt ihren Unglauben und ihres Herzens Härtigkeit, daß sie nicht geglaubt hatten ...“
Dennoch: Bleiben Leben und Werk des Propheten nicht erschreckend erfolglos? Nicht einmal diese kleine Exulantengruppe vermag er zu prägen! Nun, wir wollen nicht zu viel über verborgene Wirkungen in Jerusalem, bei den Exulanten in Babylon und auch bei den Flüchtlingen in Ägypten spekulieren – sicher hat es auch solche gegeben –, erstaunlicher ist, daß weder das zeitgenössische noch das heutige Judentum, weder die alte Kirche noch Christen heute auf diesen Propheten verzichten möchten. Im Gegenteil: Jeremia ist geradezu zum Typus des im Glauben hin und her geworfenen, angefochtenen Menschen geworden, gleichzeitig aber auch zur Verkörperung dessen, an dem die Treue Gottes transparent werden kann.

IV. Didaktisch-methodischer Teil

Karl Heinemeyer

1. Begründung der Auswahl von Themen und Texten

Vorbemerkung

Bei der Begründung der Auswahl der Themen und Texte wird davon ausgegangen, daß diese – wie vorher dargelegt – im Unterricht der Sekundarstufe I (7.–10. Schuljahr) behandelt werden. Wir empfehlen, den Kurs in den Klassen 9/10 durchzuführen. Ziel des Handbuchs ist, dem Lehrer ein Vorbereitungswerk zu reichen, das es ihm ermöglicht, den Unterricht im Hinblick auf seine konkrete Klasse mit Hilfe nur eines Werkes zu entwerfen. Deshalb ist auch der allgemeine Teil über Propheten aufgenommen worden, obwohl anderenorts ausführlich darüber geschrieben ist.[1]
Die Unterrichtsentwürfe sind als Modelle, nicht als „Rezepte" zu verstehen; sie stellen Konkretionsversuche dar und sollen dem Lehrer die Unterrichtsvorbereitung erleichtern sowie ihm Anregungen für seine Planungen und konkreten Unterrichtsstunden geben.
Anhand exemplarischer Texte, Themen und Probleme aus dem Buch Jeremia soll das Verständnis für die Gesamtintention des Propheten geweckt und darüber hinaus ein Einblick in die Denk- und Glaubensweisen des ganzen Alten Testaments vermittelt sowie Möglichkeiten der Vergegenwärtigung versucht werden.

1.1 *Voraussetzung* für die Behandlung eines repräsentativen Querschnittes sind Kenntnisse des *geschichtlichen Hintergrundes*[2] und die Klärung des *Begriffes „Prophet"* sowie einige Daten und Ereignisse aus dem *Leben Jeremias.* Hilfreich ist außerdem ein Einblick in die *Entstehungsgeschichte des Werkes.*
– Einführung in die Zeit Jeremias (Geschichte Israels um 650 v.–500 v.)[3]
– Klärung des Begriffes „Prophet"
– Einige Daten und Ereignisse aus dem Leben Jeremias (Jer. und 2. Kön.)
– Zur Entstehungsgeschichte des Werkes (Jer. Kap. 36)
(Wie erfahren wir von den und über die Propheten?)

1.2 An *Berufung* (Jer. 1,4–16) und *Verheißung* (Jer. 1,17–19) erfahren wir, wie und unter welchen Umständen Jeremia Prophet wurde. Dadurch wird das Ver-

---

1. Vgl. H. Grosch, Amos, a.a.O.
2. Wo die Voraussetzungen gegeben sind, könnte fächerübergreifend gearbeitet werden (Erdkunde, Geschichte, Religion).
3. Vgl. F. Hahn, Skizze einer Lehreinheit zur Geschichte Israels, a.a.O., S. 56ff.

ständnis weiterer Texte erleichtert. In begrenztem Maße steht die Berufung/Verheißung Jeremias exemplarisch für die anderer Propheten, der Apostel des Neuen Testaments, Gestalten aus der Kirchengeschichte und dem gegenwärtigen christlich-religiösen Leben.

1.3 *Die Strafrede* (Jer. 2,1–13; 2,18+19) und die *Tempelrede* (Jer. 7,1–15 in Verbindung/Vergleich mit 26,7–19 oder 28,1–17) stehen paradigmatisch für die Verkündigung Jeremias in der Frühzeit und für einen großen Teil prophetischer Verkündigung überhaupt. Alle Propheten bringen Botschaften, die im Zusammenhang stehen mit dem Abfall Israels von Jahwe, dem Nichteinhalten der Bundesforderungen und dem Problem der falschen Sicherheit. Gleichzeitig gewähren die Kap. 7 und 26 einen Einblick in den Werdeprozeß des Werkes.

1.4 *Das Töpfergleichnis* (Jer. 18,1–11) läßt Charakteristisches der Verkündigung der Propheten deutlich werden. Das Problem „Wie redet Gott mit uns Menschen?" kann Klärung erfahren. Ein Gespräch Gottes mit dem Menschen wird im Gleichnis (Bild) ausgedrückt. Es kann an diesem Text verdeutlicht werden, daß nicht von vornherein eindeutig ist, ob und wann Gott spricht bzw. gesprochen hat, sondern daß erst in der Reflexion retrospektiv die Erkenntnis aufleuchtet, daß Gott sich an uns gewandt hat. Die Problematik „Gottes Macht und Wille – des Menschen Freiheit" drängt sich auf; hier ist auch der Ort der Kritik an der Gottesvorstellung Jeremias.

1.5 In den *Konfessionen* (Jer. 12,1–5; 11,18–23; 12,6; 16,1–9; 20,7–18) treten das Kreuz des Gottesauftrages und die Anfechtungen des Propheten deutlich hervor. Zweifel an Gottes Gerechtigkeit treiben den Menschen Jeremia in tiefste Verzweiflung bis hin zur Selbstverfluchung und in tiefste Einsamkeit. Hier ist gerade der Jugendliche angesprochen, der die Welt verbessern möchte und Gott den Vorwurf macht, nicht gerecht verteilt zu haben. Die Frage nach dem Glück der Gottlosen bzw. dem Unglück und Leid der Frommen wird immer wieder gestellt, sei es aus Enttäuschung, Neid oder sonstigen Motiven. „Warum läßt Gott das zu?", „Warum trifft es gerade mich, der ich mich so bemühe?" u. ä. Fragen stehen hier zur Diskussion.

1.6 *Symbolhandlung – Joch* (Jer. 27,1–22) Jeremias Freund Baruch berichtet von der Symbolhandlung Jeremias, der mit einem Joch eine Zeitlang in der Öffentlichkeit demonstrierte; nach Jeremia war es klug, das babylonische „Joch" zu tragen und nicht gegen Babel zu arbeiten, sonst würden der Untergang und die Zerstörung folgen. Teils vergleichbar sind heutige Demonstrationen mit Symbolen (auch Handlungen) gegen Aufrüstung, für Abrüstung, gegen Umweltzerstörung und für Erhalt der Schöpfung u. a. m.

1.7 *Das Problem der „echten" (richtigen) und „falschen" Propheten* (Jer. 18,1–17) führt uns zur Wahrheitsfrage, die verschieden gestellt wird: „Worauf kann man sich verlassen?", „Wem soll bzw. kann man vertrauen?", „Wer sagt die Wahrheit?". Da es kein im mathematisch-naturwissenschaftlichen Sinn „beweisbares" Kriterium für Glaubenswahrheiten gibt, wird das Problem des Engagements und des Glaubenswagnisses relevant.

1.8 Abschließend soll ein Ausblick auf das Ende der Leidensgeschichte Jeremias (Erfolg oder Mißerfolg) gegeben werden. (Jer. 52,5–16; 40,1–6; 44,26–30) Eine gewisse Parallelität zu Jesu Leidensweg drängt sich auf.

2. Unterlagen für den Lehrer: Zusammenstellung von Textstellen, Daten, Stichworten, Karten und Übersichten

2.1 Schilderung der Situation zur Zeit der Berufung Jeremias: 2. Kön. 21,1ff.

2.2 Das Glaubensleben: Jer. 7,1–(11)

2.3 Kurze Charakteristik des Propheten Jeremia:

- Geburtsort: Anatot: Jer. 1,1
- Geburtsjahr: 650 v. Chr.: Jer. 1,1–2
- Herkommen: Priesterfamilie: Jer. 1,1
- Soziale Lage: nicht unbegütert: Jer. 32,9–10
- Verzicht auf Frau und Kind: Jer. 16,1–4
- Mordanschlag der Angehörigen: Jer. 11,18ff.
- Sein Amt: (Prophet): Last für ihn: Jer. 20,7–9
- Freund und Begleiter: Baruch: Jer. 36,4ff.

2.4 Historische Daten und Angaben (Zeit Jeremias) aus 2. Kön.:

612–604 Nabopolassar (siehe Anhang zu 2.4, S. 110)
- Neu-Babylonisches Reich: 612–598: 604–598 Nebukadnezar
- Juda: König Manasse: 2. Kön. 21,1ff. (König Manasse 648–643)
- Josia: Kultreform: 2. Kön. 23,4–20
  (640–609) Assyrische Götterbilder: ein Greuel für Josia: 2. Kön. 23,4

– Vollgottesdienst nur noch in Jerusalem: 2. Kön. 22
  Kultzentralisation: 2. Kön. 23,7ff.
– Josia gegen Necho bei Megiddo: 2. Kön. 23,29 und 30
– Erster Fall Jerusalems: 2. Kön. 24,8 und 16–25,12

2.5 Kurze Stichworte zur innenpolitischen Situation und zum Glaubensleben:

Manasse (698–643): Abfall von Jahwe; Einfluß der Fremdreligionen; Assurs Götter; Götzendienst; Synkretismus. Anhang: Götter/Religion der Nachbarvölker: S. 122ff.

Priester und Gesetzestreue (Juden) sahen in Manasse einen Verführer des Volkes; äußerlich gesehen lebte das Volk in „guten Zeiten“.

Josia (640–609): anders als sein Vorgänger

a) Assyrische Götterbilder waren ihm ein Greuel.
b) Schrittweises Lösen von fremden Göttern/Aberglauben.
c) Das bedeutete: Kündigung der staatlichen Abhängigkeit von Assur.
d) Politisches Ziel: Altes davidisches Großreich.
e) Kultreform (622) = Gottesdienstreform.
f) Vollgottesdienst nur noch im Tempel zu Jerusalem.
g) Grund zu e) und f): Fund des Deuteronomiums bei der Renovierung im Tempel, darin diese Forderungen.
h) Josia stirbt bei Megiddo (609); das Reformwerk stockt. Jojakim (608–598): brutaler Despot (Gegenteil seines Vaters) – durch Necho/Ägypter eingesetzt.
   Verbindung (und befreundet) mit Ägypten. Aber: Nebukadnezar besiegt Ägypten 605 bei Karkemisch.
   598 fällt Jerusalem das erste Mal in babylonische Hand. Jojakim stirbt während der Belagerung.
   Jojachin: in schwieriger Situation; wird verschleppt nach Babel.
   Zedekia (598–586): schwacher König unter Besatzungsmacht der Babylonier; er unterschätzt Babylonier, weil sie mild regieren.
   Verfällt nationalistischen Bestrebungen im Land, sagt sich von Babel los.
   587/586: Zerstörung Jerusalems, Verschleppung. Juda/Südreich = Ende!

2.6 Zum Problem der Entstehungsgeschichte des Buches Jeremia:

Vom Wort zum Einzelspruch – vom Einzelspruch zum geschriebenen Wort:
Jer. 1,1–19 („Gesprächsbeginn“: Gott – Jeremia)
Vom Propheten geschriebene Texte: Jer. 30–31
Sprüche des Propheten Jeremia, seinem Schreiber Baruch diktiert: Jer. 6
Berichte über den Propheten: Schlußabschnitt. In der dritten Person wird von

Jeremia gesprochen, Verfasser: Baruch, Kombination von Prophetenwort und Leidensbericht Jer. 19; 26–29; 36–45;
Predigtartige Rückblicke in: 7; 9,11–15; 11,1–14; 16,1–3; 17,19–27; 18,1–12; 21,1–10; 22,1–5; 25,1–14; 32; 34,8–22; 35.
Stil erinnert an das Deuteronomium; deuteronomistischer Verfasserkreis möglich. Kreise, die in Exil und Katastrophe die Geschichte des Volkes neu vergegenwärtigen und darin ihre Orientierung suchen.

Die Tempelrede: Kap. 7 (Echtes Prophetenwort, dem Baruch diktiert!)	vgl. Kap. 26 (Erzählung über die Rede, Bericht Baruchs)

2.7 Was ist ein Prophet? Was waren Propheten?

(Evtl. Abzüge für die Schüler)
Prophet – ein griechisches Wort: hebräisch = nabi
Es bedeutet: Sprecher im Namen eines anderen (Gottes)
Zur Zeit des Alten Testamentes haben große, hervorragende Prophetengestalten besondere Bedeutung für das Volk Israel gehabt.

Mose	um 1250
Elia	um 900
Elisa	um 850–800
Amos und Hosea	um 750–700
Jesaja und Micha	um 750–700
Nahum, Habakuk	um 650–550, zur gleichen Zeit in etwa Zephanja, Jeremia und Ezechiel (Hesekiel) und einige andere.

Ihnen ist gemeinsam, daß sie sich von Gott berufen fühlen, daß sie begeistert, erleuchtet sind durch Gottes Geist und Kraft. Sie sind erfüllt von Gottes Botschaft, die sie mit Worten und zeichenhaften Handlungen überbringen.
Zum Teil lebten Propheten auch in Gemeinschaften, in „Prophetenschulen“, unter Leitung des jeweils bedeutendsten Propheten. Sie waren mit überstarken Geisteskräften ausgestattet, auch wunderbare Reden und Taten wurden ihnen zugeschrieben. Sie waren teils Priester, viele standen jedoch in starkem Gegensatz zum Priestertum. Sie spielten oft an den Königshöfen eine Rolle und wurden vor wichtigen Unternehmungen vom König als Berater gehört. Oft sagten sie den Ausgang voraus.
Einige Propheten betonen, daß sie nicht Prophet werden wollten (z. B. Amos, Jeremia), sie fühlten sich von Gott gedrängt, berufen, zu Israel zu sprechen; meistens verkündeten sie sogar Unheil, Gericht, Untergang, Gefangennahme und andere schwere Zeiten. Deshalb war es fast immer mit Lebensgefahr verbunden, Prophet zu sein. Aber auch Heil kündeten sie.
Nach dem Auftreten von Haggai und Sacharja um 450 v. Chr. scheint die Gabe der Prophetie zu schwinden, um erst viel später in Johannes dem Täufer (0–27/28 n. Chr.) wieder aufzuleben.

Besondere Schwierigkeiten machte das Auftreten falscher Propheten; der falsche Prophet war nicht vom Geist Gottes erfüllt; wer also gegen den Gott Israels predigte oder für fremde Götter, war ein falscher Prophet. Für das Volk Israel war das Zeichen des wahren Propheten, daß sich sein Wort erfüllt. Ein eindeutiges Kriterium, den „echten" Propheten zu erkennen, gibt es allerdings nicht. Propheten galten als Empfänger, Verkünder und Vollstrecker des Wortes Gottes, besonders von Gericht und Verheißung (Mose, Elia, Elisa); seit dem 8. Jahrhundert v. Chr. auch durch Bücher (Rollen).
Schrift- oder Bücherpropheten sind:
Vier große Propheten: Jesaja, Jeremia, Hesekiel, Daniel.
Zwölf kleine Propheten: Hosea, Joel, Amos, Obadja, Jona, Micha, Nahum, Habakuk, Zephanja, Haggai, Sacharja, Maleachi. Im Neuen Testament gelten Johannes der Täufer und Jesus als Erfüller und Vollstrecker der Prophetie des Alten Testaments.

2.8 Sonstige Hinweise

Literatur/Bildband:
Saner, Albert: Der Prophet des Leidens. Holzschnitte zum Propheten Jeremia. Kleine Bilder zur Bibel. Bd. 2. Blaukreuz Verlag, Bern, 1963

Schallplatten:
a) Lebendige Bibel, Jona (1–4) und Jeremia (37/38); Best.-Nr.: LB-A 105/1. Credo Verlag, Stuttgart, o. J.
b) Lebendige Bibel, Jeremia und Hananja – Die Schriftrolle Jer. 28 – Seite A; Jer. 36,1–8; 20–28 – Seite B; Best.-Nr.: LBK-E 31 (Hörbilder). Credo Verlag, Stuttgart, o. J.

Anhang zu 2.4

Zeit vor Christus/ Jahre	Wichtige politische Ereignisse in *Mesopotamien*/Palästina	Wichtige politische Ereignisse in *Kleinasien* (i. w. S.) (um…)	Wichtige politische Ereignisse in *Ägypten* (um…)	
3600	dringen Sumerer von Süd-Persien n. Mesopotamien ein;			
3500	nicht semitisches Volk, rivalisierende Stadtstaaten			
3000	Mari (Stadtkultur am oberen Euphrat) bis 1700		3000	Vereinigung von Unter- und Oberägypten

Zeit vor Christus/ Jahre	Wichtige politische Ereignisse in *Mesopotamien*/Palästina		Wichtige politische Ereignisse in *Kleinasien* (i. w. S.) (um...)		Wichtige politische Ereignisse in *Ägypten* (um...)
					(Stadtstaaten seit einigen Jhdten)
				2770	Altes Reich bis ca. 2250 v. (Memphis) Gott: Ptah ≙ Schöpfer- u. Bildnergott)
2500	Semitische Nomaden aus Syrisch-Arabischer Wüste dringen ins Kulturland (Euphrat-Tigris). Grundlage für das				
2400	Akkadische Reich (König Sargon um 2300 v.)				
2300	(Evtl.: Vorfahren Abrahams)	2300	König Sargon von Akkad → Feldzug nach Klein-Asien		
2200	Sumerer gewinnen noch einmal die Herrschaft (Kultur-Renaissance) Amoriter (Semiten aus Syr-Arab. Wüste)	2200	Kämpfe der Enkel Sargons gegen 17 Städte des Reiches Hatti (Hethiter).	2200	I. Zwischenzeit: politisch geteilt, geschwächt, (Gott: Re ≙ Ra)
2100	nach Mesepotamien		Aus dem Kaukasus und vom Balkan wandern		
2000	Hyksos (Reitervolk aus Kaukasus) über Palästina bis Ägypten	2000	indogermanische Stämme nach Klein-Asien (Haly-Fluß ≙ Kisil Irmark)	2000	Wiederherstellung der Einheit und Entstehung des Mittleren Reiches (Theben) Gott: Amon

Zeit vor Christus/ Jahre	Wichtige politische Ereignisse in *Mesopotamien*/Palästina	Wichtige politische Ereignisse in *Kleinasien* (i. w. S.) (um...)		Wichtige politische Ereignisse in *Ägypten* (um...)	
1900	I. Machtentfaltung Assyriens (Kaufleute bis Kleinasien)	1900	Assyr. Kaufleute weiten ihren Handel nach Klein-Asien aus (z. B. Kultepe $\triangleq$ Kanesch)		
1800				1780	II. Zwischenzeit: Unter-Ägypten von Hyksos besetzt (über Kanaan bis ins Delta)
1700	Altbabylonisches Reich unter Hammurapi; nach seinem Tod: Machtverlust; Kassiten – Einfälle aus Nordosten.	1750	König Anitta von Kussura erobert Hattusa; seine Nachfolger gründen das Hethiter-Reich.		
1600	Hethiter (Hatti) erobern Babylon, können sich aber nicht auf Dauer behaupten				
				1580	Vertreibung der Hyksos aus Ägypten. Ägypter mit Streitwagen und Pferden (von Hyksos) bis an den Euphrat: Das Neue Reich (Pharao Thutmosis III. (1479) (Gott = Amon) Kades und Karkemisch (Richtergott = Osiris) (Pharaonen: Ramses)

Zeit vor Christus/ Jahre	Wichtige politische Ereignisse in *Mesopotamien*/Palästina	Wichtige politische Ereignisse in *Kleinasien* (i. w. S.) (um…)		Wichtige politische Ereignisse in *Ägypten* (um…)	
		1550	Hethiter ziehen n. Syrien und an den Euphrat; scheitern aber vor (Hatti) Aleppo (Halpa)		
		1530	Mursili I. erobert Aleppo und Babylon, stürzt Hammurapi. Das Reich Mittanni (Hurriter) konkurriert, Hethiter-Reich zu schwach		
1500	Hurriter bilden in Nord-Mesopotamien das Reich Mittanni, das um 1350 von Hethitern erobert wird				
		1450	bricht Pharao Thutmosis III. die Macht Mittannis (Feldz. bis Syrien)		
		1370	Neu-Hethitisches Reich zerstört Mittanni; erobert Aleppo, stößt bis Kades vor; Ägypten ist machtlos (Amarna-Zeit)	1370	Die Amarna-Zeit: Ägypten verliert Vormacht: Amenophis IV. ≙ Echnaton, Sethor I., Ramses II.

Zeit vor Christus/ Jahre	Wichtige politische Ereignisse in *Mesopotamien*/Palästina	Wichtige politische Ereignisse in *Kleinasien* (i. w. S.) (um…)		Wichtige politische Ereignisse in *Ägypten* (um…)	
		1340	bringen Hethiter Karkemisch in ihre Gewalt. Witwe Tutanchamuns will hethitischen Prinzen als Gemahl; Opposition tötet ihn an der Grenze.		
1300	Exodus – Mose – Ägypten – Sinai Philister (Seevölker)				
		1280	Schlacht bei Kades am Orontes; ägyptisch-hethitischer Friedensvertrag (auf ewig!?).	1280	Unentschiedener Kampf: Ägypten – Hethiter. Ende von Kades.
1200	Richterzeit	1200	Völkerwanderung aus Nordwesten; assyrisch-aramäischer Einfluß verstärkt sich.	1200	widersteht Ägypten den Seevölkern, drängt Philister nach Kanaan zurück
1100	Assyrien unter Tiglat-Pileser I. Führung in Mesopotamien			1080	Ende des Neuen Reiches; Zerfall der Reichseinheit
1000	Königszeit in Israel (Saul-David-Salomo) Aramäer aus der Syrisch-Arabischen Wüste lähmen die Kraft Assyriens				

Zeit vor Christus/ Jahre	Wichtige politische Ereignisse in *Mesopotamien*/Palästina	Wichtige politische Ereignisse in *Kleinasien* (i. w. S.) (um…)	Wichtige politische Ereignisse in *Ägypten* (um…)
900	936 Teilung N–S (932/926) 850 steigt Assyrien wieder zur Weltmacht auf (Assurnasirpal II.)		
800		800 erobert Assur die Jung-Hethitischen Reiche.	
		750 für kurze Zeit Reich der Phrygier (Teilvolk der Völkerwanderung)	750 Aufkommen der Äthiopischen Herrscher, die Ägypten noch einmal einigen (bis 660)
	722 Ende Nordreich Israel		
700			
			660 Zeitweilige Besetzung Unter-Ägyptens d. Assyrien. Pharao Necho 609/8 bei Megiddo gegen Assyrien. (Juda: Josia) um 600 Kurze Blütezeit der Herrscher
	630 Babylonier u. Chaldäer nutzen Schwäche Assurs aus und begründen		
600		597 I. Deportation der Juden nach Babylon	
		587/86 Exil; Babylon; Zerstörung Jerusalems d. Nebukadnezar	

Zeit vor Christus/ Jahre	Wichtige politische Ereignisse in *Mesopotamien*/Palästina		Wichtige politische Ereignisse in *Kleinasien* (i. w. S.) (um…)		Wichtige politische Ereignisse in *Ägypten* (um…)	
			560	Im westlichen Klein-Asien herrscht König Krösus im Reich Lydien, das aber 564 von Kyros von Persien erobert wird. Ende des Exils der Juden 538		
	539	unter Nabopolassar das Neu-Babyl. Reich. (Blütezeit) – (Ende Assyriens 605)			525	Perser erobern Ägypten bis um 330 (Alexander I. der Ptolemäer in Ägypten (Makedonier) Griechenland Seleukiden in Palästina (Hellenisierung)
500						
	439	Ende des Neu-Babyl. Reiches				
400		Perser unter Kyros erringen die Weltherrschaft bis 330				
			330	Makedonier Alexander I. erobert Kleinasien; nach Tod Alexanders: Ptolemäer	330	
300						

Zeit vor Christus/ Jahre		Wichtige politische Ereignisse in *Mesopotamien*/Palästina		Wichtige politische Ereignisse in *Kleinasien* (i. w. S.) (um…)	Wichtige politische Ereignisse in *Ägypten* (um…)
		Alexander I. (Makedonier), Griechenland – Weltm. (Ptolemäer in Ägypten)			
200	202	Sieg Roms über Karthago Makkabäer – Erhebung 166/ 135/104–63; Hasmonäisches Königstum	200	Seleukiden in Palästina; Diadochen Philadelphia ≙ Rabath; Ptolemais ≙ Akkon. Hellenisierung (Jahwe ≙ Zeus Kult)	
100			150	Makkabäer (um 150) Hasmonäer (um 100–63) Versuch: Davids-Großreich wiederherzustellen.	
	63	Eroberung Jerusalems d. Pompejus/Römer			

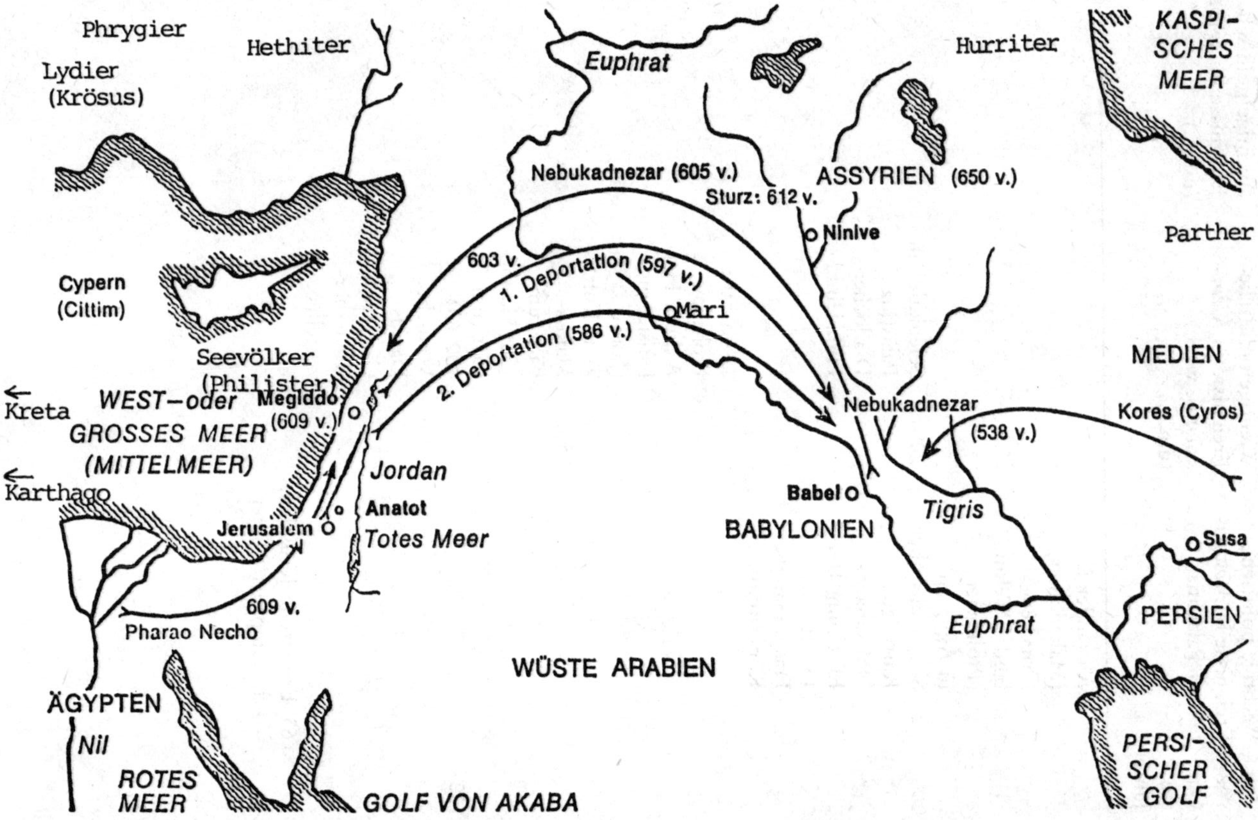
Phrygier
Hethiter
Lydier
(Krösus)
Euphrat
Hurriter
KASPI-
SCHES
MEER
Nebukadnezar (605 v.)
ASSYRIEN (650 v.)
Sturz: 612 v.
Ninive
Parther
603 v.
1. Deportation (597 v.)
Cypern
(Cittim)
Mari
2. Deportation (586 v.)
MEDIEN
Seevölker
(Philister)
Kreta
WEST–oder
Megiddo
(609 v.)
GROSSES MEER
(MITTELMEER)
Nebukadnezar
Kores (Cyros)
(538 v.)
Jordan
Karthago
Babel
Anatot
Tigris
Jerusalem
Totes Meer
BABYLONIEN
Susa
609 v.
Pharao Necho
Euphrat
PERSIEN
WÜSTE ARABIEN
ÄGYPTEN
Nil
ROTES
MEER
GOLF VON AKABA
PERSI-
SCHER
GOLF

HISTORISCHE ÜBERSICHT (I) (Politische Lage)

Assur (Assyrien): Höhepunkt der Macht (Ende: 612 v.)
(Ninive) um 650 v. Chr.

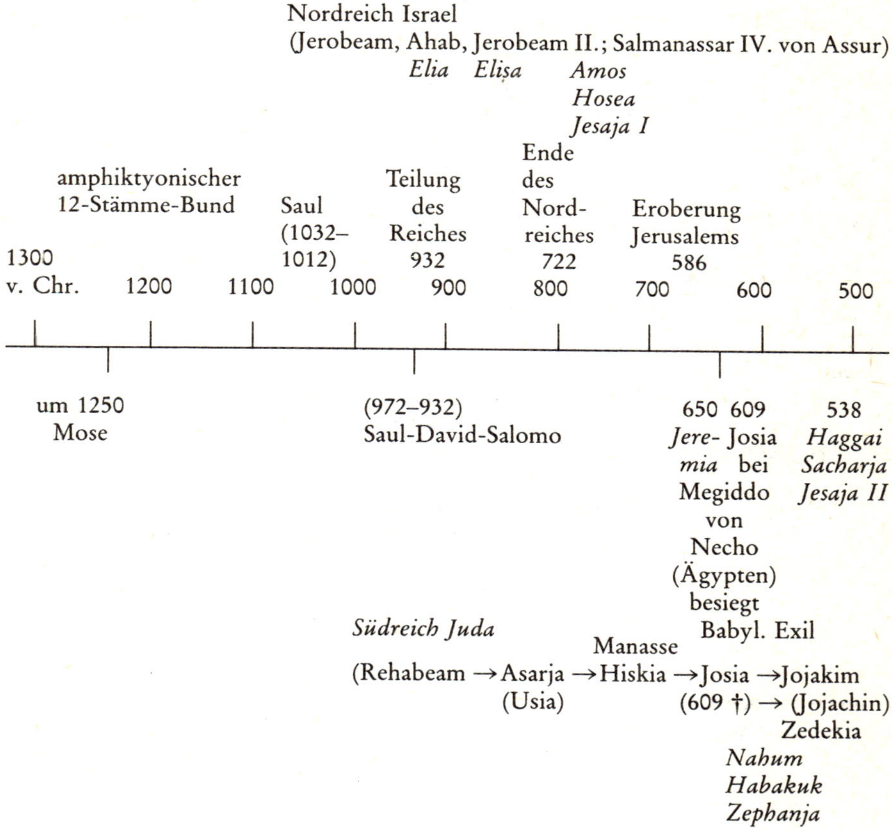

Hinweis für den Lehrer: Herrscher- bzw. Prophetennamen mit verschiedenen Farben schreiben.

HISTORISCHE ÜBERSICHT (II) (Prophet Jeremia)

Assur: Höhepunkt der Macht überschritten! (612 v. Ende) Neu-Babylonisches Reich Ende 538 v. Chr. durch Kores (Perser)

			Berufung Jeremias 627	Nebukadnezar besiegt Assur 612 Jeremia diktiert Baruch 605/604		Zerstörung Jerusalems 586			
650	640	630	620	610	600	590	580	570	560
650 Geburt Jeremias		622 Kultreform des Josia		609 Megiddo	598/597 I. Deportation nach Babel	586 II. Deportation nach Babel			

Südreich Juda: Manasse Josia Jojakim Zedekia Exil Exil bis 538 v. Chr.

Josia † Jojachin

Jeremias Schweigen

Tempelrede Jeremias (Verlesen und Verbrennen der Rolle)

Jeremias Ende in Ägypten (?)

Hinweis für den Lehrer:
Farbige Unterscheidungen

Die historische Situation zur Zeit Jeremias (vergl. auch 2. Kön. 22 und 23)

Politische Lage		*Jeremias Leben*		*Zeitliche Einordnung anderer Propheten*	
719–691	Hiskia, 698–643 Manasse			750–700:	Jesaja, Micha, Amos, Hosea
um 650	Höhepunkte der Macht Assurs; aufsteigende Macht der Ägypter und Meder	650	Geburt Jeremias	650–550:	Nahum
ab 640	Josia (609 †)		Berufung, erstes Wirken		
um 625	beginnender Abstieg Assurs				Habakuk
622	Josias Kultreform (Gottesdienstreform)				
612	Sturz Assurs (Babylonier erobern Ninive)		Jeremia schweigt		Zephanja
609	Sieg der Ägypter über Josia bei Megiddo (Josia †)				Jeremia
609–597	König Jojakim (Despot) befreundet mit Ägypten, Necho	609	Tempelrede Jeremias		
605	Nebukadnezar besiegt Ägypten (Necho)	605	Jeremia diktiert Baruch (Prophetensprüche)		
603	Jojakim wird Vasall Nebukadnezars	604	Verlesen und Verbrennen der Rolle		

Politische Lage		Jeremias Leben		Zeitliche Einordnung anderer Propheten	
598	Jojakim stirbt (Belagerung Jerusalems) (Nachfolger Jojachin nur 1 Jahr im Amt)			600–485:	Ezechiel (Hesekiel)
597	I. Deportation nach Babylon (Jojachin)				
598–586	Zedekia (schwach, wankelmütig)				Deuterojesaja (Jes.Kap. 40–55)
586	Eroberung und Zerstörung Jerusalems	587/586	(11. Reg.-Jahr Zedekias)		
	(Babylonische Gefangenschaft)		Jeremia berät Zedekia		
538	Ende der babylonischen Gefangenschaft		Jeremia bleibt bei den Juden		
	(Kores/Kyros von Persien erobert Babel)		Jerusalem		
	Aufstieg der Perser		Mizpa (Gedalja)		

Anhang zu 2.5 S. 108

a) Information

Menschen haben schon immer nach Gott gefragt.
Wenn man die Geschichte der Menschheit zurückverfolgt, so findet man schon sehr früh, daß Menschen einen höchsten Gott oder ein höchstes Wesen verehren.
Menschen haben immer versucht, unsichtbare Götter, Naturkräfte oder den verborgenen Gott in sichtbare Bilder, Zeichen und Darstellungen zu fassen: Sie malten mit Farben, hauten aus Stein, schnitzten aus Holz, gossen aus Erzen

und gaben ihrer Vorstellung eine sichtbare Gestalt. Dann bauten sie Tempel und andere Gebäude oder Kultstätten und brachten vor ihren Bildern und Figuren Opfer und beteten, sangen und tanzten.
In Urzeiten, als die Menschen noch Jäger und Sammler waren, glaubten sie an Wesen, Geister und Götter, die sie in der Natur, in Tieren, Pflanzen und in den Sternen, der Sonne und dem Mond verehrten.
Bauernvölker, die von der Natur, dem Wetter, dem Wasser, der Sonne abhängig waren, beteten Sonne, Blitz, Donner und Regen als göttliche Kräfte/Mächte an; vor allem die Fruchtbarkeit wurde als göttliche Macht/Kraft verehrt.
Für andere waren Feuer, Wasser, Erde und Luft göttlich. In manchen Völkern wurden auch die Seelen der Verstorbenen als göttliche Wesen verehrt. Die Menschen waren davon überzeugt, daß Gutes und Böses, Glück und Unglück von göttlichen Wesen geschickt wurden. Ihnen zu Ehren wurden Feste in Tempeln oder an heiligen Orten gefeiert. In Gebeten, Tänzen und Gesängen versuchten die Menschen, ihre Götter oder ihren Gott um Hilfe und Schutz zu bitten. In vielen Religionen der Völker ist der Gedanke, ja, die feste Überzeugung zu finden, daß Gott unser Schöpfer, der Anfang und das Ende allen Lebens und der Welt ist.

Göttervorstellungen und ihre Bedeutung in den Nachbarvölkern Israels

b) Götter in der Religion der Kanaanäer/Phönizier

El	– oberster Gott; der weise, gütige Vater der Götter und Menschen; der Schöpfer, der König, der Gnädige, der Kraftvolle (Bild: Stier).
Aschera (Astarte)	– Fruchtbarkeitsgöttin, Gemahlin Els, gebar 70 Götter und Göttinnen; weibliche Figur, mit hervorgehobenen Geschlechtsmerkmalen dargestellt; im Alten Testament als Baumgöttin genannt; wichtigster Nachkomme war der Gott *Baal* (der Herr).
Baal	– „Sohn“ Els und Ascheras; König der Götter; Sturmgott, Gott des Donners und des Blitzes und des Regens; Herr des Himmels; dargestellt als „Krieger“ mit Keule und Speer (Speerspitze wie ein Blitz verlängert); Hörner auf dem Helm erinnern an den Stier (Fruchtbarkeitsgott); auch Bezeichnung namenloser Gottheiten, die an heiligen Stätten (Bäume, Quellen, Berge usw.) verehrt wurden.
Anat	– Gattin Baals, Gehilfin Baals; Göttin des Krieges; Bild: weibliche Figur auf einem Thron sitzend mit Keule, Speer und Schild.

Môt – Gott-König des Totenlandes; Gott der sengenden Hitze, der Trockenheit, der Dürre; Baal gerät in seine Macht (jährlich), Môt wird aber von Anat vernichtet; so erwacht mit Baal wieder neues Leben.
Attar – Gott der Brunnen und der Bewässerung
Dagon – der Getreidegott
Aschirat von Ugarit – Meeresgöttin

Literatur: Walter Neidhart/Hans Eggenberger: Erzählbuch zur Bibel. Kaufmann Verlag, Lahr, 1975

c) Götter in der Religion der Babylonier

Der Gott des Tempels ist der Stadtherr, dem alles gehört und dient. Ein priesterlicher König (Ensi bzw. Lugal) ist der Vertreter des Gottes. An die Stelle des älteren Gottes Enki von Eridu tritt bald Uruks (4000–3000 Sumerer/Uruk) Götterpaar: Anu als Himmelsherr und Inanna – Ischtar als Muttergöttin in Verbindung mit dem Gottmenschen Dumuzi (bibl. Tammuz), dem König von Uruk, der als der gute Hirt gilt; er ist der jugendliche Geliebte jener Muttergöttin. Mit Dumuzis Tod stirbt das Pflanzen- und Tierleben. Doch holt die Göttin den Verstorbenen wieder aus dem Totenreich, und das Leben auf Erden erwacht neu (Erklärung/Deutung des „Stirb und Werde“ in der Natur; vgl. Kanaanäer-Religion).
(Hochterrasse des Tempels in Uruk≙Zikkurat)
Eine Zeitlang übt der Gott Ellil in Nippur die Oberherrschaft über die Götter aus. (um 2500)
Die semitischen Gestirngötter Schamasch≙Sonnengott, Siu≙Mondgott und Ischtar – Anunitu≙Venusstern treten neben die alten Gottheiten. Der König ist nicht mehr Gottes Stellvertreter, sondern Gott selbst. (um 2250)
Der Hochtempel des Mondgottes Nanna überragt zur Zeit (um 2000) des Einheitsstaates Sumer-Akkad alles (Zikkurat); der Tempel seiner Gemahlin, der Göttin Ningal, lag zu ebener Erde.
Sumerer und Akkader verschmelzen zu einem Volk, dessen Name nun Babylonier wird. Das Gesetzeswerk des Königs Hammurabi (Codex H.) mit 300 Paragraphen regelt die Rechtsprechung und beeinflußt die der Nachbarvölker.
Das Weltschöpfungsepos „Enuma Elisch“ (= als droben) erklärt die Vormachtstellung Marduks, des Stadtgottes von Babel, unter den Göttern, der die Stelle Ellils von Nippur einnimmt.
Das weltlichere Gilgamesch-Epos behandelt die unvergänglichen Probleme nach der Gewinnung des ewigen Lebens und des Kampfes zwischen Gut und Böse, Licht und Finsternis. Die Hethiter bereiteten dem Reich der Babylonier um 1530 ein Ende; man verstand es als Strafe der Götter (Sündenerkenntnis). Mit Bußgebeten und Psalmen wandte man sich an die Götter; die Dichtung „Gespräch eines Lebensmüden“ (babylonischer Hiob) entstand; Sammlung von

Weisheitssprüchen. Die breite Masse gefiel sich in Aberglauben, Magie und Hexerei.
Eine bewegte Zeit: von Nebukadnezar I. (1146–1113) bis zu Nebukadnezar II. (um 600) Feindschaft zwischen den Marduk-Priestern und den Sin-Priestern (Mondgott) von Ur und Haran sowie des Schamasch (Sonnengott) von Larsa und Sippar.
Die Mardukpriesterschaft ebnete Cyrus von Persien den Weg, der 539/38 Babel eroberte. (Ende des Exils der Juden)
Im Exil rangen die Juden um ihren Jahwe-Glauben gegen Marduk; Schöpfungs- und Sintfluterzählungen tragen in sich solches Gedankengut. Marduk ≙ Merodach (Jer. 50,2) = Hauptgott, Weltgott des babylonischen Großreiches. (Tempel: Esagila) Verlesen des Weltschöpfungsepos als Festlegende am Neujahrsfest. Sie erzählt, wie Marduk in notvoller Stunde in einer Götterversammlung zum Götterfürsten gewählt wird, wie er schließlich die Göttin Tiamat, die als Verkörperung des Salzwassers und Meeres das Chaos über die Welt bringen will, besiegt und wie er den ersten Menschen schafft. So galt Marduk als der Sieger über die Mächte des Chaos und der Unterwelt. In Marduks Gestalt vereinten sich allmählich die Aspekte der verschiedensten Hochgötter, indem Marduk zum Astralgott (Sonnengott) und zum Vegetationsgott (sterbender und auferstehender Gott) wurde und alle religiösen Gedanken Mesopotamiens in ihm zusammenkamen.

d) Götter in der Religion der Perser

In der von Zarathustra verkündeten Religion (vor 714 Chr.) steht ein Gott Ahura Mazda, „der weise Herr", im alles beherrschenden Mittelpunkt. Seine Macht ist eingeschränkt durch Ahriman, das Prinzip des Bösen. Ahura Mazda hat unter sich „heilwirkende Unsterbliche", die Amesha Spentas. Am kommenden Gerichtstag wird Ahura Mazda der Sieger über Ahriman (das Böse) sein, so daß der Dualismus von Gut und Böse aufgehoben wird. Es kommt zu einer Neugestaltung des Weltalls und zur Auferstehung der Toten. Der Mensch aber soll sich in seinem Leben für Ahura Mazda entscheiden, indem er vor allem der Nomadenwirtschaft entsagt und dem Ideal eines Bauern oder seßhaften Hirten mit der Beschützung der nützlichen und Vernichtung der schädlichen Tiere nachstrebt. Dieser vom Menschen getroffenen Wahl entsprechen ewige Seligkeit oder ewige Qual. Die Erd– und Weltgeschichte vollzieht sich in drei bzw. vier großen Zeitabschnitten von je 3000 Jahren. Sicherlich haben manche dieser Vorstellungen am Rande auch auf die Glaubensanschauungen des Judentums eingewirkt.

e) Götter in der Religion der Assyrer

Der Gott Assur ist ein Weltherrschaftsgott; Jahr für Jahr zogen deshalb die Könige Assyriens (Neu-A.) aus, die Idee der Weltherrschaft ihres Gottes Assur zu verwirklichen. Wer sich gegen Assur erhebt, frevelt an Gott Assur und hat Qualen zu erwarten. Der assyrische König war in erster Linie Feldherr, der im Auftrage seines Gottes Assur Vorderasien erobert. Wenn Assyrien auch an seinen Hauptgottheiten Assur, Ischtar, Ninurta und Adad festhielt, konnte es sich doch des Einflusses des babylonischen Marduk als des Götterkönigs nicht erwehren (auch Sprachen-Einfluß). Zeitweilig geht es in Israel/Juda um die Frage: Assur oder Jahwe. (Ischtar: siehe Babylonische Göttin) Ischtar war Mutter-, Liebes-, Kriegs- und Siegesgöttin.

f) Götter in der Religion der Ägypter

Die Religion der Ägypter ist ein vielschichtiges Gebilde. Sie zeigt eine Fülle von Nil-, Sonnen-, Mond-, Himmels-, Erd-, Toten- und Grabgöttern. Priesterschulen bemühten sich, gewisse Götter in Götterkreise einzuordnen (Dreiheit: Vater, Mutter, Sohn), Acht- oder Neunheiten. Falken- und Totengötter finden sich in verschiedenen Gauen. In der 12. Dynastie galt Ammon als Schutzgott des Reiches. An der Wende vom 4. zum 3. Jahrtausend hatte sich fast ein Monotheismus/Hochgottglaube entwickelt. Doch ein Überhandnehmen von Tierkulten in der Spätzeit erweckte den Spott der Griechen.

Re, der Gott der Sonne, war der Staatsgott der ältesten Zeit. Der Pharao, der Herrscher von Ägypten, galt als Sohn des Re. Später konnte Re mit anderen Göttern, z. B. mit Ammon, eine Verbindung eingehen. Heliopolis, Sonnenstadt, nannten die Griechen den Ort, an dem Re verehrt wurde.

Ammon war ein unsichtbarer Gott, unsichtbar wie der Atem, von dem alles Leben abhängt. Trotzdem versuchte man Ammon, dessen Name „verborgen" bedeutet, in Bildern einzufangen: als Widder, Gans oder Schlange stellte man ihn dar. Aber am häufigsten sieht man Ammon mit der zweigeteilten Krone von Ober- und Unterägypten.

Anubis galt als Wächter der Toten. Dargestellt wurde er vollständig oder teilweise als Schakal.

Apis, der heilige Stier, verkörperte Kraft und Fruchtbarkeit. Auch das „goldene Kalb" der Israeliten ist wahrscheinlich ein Stier gewesen. Der Apisstier war der Bote und Mittler eines Hauptgottes. Wenn die heiligen Tiere starben, wurden sie einbalsamiert und in unterirdischen Galerien beigesetzt.

Osiris soll ein besonders beliebter König gewesen sein. Sein Bruder Seth, eine zwielichtige Wüstengottheit, ermordete Osiris aus Neid und verstreute seine Glieder über die Erde. Isis, die Frau des Osiris, suchte die Teile ihres Mannes wieder zusammen. Osiris erstand wieder auf und wurde zum Herrscher der Unterwelt und zum Richter der Toten. Jeder Pharao war Horus, der Sohn von Isis und Osiris. Nach dem Tode wurde der Pharao dann Osiris. Später konnte jeder Ägypter dann Osiris werden, wenn er sich den vorgeschriebenen frommen Handlungen, Riten unterzog. Osiris bildet als sterbender und wiederauferstan-

Re

Ammon

Anubis

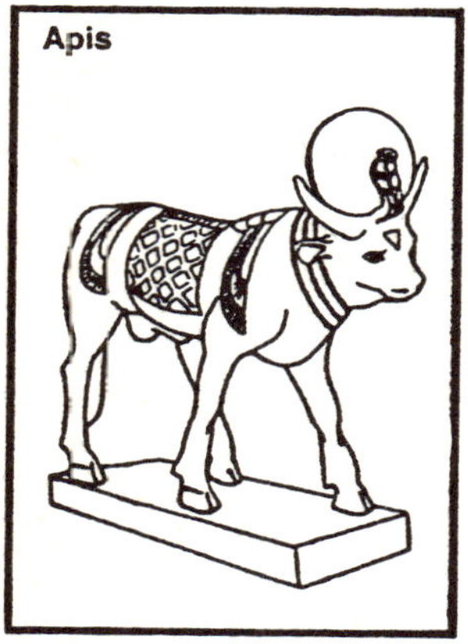
Apis

Das alte Ägypten:

Von lauter Göttern umgeben

Osiris

Seth

Isis

Horus

dener Gott das Werden und Vergehen der Natur ab: Alle Jahre wieder feierte man mit der Trockenzeit das Sterben des Osiris und mit den Nilüberschwemmungen im Frühling seine Auferstehung.
Neferabu, Arbeiter in der Stadt der Königsgräber, wurde vor 3000 Jahren auf dem Weg zu seiner Beschäftigung von einer Natter gebissen. Das Schlangengift lähmte das Atemzentrum und führte zu schweren Störungen des Kreislaufs. Neferabu rang nach Luft und stand Todesangst aus. Er rief die Schlangengöttin des Berggipfels über der Totenstadt um Hilfe an. Neferabu wurde gesund. Seine Errettung schrieb er der Gottheit zu. Auch der Schlangenbiß, so glaubte Neferabu, war nur durch einen Frevel gegen die Göttin verursacht. So dachte jeder Mensch in Ägypten. Es gab keinen Atemzug, der nicht durch die Götter bestimmt war: kein Wunder, denn fast jeder Ort hatte seinen eigenen Gott.

g) Der Gott der Israeliten

Die Götter der Nachbarvölker Israels wurden durch Bilder und Figuren dargestellt. Israel selbst aber hatte schon seit der Mose-Zeit ein Gebot, das jegliches Bild von Gott verbot. Die Israeliten bezeugen in den Geschichten ihres Volkes ihre Erfahrungen mit dem einen unsichtbaren Gott.
„Du sollst dir kein Gottesbild machen, keinerlei Vorstellung, weder von dem, was bei Gott ist, noch von dem, was auf Erden ist. Du sollst sie nicht vergötzen, anbeten, und ihnen nicht dienen.“ (2. Mose 20,2–3)
Vergleiche: 2. Mose 3; Psalm 23,1–6; Jeremia 10,10 und 14–16; Hosea 11,9–11
„Unser Gott ist Abrahams, Isaaks, Jakobs Gott, der Gott unserer Väter.
Aus Ägypten führte er uns. Er rettete uns in großer Gefahr.
Er gab uns das Gesetz.
Er schenkte uns Kanaan, das schöne Land, Jerusalem, die Königsstadt.
Immer ist er bei uns.
Unser Gott hat alles geschaffen«, sagten die Juden,
„Ohne ihn wäre nichts da.
Alles, was atmen kann, lobe den Herrn! Lobet den Herrn mit Harfen.
Lobt ihn mit Pauken und Zimbeln.
Die Ströme sollen frohlocken,
die Fische, die Tiefen des Meeres.
Schlagt froh in die Hände, ihr Völker,
und jauchzet Gott mit fröhlichem Schall.“
Vergleiche: 1. Könige 8,27; 2. Mose 33,18–23; 20,4; Psalm 150.
Im Alten Testament heißt er Jahwe:

יהוה

Das bedeutet: Ich bin, der ich [für euch] bin,
ich werde sein,
der ich [für euch] sein werde.

Ich bin der Herr, dein Gott.

Du sollst dir kein Bild von mir machen.
Du sollst keine anderen Götter haben.
Du sollst dir kein Bild von ihnen machen.
Du sollst sie nicht anbeten.

Ich bin bei euch,
spricht Gott;
ich bin heilig.
Ich bin derselbe bei den Ersten
und bei den Letzten.

h) Götter in der Religion der Philister

Religiös und kulturell sind sie wohl von den Hethitern beeinflußt. Hethitischer Gott Daganzipas ≙ philistäisch: Gott Dagan oder Dagon; hethitischer Gott Zaparwa ≙ ein Hirschgott ≙ Zebaba ≙ philistäisch Baal–Zebub.
Außerdem verehren die Philister eine Göttin Atargatis oder Derketo in Askalon.
Literatur: Karl Gutbrod/ Reinhold Kücklich/ Theodor Schlatter: Calwer Bibellexikon. Stuttgart, ³1973

3. Unterrichtsentwürfe und -skizzen der Einheit Jeremia
(Thesen, Zielformulierungen, didaktisch-methodische Überlegungen, Unterrichtsschritte)

Vorbemerkung

Die didaktischen Bedingungsfelder für die Unterrichtsplanung im Hinblick auf eine konkrete Klasse sind vom Lehrer jeweils zu erheben bzw. zusammenzustellen; die anthropologisch-psychologischen und die soziokulturellen Bedingungen können nach dem Fragenschlüssel, wie ihn Beckmann für das Fach Ev. Religion vorgeschlagen hat[4], ermittelt werden.

4. Hans-K. Beckmann: Aufriß einer didaktischen Analyse für den Religionsunterricht. In: Westermanns Pädagogische Beiträge. Heft 11. Braunschweig, 1969, S. 607

Wir weisen darauf hin, daß Exegese und theologische Zusammenfassung zu den einzelnen Texten im Teil III zu finden sind. Die didaktischen Grundüberlegungen im Teil I begründen die Auswahl der Einzelthemen und -texte. Um Wiederholungen zu vermeiden, sind diese im IV. Teil nicht noch einmal eingebracht.

3.1 Didaktische und methodische Überlegungen zu den Einzelstunden der Vorthemen

(Einführung in die Zeit der Propheten, Beispiel Jeremia; Klärung des Begriffes Prophet; einige Daten und wichtige Ereignisse aus dem Leben Jeremias; zur Entstehungsgeschichte des Werkes)

3.1.1 Das Thema/der Text und der Unterricht in einer Klasse (z. B.: Kl. 9)

- Als Zugangsmöglichkeit vom Text/Thema im Blick auf die Schüler und umgekehrt bieten sich an:
  1. Historische Daten und Charakteristika zur Person Jeremias können in enger Anlehnung an einen Text und unter Führung des Lehrers durch die Schüler erarbeitet werden.
  2. Ausgang von erdkundlichen und geschichtlichen Gegebenheiten: Lage von Anatot, Jerusalem usw.
     Geschichtskarte/Übersicht zur Zeit 650–568 Chr. Entstehen/Erarbeiten eines Frieses zur Zeitgeschichte.
  3. Wiederholung: Geschichte Israels
     Kenntnisse sammeln und erarbeitend ergänzen.
  4. Vom Problem: Was sind Propheten?
     Was ist ein Prophet? (erarbeitend)
  5. Vom Problem: Wie sind die Texte bzw. Bücher der Bibel entstanden? (erarbeitend)

- Schwierigkeiten des Zugangs zum Thema bzw. Text können sein:
  1. Die geringen Kenntnisse der Schüler über die Geschichte des Vorderen Orients bzw. Israels.
  2. Das alte, fromme Weltbild.
  3. Die Abwehrstellung gegenüber biblischen Texten; daher ist die historische Einführung sehr hilfreich, evtl. entscheidend.
  4. Die Überforderung der intellektuellen Fähigkeiten der Schüler.
  5. Das schwerpunktmäßig naturwissenschaftliche Denken der Schüler.

- Welche Hinweise gewinne ich aus der sprachlichen Gestalt eines Textes? (z. B.: Lied, Dialog, Bericht, Spruch, Bekenntnis, Predigt, Streitgespräch,

Einzelgespräch, rückblickende Verkündigung) Die Textstellen in Form des Berichtes erleichtern den Zugang und Umgang mit dem Text.

- Wenn der Text mehrere Sinn- und Bedeutungsschichten hat, so ist das zu erheben und zu analysieren.
  (Hinweis: Bedeutung im Alten Testament anders als im Neuen Testament und heute)
  Da der Text im Zusammenhang mit den Königsbüchern und Samuel steht (2. Kön. 21–25; 1. Kön. 17,18–24; 1. Sam. und 2. Sam.), sind von dorther und nach dorthin unterrichtliche Möglichkeiten zu bedenken. Gerade historische Ereignisse und Daten werden von jenen Werken bestätigt.

- Querverbindungen zu diesen o. g. Texten und zur Kirchengeschichte, zu moderner Literatur, evtl. zu Kunstwerken (Emil Nolde „Der Prophet“) sowie zu heute aktuellen Ereignissen und Problemen sind zu bedenken. So auch die Lebens- und Glaubensfragen der Jugendlichen (siehe dazu Einzelvorbereitungen).

3.1.2 Methodische Überlegungen

- Durch die Eigenart des Themas/Textes und die altersspezifische Situation der Schüler sind folgende Methoden ausgeschlossen:
  1. das Erzählen
  2. völlig selbständige Erarbeitung

Die Lehrerdarbietung und die gelenkte Erarbeitung dürften im Vordergrund stehen. Anschauungsmittel und Arbeitsmaterial müssen erstellt werden, zum Teil wird es von den Schülern angefertigt (z. B.: Karten zeichnen, Fries entwerfen).

- Das Interesse der Klasse könnte man gewinnen durch ein Gespräch über das Sprichwort „Der Prophet gilt nichts im eigenen Land“. Eine weitere Möglichkeit wäre, direkt mit der Frage nach den Propheten, dem Prophezeien zu beginnen, oder aber man wählt als Einstieg geschichtliche Information über den Vorderen Orient (z. B. Assur, Ägypten, Babylon) von 1000–500. Die Unterrichtsform wird wechseln zwischen entwickelndem Unterricht, dem gebundenen Unterrichtsgespräch, Gruppenarbeit und Frage und Antwort. Denkanstöße sind sicherlich des öfteren erforderlich.

- Als Arbeitsmittel sollten zur Verfügung stehen:
  Bibel (Zürcher), moderne Übersetzung (J. Zink); Lutherbibel (1984); biblische Nachschlagewerke, Lexika;
  Abzüge (Format DIN A4);
  evtl. Planskizze zur historischen Situation;
  historische und geographische Karten;
  Tafel, Kreide, Farbstifte usw.

– Der Ertrag der Stunden sollte wie im anderen Unterricht durch „Protokoll", Merktexte, Zeichnungen, Skizzen, Fries usw. gesichert werden.

3.1.3 Unterrichtsentwurf

– Standort der Klasse: vom Lehrer ergänzen!
  (Welche Themen sind vorher behandelt? Was kann vorausgesetzt werden?)

– Thema der Einheit: Der Prophet Jeremia und sein Werk.

– Themen der Stunden: (ca. 4 Stunden)
  1. Der Begriff des Propheten;
  2. Die Zeit des Propheten Jeremia;
  3. Das Leben des Propheten Jeremia (Kurzinformation).

– Ziele der Stunden:
  1. Falsche Vorstellungen der Schüler über Propheten sollen abgebaut und sachgemäße aufgebaut werden. Ferner sollen die Schüler die wichtigsten klassischen Propheten namentlich kennen- und zeitlich einordnen lernen.
  2. Die Schüler sollen historische Kenntnisse, die als Voraussetzung für die Arbeit am Text des Jeremia-Werkes angesehen werden müssen, gewinnen.
  3. Sie sollen einige Ereignisse und Daten aus dem Leben und Wirken Jeremias lernen.

3.1.4 Geplanter Unterrichtsverlauf

Zeit	Gegenst. des Unterrichts	Schülertätigkeit	Lehrertätigkeit
1. Std.	Frage: Was ist ein Prophet? (grch.) Prophet = Sprecher im Namen eines anderen (Gottes)!	Lesen und hören, denken nach über die Frage.	Er fragt und schreibt an der Tafel. (Erste Notizen der Schüler, dann mündlich.)
	Tafel!	Alle Schüler schreiben mit!	Lenkt das an die Frage gebundene Unterrichtsgespräch.
	Protokoll zweier Schüler an der Tafel.	Zwei Schüler an der Tafel.	
	Vermutete Antworten in Stichworten:	Evtl.: zwei Schüler arbeiten in Partnerschaft.	Evtl.: zwei weitere Schüler schlagen in Lexika über Propheten nach.

Zeit	Gegenst. des Unterrichts	Schülertätigkeit	Lehrertätigkeit
	Vermutete Antworten: (Tafelbild)		
	Hellseher oder Vorhersager. Weiser Mann.	Denken nach! Schreiben mit!	Lenkt die Arbeit in Frage und Antwort, hilft bei den Notizen an der Tafel.
	Er prophezeit die Zukunft. P. gab es in der Bibelzeit. P. reden von Gott. Weissager, Seher. Im Volk Israel gab es Propheten. Heute gibt es keine P. mehr.	Stellen zusammen!	Hilfe für die Sonderarbeit mit den Lexika. In zehn bis zwölf Stichworten aus dem Gelesenen das Wesentliche zusammenstellen.
1. bis 2. Std.	Evtl. zählen die Kinder einige P. mit Namen auf. Das waren Prediger u. a. Evtl. wird auch Jer. genannt.	Zwei Schüler tragen das Ergebnis ihrer Sonderarbeit vor. Das Wesentliche wird von ihnen in Parallele zum Tafeltext angeschrieben.	Korrektur des Tafeltextes.
	Vergleich und Korrekturen der Arbeitsergebnisse!		
	Handzettel	Arbeiten die Zusammenfassung zu Hause noch einmal durch.	Zusammenfassung über P. kann den Kindern abgezogen mitgegeben werden.
	Namen der bekanntesten Propheten.		
3. Std.	Evtl. noch einige Charakteristika. Tafel!	Nennen Propheten und was sie über sie gehört haben. (Kurz-Wiederholung)	Falls noch keine P. genannt wurden, leitet der Lehrer zu namentlicher Aufzählung über
	1. Geschichtsleiste 1000–550 2. Geschichtsleiste 650–586 Außenpolitik und Innenpolitik (Großmächte) – (Glaubensleben) Tafel!	Wissen oder schätzen die Zeit der P. Tasten sich heran. Jer. 1,1–3; Bibel! Schüler füllen den Fries mit historischen Ereignissen. Lehrerdarbietung ergänzt.	1. Welche P. kennt ihr? 2. Wann lebten die P. in etwa? Fries als Hilfe! 3. Wo? Karte? Umrißskizze! Wir wollen uns die Zeit des P. Jeremia etwas genauer betrachten! Außen-, Innenpolitik 4. (Evtl.: Wer war Jeremia? 1,1–3)

Zeit	Gegenst. des Unterrichts	Schülertätigkeit	Lehrertätigkeit
4. Std.	Wesentliche Daten und Ereignisse der Zeit und Jeremias Weg in Parallele. (siehe Tabellen, Friese, Übersichten!)	Schüler schreiben von der Tafel in ihr Heft.	Lehrerdarbietung von Schülerwissen unterbrochen. Stellt die Hausaufgabe. Möglichkeit einer Übersicht in Form eines Geschichtsbandes (Frieses)
	Hausaufgabe: Sauber eintragen in einen Sonderhefter für Religion (DIN A 4). Zeichnung eines Frieses ins Heft (waagerecht).	Notieren die Hausaufgabe.	

3.1.5 Unterrichtsskizze (5./6. Std.)

a) Thema
„Zur Entstehungsgeschichte des Werkes" (Jer. 36)
Entstehen einer Buchrolle

b) Ziele
- Die Schüler sollen exemplarisch an einer Schriftstelle einen Einblick in den Werdeprozeß, in Ursache und Entstehen einer biblischen Schriftrolle gewinnen.
- Die Schüler sollen erfahren, daß Baruch als Freund und Mitarbeiter schreibt und liest, daß er dies nicht als Unbeteiligter, Neutraler kann, sondern wie der Prophet mit in die Sache einbezogen wird.
- Die Schüler sollen erkennen, daß die Schrift (das Wort) des Propheten ein zweites Mal abgefaßt wird, weil der König die Wahrheit (das Unbequeme) nicht hören bzw. sie vertuschen will.

c) Methodische Überlegungen
- Text-Abzüge (Kap. 36) oder direkte Arbeit am Bibeltext (Zink-Ausgabe).
- Schüler-Einzel- oder Partnerarbeit: heraussuchen (unterstreichen) der Textstellen, die uns Auskunft über Anlaß, Ursache, Entstehen der Schriftrollen geben; ferner Textstellen, die über Baruchs Tätigkeit und die Reaktionen des Königs berichten (Gruppenarbeit; spezifische Aufgabenstellung des Lehrers!).
- Evtl.: Lehrervortrag oder Schüler-Partner- bzw. Gruppenarbeit: Wir empfehlen die Lehrerdarbietung als Information mit kurzen Einblicken in die zitierten Textstellen, da der Spannungsbogen (Mitarbeit, Konzentration, Auf-

merksamkeit, Interesse) sonst überzogen wird. Mit einer interessierten Klasse (evtl. Kurs Kl. 10 oder Sek. II) wäre eine weitere Arbeit bzw. Information durch den Lehrer möglich.
Ergänzungen zum Werdeprozeß des gesamten Werkes (unterschiedliche Teile, literarische Formen u. a.). Man beachte dabei die unterschiedlichen Ergebnisse Rudolphs und Weisers.
Dazu einige Angaben bzw. Hinweise:
Einzelsprüche (Jer. 1,1–19): Vom Einzelspruch zum geschriebenen Wort
Vom Propheten geschriebene Texte (Jer. 30–31)
Sprüche des Propheten, die er Baruch diktierte (Jer. 6)
Berichte über den Propheten (Verfasser Baruch); Kombination von Prophetenwort und Leidensbericht (Jer. 19f.; 26–29; 36–45)
Predigtartige Rückblicke in vermutlich dtn. Überarbeitung (Jer. 7)
- Hausaufgabe: Merktexte (eventuell 29,1–4; Brief Jeremias nach Babel an die Gefangenen).

3.2 Didaktische und methodische Überlegungen zum Problem „Berufung/Verheißung" (1,4–16; einbezogen 1,17–19)

3.2.1 Fragen zum Verhältnis von Text und Klasse

a) Die Bedeutung für das Leben und Denken der Klasse
Die Bibel sagt: Gott sucht sich seine Boten nicht nach menschlich vernünftigen Maßstäben aus, er fragt nicht nach vorhandenen Fähigkeiten und Wünschen. Er überwindet berechtigte Widerstände, indem er ihnen seine göttliche Verheißung/Zusage und Vollmacht/Kraft gegenüberstellt. Dies muß aber keineswegs in äußerlicher Sicherheit und Wohlergehen zutage treten, es äußert sich vielmehr in dem Bewußtsein, im Vertrauen darauf, von Gott getragen zu sein. Dies wirkt mutmachend, das Wagnis biblisch-christlichen Lebens einzugehen.

b) Welches Vorverständnis bringen die Schüler mit?
Die Schüler haben in der Einführungsstunde erfahren, was ein Prophet ist, wann und wo die Propheten lebten. Insbesondere wurde die Geschichte des Vorderen Orients zur Zeit Jeremias dargelegt.

c) Notwendige Fähigkeiten
Die Klasse muß gelernt haben, direkt am Bibeltext zu arbeiten.

d) Mögliche Fragen der Klasse
Wie wurde ein Prophet berufen?
Kann man heute noch von Berufung sprechen?
Hat Gott direkt mit Jeremia gesprochen?

Ist unser Schicksal von Gott vorherbestimmt?
Hat Gott Jeremia „berührt“?
Wie übermittelt Gott Jeremia seine Worte?

3.2.2 Der Text und der Unterricht in der Klasse

a) Zugangsmöglichkeiten
vom Lesen des Textes,
von der Gegenüberstellung Beruf–Berufung (vgl. Job),
vom zeitgeschichtlichen Anschluß an die vorhergegangene Stunde,
von der Frage: Wie wurden die Propheten berufen? Wie wurde (wird) man Prophet?

b) Schwierigkeiten des Zugangs:
Vermutlich Abneigung gegen die „alten Texte“, die uns nichts mehr zu sagen haben; keine Motivation, da wenig oder keine Vorkenntnisse bzw. Vorurteile, z. B.: Wahrsager, Horoskop-Ersteller u. ä.; das Problem: „erwählt von Mutterleib“, Visionen.

c) Sprachliche Gestalt
Die sprachliche Struktur ist vom Dialog bestimmt. Die Einheit von Form und Inhalt, dominierende Gottesanrede und stellenweise Einwände Jeremias, läßt sich nicht in eine breite epische Erzählung transformieren, ohne daß der Inhalt verschoben würde. Die Erarbeitung ist also weitgehend an die Dialogform gebunden.

d) Sinn- und Bedeutungsschichten des Textes
Dominierend in der Berufungsgeschichte ist das Selbstverständnis Jeremias von seiner Berufung und seiner zeitbedingten Gottesvorstellung. Darüber hinaus lassen sich aber Züge aufzeigen, die für eine Berufung schlechthin gültig sind und auch noch für heutiges Berufungsverständnis Gültigkeit haben.

e) Zum Textzusammenhang
Die vorangehenden drei Verse stecken den historischen Rahmen der Tätigkeit Jeremias ab. Sie sind insofern interessant, als hier das Datum der Berufung Jeremias genannt wird. Die sich an die Berufung anschließenden „Visionen“ und die Verheißung kann man als eine Erweiterung zur Berufung hinzuziehen.

f) Querverbindungen
Altes Testament: Berufungen des Amos, Jesaja, Ezechiel;
Neues Testament: Berufung des Petrus, Paulus;
Kirchengeschichte: Wissen um das Getragensein bei Männern wie Augustin, Luther, Calvin;
unser heutiges Verständnis von Beruf und Berufung (vgl. Job).

3.2.3 Methodische Überlegungen

a) Ausgeschlossene Methoden
Der Lehrervortrag oder das Erzählen des Textes ist wegen des Alters der Schüler in einer 9. Klasse und wegen der sprachlichen Struktur nicht empfehlenswert.

b) Motivation
Da die Schüler der Abgangsklasse jetzt selbst vor dem Problem der Berufswahl stehen, ist ihr Interesse vielleicht am ehesten dadurch zu wecken, daß man ihre Erwartungen vom künftigen Beruf mit der Berufung Jeremias gegenüberstellt.

c) Art der ersten Begegnung mit dem Text
Der Text ist zwar im Dialog aufgebaut und in Sinnabschnitte gegliedert. Da das der Klasse jedoch kaum gleich aufgehen wird, sollte die Berufung zunächst insgesamt vom Lehrer vorgelesen werden. Eine Erarbeitung von Gestalt und Gliederung könnte am Schluß erfolgen.

d) Sicherung des Ertrags (Möglichkeiten):
laufendes Mitschreiben im Unterricht (Tafelbild)
evtl. Merktexte
Protokoll von zwei Schülern
freie Wiedergabe des Bibeltextes?

e) Hausaufgabe:
Übertragen der in der Stunde mitgeschriebenen Merksätze ins Hausheft
Einprägen des Wesentlichen

3.2.4 Unterrichtsverlauf

a) Thema der Einheit: Der Prophet Jeremia
b) Thema der Stunden: Jeremias Berufung (1,4–16) und einbezogen die Verheißung (1,17–19)
c) Ziele der Stunden:
   - Die Schüler sollen erfahren, wie und unter welchen Umständen Jeremia berufen wird; für seinen Beruf ungeeignet, wird er gegen seinen ursprünglichen Willen Prophet.
   - Die Schüler gewinnen Einblick in die Problematik Beruf–Berufung (Job).
   - Die Schüler sollen erfahren, daß Jeremia bezeugt, sich Gott nicht entziehen zu können; er wird überführt von einer Macht, die stärker ist als er, man könnte von einem inneren Zwang sprechen.
   - Die Schüler sollen kennenlernen, wie Jeremia seine Botschaft erfahren hat, wie sie ihm widerfahren ist. Wahrscheinlich sind ihm zwei alltägliche Begebenheiten (oder auch Visionen) zu Zeichen (oder Bildern) für politisch-religiöse Ereignisse der Zukunft geworden, die er verkündigen mußte.

– Die Schüler sollen erfahren und verstehen lernen: Gottes Hilfe besteht nicht unbedingt in der Verleihung äußerer Sicherheit, sie manifestiert sich vielmehr im Bewußtsein, von Gott getragen zu sein. Die Schüler sollen erkennen, was unter Glaubensgewißheit zu verstehen ist (Zeugnis letzter Bindung).

d) Geplanter Unterrichtsverlauf

	Didaktisch-methodisch	Inhaltlich
Einstieg:	Lehrerfrage	Warum oder nach welchen Merkmalen wählt man einen Beruf aus?
	Mögliche Antworten: (werden in Stichworten an der Tafel festgehalten; Schüler notieren in ihren Mappen)	Lust, Neigung, Begabung, Erbberuf, Geldgründe, Sicherheit, Existenzgrundlage, aufgrund Beratung, Unabhängigkeit, Ansehen, Karriere, egal, Hauptsache Arbeit, (Job).
Texterarbeitungsphase 1	Lehrerfrage	Würdet ihr auch einen Beruf wählen, zu dem ihr keine Lust habt oder für den ihr nicht geeignet seid?
	Diskussion der unterschiedlichen Meinungen	
Texterarbeitungsphase 2	Überleitung zu Jeremias Berufung durch den Lehrer. Lehrer liest den ganzen Text einmal vor. (Schüler lesen in ihren Bibeln mit, soweit vorhanden, sonst Text-Abzüge austeilen).	
	Lehreraufforderung:	Wir vergleichen Punkt für Punkt Eure Berufserwartungen mit der Jeremias!
	Ergebnis: (an der Tafel in einer zweiten Spalte hinter jedes Stichwort einen roten Strich ≙ negativ)	Keiner der aufgezählten Punkte läßt sich auf Jeremias Berufung übertragen.
	Lehrerfrage:	Welche ungünstigen Voraussetzungen bringt Jeremia für den Prophetenberuf mit?
	ggf. Denkanstoß:	Schaut in den Text!
	Erwartete Schülerantworten: (weitgehende Lehrerergänzung vermutlich notwendig!)	Schreckt zurück, zaghaft, empfindsam, keine Kämpfernatur,

(Der erste Entwurf wurde erprobt; die im Unterricht gewonnenen Erkenntnisse sind in dem vorliegenden zweiten Entwurf eingearbeitet.)

	Didaktisch-methodisch	Inhaltlich
	An der Tafel in einer dritten Spalte in Stichworten festhalten!	zu jung, kann nicht reden, keine Autorität. Zusammenfassend: Ihm fehlt alles, was im Prophetenberuf Erfolg versprechen könnte.
	Ein Schüler liest nochmals V. 6 vor	
	Lehrerfrage:	Wie verhält sich Gott zu Jeremias Einwänden? Was sagt der Text über Gottes Verhalten?
	Denkanstoß:	Lest V. 7!
	Erwartete Antwort:	Gott geht nicht auf Jeremias Einwände ein, sondern verlangt Gehorsam. (Innerer Zwang; Jeremia kann nicht anders!)
1. Teilziel	wenn möglich von Schüler, sonst vom Lehrer formuliert; Fixierung an der Tafel!	Jeremia ist für den Prophetenberuf ungeeignet, wird dennoch gegen seinen ursprünglichen Willen von Gott eingesetzt (er kann nicht anders; er wagt es trotzdem).
	Lehrerfrage:	Nimmt Gott denn gar keine Stellung zu Jeremias Einwänden?
	Unter Hinweis auf die an der Tafel stehenden Einwände Jeremias werden folgende Fragen gestellt:	
	1. Lehrerfrage:	Läßt Gott Jeremia in seiner Furcht allein?
	Denkanstoß:	Lest V. 8!
	Erwartete Schülerantwort:	Jeremia braucht sich nicht zu fürchten, da Gott bei ihm sein und ihn erretten wird.
	Schwierigkeitsisolierung:	Was heißt das, wenn Gott von „erretten" spricht?
	mögliche Schülerantwort, sonst Lehrererklärung:	Errettung setzt Gefahr durch Feindschaft und Kampf voraus.
2. Teilziel	wenn möglich vom Schüler, sonst vom Lehrer formuliert: Fixierung an der Tafel!	Gottes Hilfe besteht nicht unbedingt in äußerer Sicherheit, vielmehr in dem Bewußtsein, unter Gottes Schutz zu stehen (von Gott getragen zu sein, in der Gewißheit, daß sein Auftraggeber mit ihm ist).

	Didaktisch-methodisch	Inhaltlich
	2. Lehrerfrage:	Was sagt Gott zu Jeremias Einwand, er könne nicht reden?
	Denkanstoß:	Lest V. 9!
	Erwartete Schülerantwort: vierte Spalte an der Tafel	Gott selber wird Jeremia die Worte in den Mund legen, die er zu verkündigen hat. (Mit seiner Aufgabe werden seine Kräfte/Fähigkeiten wachsen.)
	3. Lehrerfrage:	Da Jeremia noch jung ist, glaubt er, nicht genügend Autorität zu haben. Was verleiht ihm Gott demgegenüber?
	Denkanstoß:	Lest V. 10!
	Erwartete Schülerantwort: vierte Spalte an der Tafel	Gott erteilt Jeremia Vollmacht und Autorität, d. h. Jeremia handelt im Bewußtsein und in Glaubensgewißheit, er verläßt sich darauf, wagt es!
		Verse: 11–16
3. Teilziel	Lehrerfrage:	Wie erfährt Jeremia seine Botschaft?

Tafelbild

Jeremia sieht gesagt geschrieben	Jeremia erkennt gemeint
erwachender Mandelzweig	Gott wacht über seinem Wort und Volk.
siedender, dampfender, überkochender Wasserkessel	von Norden her wird das Unheil über das Volk losbrechen.

Der Prophet Jeremia sieht zwei Ereignisse oder träumt davon (hat Visionen) und erkennt im Gebet, was kommen wird, was Gott als der Wachende geschehen lassen wird. Alltägliche Ereignisse werden zu Zeichen für seine Botschaft.

Ergebnis:
Der Prophet Jeremia warnt das Volk Israel davor, Gott und seine Gebote zu mißachten, da sonst Unheil über die Israeliten hereinbrechen wird. Dies wird Jeremia in zwei Visionen oder Ereignissen zeichenhaft deutlich.

	Didaktisch-methodisch	Inhaltlich
4. Teilziel	wenn möglich von Schüler, ansonsten vom Lehrer formuliert: Fixierung an der Tafel!	Der Mensch kann sich Gott nicht entziehen, erhält aber die Zusage seiner Hilfe. Verse 17–19 als Fortsetzung!
		Jeremia gewinnt die Gewißheit, daß er alles überstehen wird; seine Widersacher werden ihm nicht beikommen können.

Tafeltext

Wie wir zum Beruf kommen	Wie Jeremia zum Beruf kommt	ungünstige Voraussetzungen Jeremias	Gottes Verheißungen an Jeremia
Lust	– – –	schreckt zurück	Gott wird bei ihm sein
Neigung	– – –	zaghaft	und ihn aus der Gefahr
Veranlagung	– – –	kein Mut	erretten.
ererbter Beruf	– – –	empfindsam	Gott selber wird ihm die
Geldgründe	– – –	keine „Kämpfernatur“	Worte in den Mund legen, die er zu verkünden hat.
Sicherheit	– – –	zu jung	
Existenz-Grundlage	– – –	kann nicht reden	Der Prophet gewinnt Glaubensgewißheit,
aufgrund Beratung	– – –	keine Autorität	weiß sich (von Gott getragen,
Unabhängigkeit im Beruf	– – –	zus.: ihm fehlt alles, was im Prophetenberuf Erfolg versprechen könnte	vertraut auf Gott und wagt trotz allem seine Aufgabe.
Ansehen	erarbeitend einsetzen		
Aufstiegsmöglichkeiten			

Tafeltext (korrigiert nach Erprobungsphase)

Warum wählen wir einen Beruf?	Wie Jeremia zu seinem Beruf kommt:	Ungünstige Voraussetzungen für seinen Prophetenberuf:	Zusagen und Versprechen Gottes an Jeremia (in der Sprache und Vorstellung Jeremias):	Zusagen und Versprechen Gottes an Jeremia (in unserer Sprache):
Freude Interesse Geld verdienen Beratung (Eltern, Berufsberater) Beruf, den der Vater hatte (Mutter) um anderen Menschen zu helfen	– – – – – – – – – – – – – – – mit Schülern erarbeitend ergänzen.	er wehrt sich gegen seinen Beruf er ist sehr jung er hat Hemmungen er taugt nicht dazu er hat Angst keine Erfahrung er kann nicht predigen (reden)	Gott wird ihn aus der Gefahr erretten. Gott wird ihm selbst die Worte in den Mund legen, die er predigen soll. Gott gibt Jeremia Vollmacht (Autorität) Würde Geltung Rang Macht/Mut	Gott wird ihn letztlich, d. h. auch im Tod, nicht verlassen. Gott wird ihm Kraft verleihen, seine Fähigkeit wachsen lassen. Jeremia verläßt sich darauf, daß Gott ihm diese Aufgabe in Vollmacht übertragen hat; er wagt es daraufhin.

3.3 Unterrichtsentwurf zur Strafrede Jeremias (ca. 2–3 Std.) (2,1–13. 18. 19)

a) Thema
„Die Strafrede Jeremias" (Jer. 2,1–13. 18. 19)

b) Ziele
– Die Schüler sollen an diesem Beispiel sehen, daß Propheten Botschaften verkünden, die im Zusammenhang stehen mit dem Abfall Israels von Jahwe.

– Die Schüler sollen die wesentlichen Aussagen des Propheten erkennen: Das Volk Israel fällt von Jahwe ab und schafft sich Götzen (verehrt Götzen), als es ihm gut geht. Jahwe ist die Quelle des lebendigen Wassers, Götzen sind wie Zisternen, löcherige Brunnen. Der Prophet mahnt, warnt und ruft zur Umkehr.
– Den Schülern soll bewußt werden, daß auch wir uns Götzen schaffen, d. h. unser Herz an nichtige Dinge hängen, uns ganz von ihnen gefangennehmen lassen.
– Die Schüler sollen erkennen, daß der Prophet das Verhalten des Volkes und Ereignisse der Geschichte auf diese Weise deutet. Sie lernen dabei, zwischen Bild und Sache, Gesagtem und Gemeintem zu unterscheiden (Gott – Quelle; Götzen – löcherige Brunnen/Zisternen).

c) Methodische Hinweise

1. Situationsschilderung: vor dem Tempel in Jerusalem (Lehrerdarbietung).
2. Texterarbeitung (Abzüge oder Bibel) mit den Schülern in Frage und Antwort, teils in Gesprächsform, teils ergänzende Lehrerinformationen. Begriffe wie Zisterne, Baal, Kittäer, Kedar sind mit Hilfe von Lexika und biblischen Nachschlagewerken zu klären.
3. Der Text: „Lazarus kehrt wieder“ von R. O. Wiemer „Ein chorisches Spiel“ (Deutscher Laienspiel Verlag, Weinheim/Bergstraße, S. 4–7 Mitte) kann die Transformation in unsere Gegenwart erleichtern.
4. Das Tafelbild sollte klar und übersichtlich gestaltet werden; es wird den Vergleich (Bild – Sache; Gesagtes – Gemeintes) unterstützen.

d) Geplanter Unterrichtsverlauf

Zeit	Gegenstand des Unterrichts	Schülertätigkeit	Lehrertätigkeit
1. Std.	Frage: Letzte Stunde habt ihr von der Berufung Jeremias zum Propheten gesprochen. In eurem Heft habt ihr vier Spalten mit Stichworten stehen. In der letzten Spalte stehen Gottes Zusage und Versprechen an Jeremia. Davon möchte ich noch einmal kurz etwas hören.	Denken nach! Vermutete Antwort: Jeremia soll predigen vor Königen, dem Volk, Priestern	Denkanstöße: Denkt einmal an den Schluß der letzten Stunde! Schaut in eure letzte Spalte im Heft, fast am Schluß!
	Heute wollen wir uns einmal eine Rede Jeremias ansehen. Schlagt bitte auf Jer. 2,1–13. 18.19 (oder Abzüge)	schlagen die Bibel auf	L. schreibt die Stelle an die Tafel: Jer. 2,1–13. 18.19
	Ich lese euch den Text vor, und ihr sagt mir anschließend, vor wem Jeremia predigen soll.	Vermutete Antwort: Jer. soll vor dem Volk der Stadt Jerusalem predigen.	

Zeit	Gegenstand des Unterrichts	Schülertätigkeit	Lehrertätigkeit
		Schüler lesen leise mit und suchen die Antwort.	Lehrer liest laut den Text
	Tafelbild (kleine Tafel): Jer. 2,1–13. 18.19: Eine Rede Jeremias vor der Stadtbevölkerung Jerusalems		Denkanstoß: Nehmt V. 2 zu Hilfe! Lehrer schreibt die „Überschrift" an die Tafel: Eine Rede Jeremias vor der Stadt Jerusalem
	Wir wollen uns nun den Text einmal näher ansehen, und zwar beginnen wir mit V. 5	lesen V. 5 Vermutete Antwort: Israel sucht sich Götzen. Das Volk fällt von Gott ab.	Denkanstoß: Was steht in V. 5? Lehrer schreibt Merksatz an die Tafel (1)
	Wie ist das Volk dazu gekommen, von Gott abzufallen? Wir wollen einmal untersuchen, was Gott getan hat, daß Israel untreu wurde.	suchen und stellen gegenüber Vermutete Antwort: Das Volk war reich geworden und brauchte Gott nicht mehr. Andere Völker hatten auch Götzen u. a.	Denkanstoß: Nehmt die Verse 6–9 zu Hilfe. Lehrer schreibt Gott / Volk
	Israel verläßt Gott und schafft sich Götzen, als es ihm gutgeht. (Zusammenfassung) In unserem Abschnitt wird dasselbe noch einmal gesagt, aber anders ausgedrückt. Tafel:	Schüler fassen zusammen Vergleichen V. 13 Sonderaufgabe: Zwei Schüler suchen in Lexika: Quelle, Zisterne; die anderen Schüler überlegen, was sie unter den beiden Begriffen verstehen.	vgl. Tafelbild) (vgl.: heute: Wohlstand – christlicher Glaube / Gott verlassen): moderne Weltanschauungen, Ideologien, Aberglaube, Astrologie usw. Denkanstoß: Vergleicht V. 13! L. schreibt Gegenüberstellung Quelle ≠ Zisterne Gott ≠ Götzen (vgl. Tafelbild)

Quelle	Zisterne
Quellwasser, aus Grundwasser, nie zu Ende, frisch neu	Behälter aus Beton, Wasser abgestanden, alt, kann leer werden

Zeit	Gegenstand des Unterrichts	Schülertätigkeit	Lehrertätigkeit
	Wir wollen noch einmal auf unseren letzten Merksatz zurückkommen. Was sind denn Götzen?	Denken nach! Vermutete Antwort: Götzen sind von den Menschen gemacht. Götzen sind Ersatzgötter.	Für Jeremia ist es unbegreiflich, daß das Volk seinem Gott untreu wird; deshalb kündigt er Strafe und Unheil an. Dem Volk wird es bald nicht mehr gutgehen, wenn es nicht von diesem Weg umkehrt. Lehrer schreibt: Götzen sind Ersatzgötter. Jeremia ruft das Volk zum Glauben an Gott zurück.
	Ziel der Prophetenrede: Mahnung, Warnung, Ruf zur Buße.		
Evtl. 3 Std. erforderl.	Text: „Lazarus kehrt wieder", S. 4–7;	Hören! Schreiben Notizen!	Text: „Lazarus kehrt wieder", S. 4–7; Denkanstoß: Liest aus dem Text Teile vor!
		Denken nach! Nehmen evtl. die Notizen zu Hilfe Vermutete Antwort: Auch der reiche Mann hat Götzen: Haus, Fabrik, Mercedes, Aktien, Pfandbriefe, Sparkonten, Horoskop, Freundin Andere Weltreligionen, Aberglaube, (Astrologie) Ideologien, Wissen, Sicherheit	Wieso habe ich das vorgelesen, wenn wir davon sprechen, daß Israel sich Götzen geschaffen hat?

Zeit	Gegenstand des Unterrichts	Schülertätigkeit	Lehrertätigkeit
		Egoistisch/Für sich!	
		Denken nach!	Denkanstoß:
		Vergleichen Notizen	Denkt daran, was der reiche Mann tut.
	Wer ist denn der reiche Mann? Wer ist gemeint? Kann ein Mann alles gleichzeitig sein? (Lehrer, Pfarrer...) Hausaufgabe: Merksätze eintragen	Vermutete Antwort: Schrebergärtner, Sparkassenbeamter, Mann, der Toto spielt, ins Kino geht, Lehrer, Pfarrer, Arzt, Maler. Vermutete Antwort: Alle Menschen (wir) sind gemeint.	(er tarnte sich) Lehrer liest evtl. Text noch einmal.

Anmerkg.: siehe Anhang 2.5, S. 122

Lit.: siehe

a) Bibellexika, Religionsgeschichtliche Nachschlagewerke (Calwer Bibellexikon 1973)
b) Friedrich W. Haack: Münchener Reihe. Ev. Presseverband, München, Bayern (zu Sekten und modernen religiösen Bewegungen)
c) Eckehardt Knöpfel: Kirchen, Freikirchen, Sekten. Paderborn, 1979
d) Horst Reller (Hrsg.): Handbuch Religiöse Gemeinschaften. Gütersloh, 1979
e) Rüdiger Hauth: Jugendsekten und Psychogruppen von A–Z. GTB 1034. Gütersloh, [2]1984

f) *Tafeltexte*

Kleine Tafel:

Jer. 2,1–13.18.19: Eine Rede Jeremias vor der Stadt Jerusalem

1. Das Volk Israel fällt von Gott ab und schafft sich Götzen, als es ihm gut geht.
2. Jeremia spricht von Gott als Quelle des Lebens und von den Götzen als löcherige Brunnen.
3. Götzen sind Ersatzgötter.
4. Auch wir schaffen uns Götzen, wenn es uns gut geht (Haus, Geld, Besitz). Unser Herz hängt ganz daran.

Große Tafel:
Jeremia stellt gegenüber:

Gott	Israel
führt das Volk aus Ägypten, durch die Wüste, in ein fruchtbares Land.	macht das Land unrein, die Priester fragen nicht nach Gott, die Propheten weissagen im Namen des Baal und hängen den Götzen an.
tut Gutes am Volk Israel.	wird untreu.

Quelle	Zisterne
Das Wasser quillt von selbst heraus, es ist immer frisch, eine Quelle versiegt nicht.	Das Wasser muß herausgeholt werden, es ist abgestanden, die Zisterne kann leer werden, das Wasser kann schmutzig sein.
Gott ist die Quelle des Lebens.	Die Götzen sind löcherige Brunnen.
Gott schenkt uns Wohlstand; es geht uns gut; aber wir denken nicht an ihn.	Menschen, denen es gutgeht, haben oft Götzen. a) Der reiche Mann hat Götzen: Fabrik, Haus, Mercedes, Aktien, Pfandbriefe, Sparkonten, Horoskop, Freundin.
Letztlich sollen wir uns nur an Gott gebunden wissen, nicht von unserem Wohlstand gefangennehmen lassen.	b) Wer ist der reiche Mann? (Frau) Schrebergärtner(in), Sparkassenbeamter(in), Mann (Frau), der (die) Toto spielt, Mann (Frau), der (die) ins Kino geht (Stammtisch), Kirchenbesucher(in), Lehrer(in), Pfarrer(in), Arzt(in), Schriftsteller(in), Maler(in) Äußere Dinge sind an die Stelle Gottes getreten. Alle Menschen (wir!) sind gemeint.

3.4 Unterrichtsentwurf zur Tempelrede Jeremias 7,3–15; 26,7–19 (ca. 2 Std.)

a) Thema
„Die Tempelrede Jeremias“ (Jer. 7,3–15), Rede Jeremias in späterer Bearbeitung; in Verbindung (Vergleich) mit Jer. 26,7–19, Bericht Baruchs; evtl. noch Jer. 26,1–4 [5–6], später vorgeschaltet nach seiner Tempelrede.
Jer. 7,1–2 evtl. nach Klärung, daß diese Verse erst nach der Reflexion über sein Tun in damals üblicher Formel/Sprachform vorgesetzt wurden.

b) Ziele

- Durch einen Textvergleich (Jer. 7,3–15 mit Jer. 26,7–19) sollen die Schüler einen weiteren Einblick in den Werdeprozeß der Schrift, des Werkes sowie in die unterschiedliche Gestaltung einzelner Teile gewinnen; in Jer. 7,3–15 liegt uns die Rede Jeremias vor, in Jer. 26,7–19 Baruchs Bericht darüber.
- Die Schüler sollen Art und Weise, Stil und Wirkung der prophetischen Verkündigung des Wortes Gottes kennenlernen.
- Der Prophet ermahnt die Menschen zu rechtem Gottesdienst: Kult, Gebote, Reden und Handeln/Leben sollen übereinstimmen.
- Die Schüler sollen die Konfrontation des Wortes Gottes durch einen Menschen (Prophet/Verkündiger) mit den Vertretern der institutionalisierten Religion (Priestern und Propheten) kennenlernen.
- Den Schülern soll die schwere und gefahrvolle Aufgabe des einzelnen deutlich werden.

c) Methodische Überlegungen

- Text-Vergleich als Möglichkeit, die Schüler in Selbsttätigkeit Unterschiede und Übereinstimmungen herausarbeiten zu lassen (Lehrerhilfe durch konkrete Fragestellungen und Aufgaben). Farbliche Kennzeichnung der dabei wesentlichen (wichtigen) Textstellen (z. B.: Übereinstimmungen: rot; Unterschiede nicht kennzeichnen).
- Abzüge der Texte Jer. 7,3–15 und 26,7–19, senkrecht nebeneinander (synopsenartig).
- Ergebnisse auf dem Block / an der Tafel zusammenstellen.
- Kurzzusammenfassung (Endformulierung mit Unterstützung des Lehrers).

d) Verlaufskizze der Doppelstunde

Unterrichtsgegenstand	Schülertätigkeit	Lehrertätigkeit
Text (Abzüge) nach J. Zink Jer. 7,1–2 (Situationsklärung) und Jer. 26,1–4 (Situation)	lesen, vergleichen	Verteilt die Abzüge und stellt konkret Aufgaben; kurze Lehrerzählung zur Situation.
Jer. 7,3–15 Jer. 26,7–19	unterstreichen (farbig, rot = Übereinstimmung).	Klärt Verständnisfragen. Leitet die Arbeit im Text, hilft.
	Beobachtungen/Erkenntnisse auf dem Notizblock festhalten.	Mögliche Fragen/Aufgabenstellungen:

Unterrichtsgegenstand		Schülertätigkeit	Lehrertätigkeit
Tafelbild			
Jer. 7,3–15 Jeremias Tempelrede (Tempelvorplatz) Einzelheiten:	Jer. 26,7–19 Bericht Baruchs über Jeremias Tempelrede Einzelheiten:	Zwei Schüler schreiben an der Tafel. Alle Schüler schreiben die Ergebnisse ihrer Arbeit auf ihre Notizblöcke.	1. Was wird uns im Text 7,13–15 und was im Text 26,7–19 mitgeteilt? 2. Was steht im Text 26,7–19 anders als in 7,3–15? 3. Worin liegt jeweils das Schwergewicht (am ausführlichsten beschrieben)? 4. Worin stimmen beide Texte überein? 5. Wie ist der erste Text, wie ist der zweite Text geschrieben? 6. Wer könnte den ersten, wer den zweiten Text verfaßt haben? (Evtl. in Gruppenarbeit!)
z. B.: Klage, Anklagen, Drohungen, Unheil; Aufruf: Bessert Euch!	z. B. Das Geschehen auf dem Tempelplatz; Reaktionen der Priester, der am Hof angestellten Propheten u. a. Aufruf: Bessert Euch!	Lehrer und Schüler fassen die wesentlichen Ergebnisse der Arbeit zusammen.	
Die Rede Jeremias Inhalt der Rede zusammenfassen!	Historischer Rahmen und die Folgen der Rede Jeremias		Stellt Hausaufgabe: Eintragen der Ergebnisse (Form) Inhaltlich: Kult, Gebete ohne gutes Tun / Verhalten ist kein rechter Gottesdienst; Reden und Verhalten / Tun sollen beim Menschen übereinstimmen.

Anmerkung: Text-Abzüge (Beispiel) siehe nächste Seite

Texte nach J. Zink

Jeremia 7,3–15

V. 3 Bessert euer Leben und eure Taten, so sollt ihr weiterhin an diesem Ort wohnen!

4 Verlaßt euch nicht auf Lügenworte (die eure Priester sprechen): „Hier ist des Herrn Tempel! Hier ist des Herrn Tempel!“ (Hier sind wir sicher!);

5 sondern bessert euer Leben und eure Taten, tut Recht, einer gegen den anderen!

6 Bedrückt Fremdlinge und Waisen nicht! Vergießt kein unschuldiges Blut! Lauft nicht anderen Göttern nach zu eurem eigenen Unheil!

7 Dann will ich euch an diesem Ort wohnen lassen, in dem Lande, das ich euren Vätern gegeben habe.

8 Aber nun verlaßt ihr euch auf trügerische Worte, die euch nicht helfen!

9 Nicht wahr! Stehlen, morden, ehebrechen, falsch schwören, dem Baal opfern und anderen Göttern nachlaufen, die ihr nicht kanntet,

10 dann herkommen, mir vor die Augen treten in diesem Haus, das meinen Namen trägt, und sagen: „Wir sind geborgen!“, um danach alle diese Greuel weiter zu tun!

Jeremia 26,7–19

V. 1 Am Anfang der Regierungszeit des Jojakim, des Königs von Juda, erging an Jeremia das Wort des Herrn.

2 „So spricht der Herr: Stelle dich in den Vorhof des Tempels und rede zu deinen Leuten, die aus allen Städten Judas gekommen sind, um im Tempel anzubeten. Sage ihnen alle Worte, die ich dir auftrage, und laß kein Wort weg!

3 Vielleicht hören sie und bekehren sich jeder von seinem bösen Wege. Dann werde ich das Unheil, das ich ihrer bösen Taten wegen plane, nicht geschehen lassen.

4 Und so sollst du zu ihnen sprechen: Dies ist ein Wort von Gott! (5f. siehe Schluß)

7 Die Priester, die Propheten und alle Besucher des Tempels hörten, daß Jeremia dort diese Worte sprach, und als Jeremia alles gesagt
8 hatte, was ihm der Herr aufgetragen hatte, ergriffen ihn die Priester, die Propheten und das ganze Volk und riefen: „Der muß sterben!

9 Warum weissagest du und berufst dich auf Gott: ‚Es wird diesem Tempel ergehen wie Silo, und diese Stadt wird verwüstet und menschenleer werden‘?“ Und das ganze Volk rottete sich im Tempel gegen Jeremia zusammen.

10 Als aber die führenden Männer des Hofs den Lärm hörten, gingen sie vom Palast des Königs zum Tempel hinauf und setzten sich auf den Gerichtsplatz am neuen Tempeltor nieder.

11 Ist dieses mein Haus in euren Augen eine Räuberhöhle geworden?

12 Geht doch zu meinem Tempel in Silo, wo mein Name früher gewohnt hat, und schaut, was ich dort getan habe, wegen der Bosheit meines Volkes Israel!

13 Denn weil ihr alle diese Dinge tut, obwohl ich immer wieder zu euch geredet habe, weil ihr nicht geantwortet habt, obwohl ich euch rief,

14 will ich mit dem Tempel, auf den ihr euch verlaßt, so verfahren, wie ich mit Silo verfuhr,

15 und will ich euch von mir verstoßen, wie ich alle eure Brüder, das ganze Volk von Ephraim, verstoßen habe.

---

1 Das Wort, das vom Herrn an Jeremia erging: Tritt ins Tor des Hauses des Herrn und predige dort dieses Wort und sprich: Höret das Wort des Herrn, ihr alle aus Juda, die ihr durch diese Tore eingeht, den Herrn anzubeten.

11 Da klagten die Priester und Propheten ihn an: „Dieser Mann hat das Leben verwirkt, denn er hat gegen diese Stadt geweissagt. Ihr habt es alle mit eigenen Ohren gehört!“

12 Aber Jeremia gab vor den Richtern und vor dem ganzen Volk zur Antwort: „Der Herr hat mich gesandt, gegen diesen Tempel und gegen diese Stadt alle die Worte auszurufen, die ihr gehört habt!

13 Darum bessert euer Leben und eure Taten und hört auf die Stimme des Herrn, eures Gottes, so wird der Herr das Unheil nicht kommen lassen, das er angekündigt hat!

14 Ich selbst bin in eurer Hand! Tut mit mir, was euch recht und gut dünkt, aber wißt:

15 Wenn ihr mich tötet, werdet ihr unschuldiges Blut auf euch, auf diese Stadt und alle ihre Bewohner laden. Denn das ist wahr: Es war der Herr, der mich zu euch gesandt hat und mir befohlen hat, alle diese Worte vor euren Ohren auszurufen!“

16 Da sprachen die Richter und Zuhörer zu den Priestern und Propheten: „Dieser Mann hat den Tod nicht verdient, denn er hat im Auftrag des Herrn, unseres Gottes, zu uns gesprochen.“

17 Es standen auch einige von den Ältesten auf und sprachen zur Versammlung: „In den Tagen des Königs Hiskia trat Micha von Moreseth als Prophet auf und verkündigte dem Volk von Juda dies:
‚So spricht Gott, der Herr der

Texte nach J. Zink

Jeremia 7,3–15	Jeremia 26,7–19
	himmlischen Heere: Der Zion wird umgepflügt werden zum Acker, Jerusalem wird ein Trümmerhaufen sein und der Tempelberg eine Höhe wilden Gestrüpps!'
	18 Haben Hiskia, der König von Juda, und die Leute in Juda ihn getötet? Hat Hiskia nicht vielmehr sich vor dem Herrn gebeugt und zu ihm gebetet? Hat nicht der Herr daraufhin das Unheil abgewendet, das er gegen sie angekündigt hatte! Warum wollen nun wir so großes Unrecht auf uns laden?"

5 „Wenn ihr nicht hört auf die Worte meiner Knechte, der Propheten,
6 die ich zu euch sende früh und spät – doch ihr hörtet nie – so werde ich diesem Hause tun wie Silo und den Namen dieser Stadt zum Fluchwort machen für alle Völker der Erde."

3.5 Unterrichtsentwurf zum Töpfergleichnis 18,1–11 (1–2 Std.)

a) Thema
„Jeremia beim Töpfer" (Jer. 18,1–11)

b) Ziele
- Die Schüler sollen Kenntnisse über sprachliche Formen der Schriftprophetie gewinnen und Gleichnisse bzw. bildhafte Sprache als Möglichkeit, religiöse Erfahrung mitzuteilen, kennenlernen.
- Sie sollen erkennen und verstehen lernen, daß Gott durch Menschenwort (oder Ereignisse, Umstände) in verschiedener Weise zu uns spricht (sich an uns wendet, sich „offenbart").
- Die Schüler erfahren, daß Menschen oft im nachhinein, in der Rückschau auf Ereignisse und Erlebnisse erkennen, daß Gott sich an sie gewandt hat (Deutung, Bewertung, Beurteilung von Fakten, Erlebnissen, Ereignissen).

- Gott, der Schöpfer, ist frei in seinem Willen und Handeln, aber er entscheidet nicht in Willkür (willkürlich), sondern er will die Umkehr (Buße) der Menschen; Gott ist nicht herrschsüchtig, im Gegenteil: Er kümmert sich um uns, er leidet mit uns.

c) Methodische Hinweise
- Ausgangsfrage: Wie spricht Gott mit uns Menschen?
- Demonstration/Anschauung: Tonklumpen, Bild eines Töpfers bei der Arbeit.
- Lesen des Textes.
- Erarbeitung der Situation: Jeremia beim Töpfer (Beschreibung, Bericht).
- Erarbeitung der Glaubensaussage Jeremias: Gottes Autorität ist Souveränität, nicht Willkür. (Wir sind Ton in Gottes Hand)
- Skizze: Der Weg Jeremias zum Töpfer. → Jeremia beim Töpfer → Erlebnis → Gleichnis → Deutung (Glaubensaussage, -erkenntnis).

d) Planung des Unterrichtsverlaufs
(einschließlich vermuteter Schülerreaktionen)
- Einstieg: Es steht die Frage an der Tafel: Wie spricht Gott zu uns Menschen?
  Lehrer: Ich habe euch eine Frage an die Tafel geschrieben. Lest sie euch einmal durch. Was meint ihr dazu?
  Schüler: (mögliche Antworten, evtl. aus eigener Erfahrung) Gott spricht zu uns durch Träume, durch Visionen, durch die innere Stimme, das Gewissen, durch andere Menschen, durch Propheten, durch Pastoren, durch die Bibel, durch Erlebnisse, Ereignisse.

  Hier folgt ein kurzes Gespräch, in dem geklärt wird, durch welche Art von Erlebnissen Gott zu uns sprechen kann, wie man es bemerkt. Die Schüler tragen zusammen: bei einem Verkehrsunfall z. B. usw.
  Die Antworten schreibt der Lehrer an die linke Seite der großen Tafel → Tafelbild zur Überschrift: Wie spricht Gott zu uns Menschen?
- Zur Veranschaulichung und Klärung des Bildes:
  Lehrer: Eine Möglichkeit, wie Gott zu den Menschen spricht, wollen wir heute kennenlernen und einmal näher untersuchen.
  Lehrer zeigt einen feuchten Tonklumpen:
  Kann mir einer von euch sagen, was das ist?
  Lehrer läßt einige Schüler den Ton befühlen.
  Schüler: Das ist Ton.
  Lehrer stellt die Fragen: Wie ist der Ton? Was kann man aus Ton machen?

  Die Fragen werden vom Lehrer in die Mitte der großen Tafel geschrieben. → Tafelbild (Mitte große Tafel):

Werkstoff	Verarbeitung
Wie ist der Ton? Ton = verwitterte Gesteinsart, in angefeuchtetem Zustand knetbar, formbar (Lehrer formt ein Gefäß, es gefällt ihm nicht, er knetet ein anderes), umformbar	Was kann man aus Ton machen? Wer? – Töpfer (Lehrer zeigt das Bild eines Töpfers bei der Arbeit, Geräte wurden kurz erklärt) Was? – Gefäße, Töpfe Wie? – Töpferscheibe wird durch die Füße betrieben, Hände formen. Brennen (haltbar) Glasieren (wasserundurchlässig)

– *Zum Text*

Lehrer liest den Text Jer. 18,1–11.

Lehrer: Was hören wir hier?

Schüler: (vermutete Antwort) kurze Wiedergabe des Gehörten. Besprechung versweise mit Hilfe des Lehrers.

Lehrer Jeremia erlebt etwas in der Töpferwerkstatt.

Denkanstoß: Lest die Überschrift des Textabschnittes. Was steht dort?

Schüler: Das Gleichnis vom Töpfer.

Lehrer: Ich weiß, daß ihr schon ein Gleichnis mit eurer Lehrerin besprochen habt.

Schüler: Das Eisenbahngleichnis.

Lehrer: Sicher könnt ihr mir sagen, was es mit einem Gleichnis auf sich hat. Wie war es denn bei dem Eisenbahngleichnis?

Schüler: Der Zug war das Zeichen, das Bild für das Leben überhaupt. Mit dem Leben verhält es sich wie mit einem Zug. (Tafelbild [gr. Tafel] rechts)
Was ist ein Gleichnis?
In einem Gleichnis wird etwas Schwerverständliches mit dem Bild (Vorstellung) von etwas Bekanntem zu erklären versucht.

Schüler tragen die Punkte des Tafelbildes zusammen.

– *Zur Auslegung des Gleichnisses:*

Lehrer: Was erkennt Jeremia durch sein Erlebnis in der Töpferwerkstatt? (Lest V. 6b) Für ihn ist dieses Erlebnis ja ein Gleichnis.

Schüler: (nach 6b) Das Volk Israel ist wie Ton in Gottes Hand.

Lehrer: Ist denn nur das Volk Israel wie Ton in Gottes Hand?

Schüler: liest V. 7 laut vor.

Lehrer: Von welchem Volk hören wir hier?

Schüler: (vermutlich) Das wird nicht gesagt. Von einem Volk.

Lehrer: Es kann also jedes Volk sein? Auch wir? (Schüler: Ja.) Können wir aus dem, was Jeremia (V 6) hört, auch etwas erkennen?
Denkanstoß: Wir hatten gesagt: Gott spricht in V. 7 nicht von einem bestimmten Volk.

Schüler: (vermutlich) Wir alle können gemeint sein. Wir erkennen: Auch wir sind wie Ton in Gottes Hand.

Das Tafelbild wird in der Mitte vervollständigt:

Wie ist der Ton? (formbar, knetbar, veränderbar)	Was kann man aus Ton machen? Die Masse, die Substanz bleibt, aber die Form wird verändert. Neu-Schöpfung	Wir sind wie Ton in Gottes Hand (Was bedeutet das? Denkt daran, was der Töpfer getan hat V. 4. Seht euch die linke Seite an!) formbar, umformbar, Gott könnte mit uns machen, was er will; aber er will unsere Umkehr, Buße, Veränderung zum Guten (Gebote). Was heißt das für den Menschen? Ändern, wandeln, anders denken, das Leben anders betrachten, leben.

Lehrer: Wie gebraucht Gott seine Macht? (Lest V. 7–10)

(Tafel: Wie gebraucht Gott seine Macht?)

Schüler: (tragen zusammen) Er gebraucht seine Macht nicht herrschsüchtig, nicht willkürlich.

Lehrer: schreibt Schülerantworten an die Tafel.

Lehrer: Warum nicht? Muß Gott sich nach irgend jemandem richten?

Schüler: Nein, aber er kümmert sich um uns.

Lehrer: Gott kümmert sich um die Schöpfung und hilft den Menschen. Wie hilft Gott? Tut er es so, daß alle Leute es merken?

Schüler: Der Betroffene bemerkt Gottes Hilfe.

Lehrer: Warum hilft Gott den Menschen? (Lest V. 8) Hat er ein Ziel mit/für uns?

Schüler: Gott will die Umkehr des Menschen.

Lehrer faßt an der Tafel zusammen: Gott kümmert sich um die Menschen, er will ihre Umkehr, er will, daß sie sich wandeln; (diese Erkenntnis gewinnt Jeremia, als er dem Töpfer bei der Arbeit zugesehen hatte).

Lehrer: Wir hatten uns zu Beginn der Stunde gefragt, wie Gott zu uns Menschen spricht, und wir wollten uns heute ein Beispiel dafür anschauen. Deshalb müssen wir uns nun fragen, warum Jeremia in die Töpferwerkstatt ging.

Lehrer schreibt an die Tafel: Warum geht Jeremia in die Töpferwerkstatt? (Lest dazu V. 1 und 2)

Schüler: (vermutete Antwort) Jeremia ging dorthin, weil Gott es wollte.

Lehrer: Wie mag das geschehen sein? Wie wird Jeremia zumute gewesen sein, bevor er zum Töpfer ging?

Schüler: Jeremia mußte einfach in die Töpferwerkstatt gehen, seine innere Stimme sagte es ihm. (Bild)

Lehrer: So etwas habt ihr sicher auch schon erlebt. Man muß einfach etwas tun (tut einfach etwas), und später bemerkt man, daß man gar nicht anders handeln konnte. Dann haben nicht alle, die in der Nähe waren, die Stimme, die du in deinem Inneren gehört hast, vernommen, sondern nur du.

(Jeremia kann aber auch zufällig, wie so oft, an der Werkstatt des Töpfers vorübergegangen sein, dann ging ihm plötzlich [das] ein Licht auf.)

Wir wollen uns jetzt einmal überlegen, welche Gedanken Jeremia wohl bewegt haben mögen, als er aus der Töpferwerkstatt fortging. Nach seinem Erlebnis in der Werkstatt wird sich Jeremia gefragt haben, wie es überhaupt kam, daß er in das Haus des Töpfers gegangen war. Es wurde ihm klar, daß nur Gott dieses bewirkt haben konnte. Als Jeremia sein Erlebnis später niederschrieb, tat er es deshalb so: „Dies ist das Wort, das von Gott erging“ an Jeremia…

Wir wollen den Weg Jeremias an die Tafel zeichnen!

↙ Jeremia ist betroffen
Weg Jeremias → ⊗
↘ neuer, geänderter Weg

⊗ Erlebnis in der Töpferwerkstatt (alltägliches Ereignis) Töpfer hört nichts	Jeremia diktiert (rückschauend), Baruch schreibt

Auch für uns gilt diese Zeichnung. In der Rückschau erkennen wir, daß Gott gewirkt hat.

Lehrer: Hat Jeremia in der Töpferwerkstatt wirklich Gottes Wort vernommen?

Wie ist das geschehen? Lesen wir im Text, daß plötzlich Gottes

Stimme laut ertönte? Oder daß es donnerte? Oder daß irgend etwas geschah?

Schüler: Nein.

Lehrer: Hatte sich Jeremia etwas außergewöhnlich Seltenes angeschaut?

Schüler: Nein, etwas ganz Alltägliches.

Lehrer: Und trotzdem vernahm er Gottes Wort. Das muß nicht durch eine für alle Menschen hörbare Stimme geschehen sein (denkt an euch und das alte Mütterchen auf der Straße, dem ihr selbstverständlich helft!). Der Töpfer hört auch von allem nichts. Er arbeitet ruhig weiter. Jeremia sieht den Töpfer bei der Arbeit und weiß plötzlich: Das will Gott mir sagen. In einem alltäglichen Ereignis hat Gott zu Jeremia gesprochen.

3.6 Konfessionen:

Thema: 3.6.1 „Das Glück der Gottlosen" (12,1–5)
(Unterrichtsentwurf)

a) Didaktische Überlegungen

– Zum Verhältnis von Text und Klasse

1. Die Bedeutung des Textes und seiner Problematik für das Leben und Denken der Schüler
   In diesem Selbstbekenntnis wird offenbar, daß entgegen der weitverbreiteten Vorstellung das Leben eines Propheten nicht als ein „Höhenweg" zu denken ist, der abgesehen von kleinen Erschütterungen friedlich verläuft. „Mund Gottes" zu sein bedeutet nicht, ein ruhiges und bequemes Leben führen zu können; sich zu Gott bekennen heißt nicht, durch materiellen Wohlstand und Gesundheit vor anderen ausgezeichnet zu sein. Im Gegenteil – die Erfahrung lehrt, daß es den Spöttern und Gottlosen sogar äußerlich betrachtet viel besser gehen kann. Nimmt es da Wunder, wenn auch ein Gottesmann mit seinem Beruf, mit den Menschen und mit Gott hadert, an seinem Schicksal zu zerbrechen scheint? Und doch läßt Gott auch den Zweifler nicht fallen, ja er kann sich gerade des von Natur aus Schwachen und Schwankenden, dessen, der im Zwiespalt zwischen göttlicher Weisung und eigenen Überlegungen steht, als seines Werkzeuges bedienen.
2. Fragen der Schüler
   Warum geht es denen, die nicht zur Kirche gehen und keinen Glauben haben, so gut? (Neid, Mißgunst)
   Warum müssen Unschuldige leiden?
   Warum läßt Gott Unrecht zu?
   Warum gibt Gott so selten direkte Antwort?

– Der Text und der Unterricht in der Klasse
  1. Zugangsmöglichkeiten
     von der Frage: „Haben die Gottlosen Glück?“ oder
     von der provozierenden These: „Den Gottlosen geht es gut!“ oder
     von der Berufungsgeschichte: Lesen des Textes Jer. 12,1–5.
  2. Schwierigkeiten des Zugangs
     Da der Bibeltext in der uns überlieferten Form einiger Korrekturen bedarf, halte ich es für angebracht, der Klasse eine revidierte (abgezogene) Übersetzung vorzulegen.
  3. Die sprachliche Gestalt des Textes
     Der Spruch läßt sich in Rede des Propheten (12,1–4) und göttliche Antwort (12,5) scheiden. Es empfiehlt sich, diese vorgegebene Gliederung bei der Erarbeitung des Bibeltextes einzuhalten.
  4. Zum Textzusammenhang
     Der ausgewählte Jeremia-Spruch steht isoliert im Textzusammenhang, seine Einfügung im jetzigen Kontext ist sekundär. Man kann den vorhergehenden Textabschnitt (11,18–23) als Hinführung auf das zu behandelnde Problem verwenden, ich werde jedoch darauf verzichten, da 12,1–5 genügend stoffliche Fülle bietet.
  5. Querverbindungen
     Von der behandelten Konfession zum gesamten Jeremia-Buch und insbesondere zu den übrigen Konfessionen, evtl. zum Buch Hiob.

b) Methodische Überlegungen
  – Ausgeschlossene Methoden
    Von einem Lehrervortrag oder vom Erzählen des Textes ist wegen des Alters der Schüler in der dritten Bildungsstufe abzusehen.
  – Die erste Begegnung mit dem Text
    Die Klasse bekommt zunächst den abgezogenen Text 12,1–4 und nach dessen Erarbeitung 12,5. Beide Abschnitte werden zuerst vom Lehrer, danach von je einem Schüler vorgelesen.
  – Erarbeitung von Form und Inhalt des Textes
    Die Form des Textes dürfte schon aufgrund der vorgenommenen Scheidung in Rede des Propheten und Antwort Gottes deutlich werden, der Inhalt wird versweise in einem vom Lehrer geleiteten Gespräch erarbeitet.
  – Arbeitsmittel
    hektographierte Übersetzungen des Textes
    Tafel, bunte Kreide
    Schüler: Haushefte, Kladde, Farbstifte.
  – Sicherung des Ertrages
    laufendes Mitschreiben der Tafeltexte.
  – Hausaufgabe
    Übertragen der in der Schule angefertigten Notizen ins Hausheft. Einprägen des Wesentlichen.

c) Unterrichtsentwurf (2–3 Std.)

1. *Thema der Einheit:* Der Prophet Jeremia
2. *Thema der Stunden:* Das Glück der Gottlosen (12,1–5) (Neid des Frommen)
3. *Ziele der Stunden:*
   - Den Schülern soll bewußt werden, daß die Propheten zwar eine Sonderstellung unter ihren Mitmenschen einnehmen, daß sie in besonders engem Kontakt zu Gott stehen und daß Gott auch Außergewöhnliches von ihnen fordert (durch sie bewirkt), daß sie aber trotzdem nur Menschen sind wie alle anderen und keine Übermenschen wie etwa die griechischen Halbgötter.
   - Sie sollen erkennen: Propheten haben mit den gleichen Problemen zu kämpfen, werden von den gleichen Zweifeln ergriffen wie jedermann, der sich damals wie heute mit Fragen des Glaubens und Existenzproblemen auseinandersetzt oder um seines Glaubens willen angefochten wird.
   - Ferner sollen sie erfahren und verstehen lernen: Propheten damals und Christen heute haben kein Privileg den Ungläubigen, Gottlosen, Gleichgültigen gegenüber; im Gegenteil: Die Last, das Opfer, das Kreuz können besonders schwer werden. Auch Jeremia wird vom Neid ergriffen, Mißgunst erfüllt ihn; doch es wird ihm klar, daß er nicht in diesen kleinen Problemen stecken bleiben darf. Diese Art zu fragen führt nicht weiter, denn seine Aufgabe wird wesentlich schwerer werden. Diese Einsicht, Erkenntnis wird ihm im Gebet zuteil; er formuliert sie in der Sprache seiner Zeit (Gleichnis, Bildsprache).

4. *Planung des Unterrichtsverlaufs:*

	Didaktisch-methodisch	Inhaltlich
Einstieg 5 Min.	Lehrer verteilt den abgezogenen Text Jer. 12,1–4 an die Schüler Lehrer liest Jer. 12,1–4 vor, Schüler ein zweites Mal	
Erarbeitg. des Textes versweise 10 Min.	Vorbemerkung des Lehrers:	Jeremia hat durch seinen Beruf einen schweren Stand unter seinen Mitmenschen gehabt. Daher kommen in ihm Zweifel an der Gerechtigkeit Gottes auf.
	Lehrerfrage:	Wie kommt es zu diesem Zweifel?
	Denkanstoß: Lest V. 1b! Erwartete Schülerantworten:	Jeremia kann es nicht verstehen, daß es den Gottlosen so gut geht, er kann darin keine göttliche Gerechtigkeit erkennen.

	Didaktisch-methodisch	Inhaltlich
	Lehrerfrage:	Zieht Jeremia Gottes Gerechtigkeit allgemein in Zweifel?
	Denkanstoß: Lest V. 1a! Erwartete Schülerantworten: Tafeltext Jeremia kann in dem Glück der Gottlosen nicht die Gerechtigkeit Gottes erkennen. Schüler schreiben laufend mit	Daß Gott im Recht ist, ist für ihn unbestreitbar, doch Jeremia kann dies nicht aus der Wirklichkeit erkennen. Darum wendet er sich hilfesuchend an Gott.
5 Min.	Lehrerfrage:	Warum erscheint Jeremia das Glück der Gottlosen so unbegreiflich?
	Denkanstoß: Seht euch zunächst das Bild in V. 2 an, und dann den ganzen V.! Erwartetes Arbeitsergebnis: *Tafeltext* Gott scheint ihr Wohlergehen zu begünstigen, obwohl sie sich im Grunde gar nicht um ihn kümmern.	Es scheint, daß Gott die Gottlosen sogar begünstigt; sie führen den Namen Gottes zwar im Munde, aber im Grunde kümmern sie sich gar nicht um ihn, ja sie glauben sogar, er könne ihr Treiben nicht sehen.
5 Min.	Lehrerfrage:	Was sagt Jeremia dagegen von sich selbst aus?
	Denkanstoß: Lest V. 3! Erwartetes Arbeitsergebnis: Lehrerhilfen! *Tafeltext* Jeremias aufrichtigen Glauben müßte Gott dagegen kennen.	Jeremia bringt sein Anliegen aus ehrlichem Herzen vor Gott. Gott muß wissen, daß sein Prophet sich nichts zuschulden kommen ließ, daß er ihm treu gedient hat.
5 Min.	Lehrerfrage:	Wer hat nach Jeremias Meinung unter der Bosheit der Gottlosen zu leiden?
	Denkanstoß: Lest V. 4! Erwartete Schülerantworten: vermutl. Lehrerhilfe notwendig! *Tafeltext* Sogar die unschuldige Natur scheint wegen der Bosheit der Menschen zu leiden.	Während es den Gottlosen selbst gutgeht, scheint das ganze Land unter ihrer Abwendung von Gott leiden zu müssen.
5 Min.	Lehrerfrage:	Seht euch noch einmal an, was wir bisher erarbeitet haben! Was meint ihr zu diesem Problem?

	Didaktisch-methodisch	Inhaltlich
	Denkanstoß: Seht euch die Stichworte an der Tafel an!	
	mögliche Stellungnahme der Schüler	Das ist ungerecht, den guten Menschen müßte es bessergehen als den schlechten. Das ist heute noch so.
	Evtl. nennen Schüler einige Beispiele aus ihrem persönlichen Erfahrungsbereich:	Schule, Familie, Umwelt
5 Min.	Lehrerfrage:	Welche Antwort würdet ihr auf Jeremias Frage von Gott erwarten?
	mögliche Schülerantworten:	Gott wird konkret Stellung nehmen: Er lehnt Jeremias „Vorwurf“ ab oder gibt ihm recht.
5 Min.	Lehrer verteilt den abgezogenen Text und liest einmal vor	Jer. 12,5
	Lehrerfrage:	Wie sieht Gottes Antwort zu Jeremias Anfrage aus? *Tafeltext*
	Erwartetes Schülerarbeitsergebnis unter weiterführenden Fragen des Lehrers:	Gott geht gar nicht auf Jeremias Einwände ein. Er antwortet in zwei Gegenfragen (Jeremia kommt zu der Einsicht:)
45 Min.		
	Auswertung der Bilder:	
10 Min.		Die gegenwärtige Situation ist eine belanglose Kleinigkeit im Vergleich zu dem, was Jeremia noch bevorsteht.
	Befreit Gott seinen Propheten von den Zweifeln?	Gott gibt Jeremia keine direkte Antwort, keine Einsicht in seine Pläne, mit der Jeremias Zweifel beseitigt würden.
	Was geht indirekt aus Gottes Antwort hervor?	Gott tadelt Jeremia einerseits wegen zu großer Empfindlichkeit. Gott setzt bei Jeremia aber andererseits Glauben und Vertrauen voraus, weil er das Schwerste auf sich nehmen soll.
	Formulierung eines Teilziels durch Schüler oder Lehrer:	Jeremia erkennt, er ist davon überzeugt, daß er weit Schwereres

	Didaktisch-methodisch	Inhaltlich
		durchzustehen haben wird; er darf deshalb nicht bei solchen Fragen und kleingläubigen Zweifeln stehenbleiben.
10 Min.	Denkanstoß:	Wir vergleichen den Jeremia, den wir bei der Berufung kennenlernten, mit Jeremia in diesem Abschnitt! Er hat Bedenken bei seiner Berufung, nimmt den Beruf trotzdem an, er fällt aber in seinem Beruf wieder in Zweifel.
	Daraus erfolgt die Formulierung eines Teilziels: *Tafeltext*	Teilziel: Gott kann auch den Zweifler, den Schwachen und Schwankenden in seinen Dienst stellen.
10 Min.	Denkanstoß:	Seht euch nochmals an, was wir in der Einführungsstunde über Propheten erfahren haben!
	Lehrer:	Wenn wir das, was wir alles bisher über Propheten erfahren haben, zusammen betrachten, was kann man dann darüber aussagen, was für Menschen die Propheten sind?
	Denkanstoß: Sind sie etwa wie die griechischen Halbgötter?	
	Schüler tragen zunächst frei zusammen, dann wird unter Mithilfe des Lehrers ein Teilziel formuliert:	Teilziel: Der Prophet nimmt zwar eine Sonderstellung unter seinen Mitmenschen ein (enger Kontakt zu Gott, außergewöhnliche Anforderungen von Gott), er ist aber trotzdem nur ein Mensch wie jeder andere (Zweifel an Gott, Beruf und Menschen) und wird von Gott auch äußerlich nicht bevorzugt.

Gegenüberstellung von gewöhnlichem prophetischen Verhalten zu Jeremias Verhalten

10 Min.	prophet. Sprüche	Jer. 12,1–5
	Verkündigung von Gottes Wort durch den Propheten	zweifelnde Fragen Jeremias an Gott
	Gott ↓ Wort Gottes: Bibel, Erscheinungen, Träume, Gebete, Geschehnisse Prophet ↓ Predigt des Propheten Volk	↓ Gott Antwort Gottes Prophet ↓ Überlieferung d. d. Bibel Volk ↓ zweifelnde Fragen Jeremias an Gott ↑ ↑ Das Glück der Gottlosen
5 Min.	Lehrer:	Teilziel: Wir haben hier also keine direkte Antwort Gottes auf die Frage nach dem Glück der Gottlosen bekommen, womit wir uns ja heute auch noch beschäftigen. Gibt es in der Bibel vielleicht nicht doch eine Stelle, wo dieses Problem beantwortet wird?
90 Min.	Falls von Schülern keine Antworten kommen, schreibt Lehrer ohne weiteren Kommentar Mt. 5,45 an die Tafel.	„Gott läßt seine Sonne aufgehen über die Bösen und über die Guten und läßt regnen über Gerechte und Ungerechte.“
		Teilziel: Gott hat alle Menschen im Blick, wir aber nur zu oft uns selbst und zu selten den anderen (Gott).

3.6.2 Einsam und verfolgt um des Wortes Gottes willen (11,18–23; 12,6: 16,1–9) (Unterrichtsentwürfe bzw. -skizzen)

1. Thema:
„Einsam und verfolgt um des Wortes Gottes willen" Jer. 11,18–23; 12,6; 16,1–9 (wahrscheinlich aus der Urrolle v. 605 v. Chr.). Unterrichtsskizze 1–2 Std.

2. Ziele
   - Die Schüler sollen erkennen, daß der Prophet allein steht, daß er einsam und verlassen ist, verfolgt wird, ja, daß sogar seine eigene Familie ihn als lästigen Störenfried beseitigen möchte.
   - Die Schüler erkennen: Jeremia sieht das Unheil, das sein Volk und ihn treffen wird; er wagt unter diesen Voraussetzungen nicht zu heiraten. Er meidet jedes Fest, kann sich nicht mit anderen freuen; ja, er leidet so sehr unter seinem „Wissen", seinem Auftrag, daß er alles sinnlos empfindet, selbst die Trauer um die Toten.
   - Die Schüler sollen erkennen, daß Engagement für Gottes Wort (für die Wahrheit, den anderen usw.) in tiefe Einsamkeit und Verzweiflung führen kann, daß Angst und Verlassenheit das Gottvertrauen zerstören können.

3. Methodische Hinweise und Vorschläge
   - Text-Abzüge: Jer. 11,18–23 und 12,6; 16,1–9 (für jeden Schüler).
   - Arbeit an den Texten in zwei oder mehr Gruppen: Text-Analyse, Interpretation, Auslegung mit Hilfen des Lehrers; arbeitsteilig: Text 11,18–23 und 12,6; Text 16,1–9.
   - Zusammenfassung der Aussagen, des Wesentlichen in wenigen Sätzen (siehe Ziele oben); Formulierung mit den Schülern in gemeinsamer Arbeit.

Tafelbild / Notizblock / Kladde

Worte Jeremias, biblische Aussagen (Schüler arbeiten anhand der Textabzüge)	Bedeutung der Aussagen (das Gemeinte) (in unseren Worten)
Gruppe A Jer. 11,18–23; Gott hat es kundgetan, Jeremia war wie ein Lamm, er ahnte nichts von ihren Plänen gegen ihn; sie wollten ihn töten.	Jeremia durchschaute seine Mitmenschen; er glaubte fest, daß Gott ihm diese Erkenntnis schenkte, denn vorher vertraute er den Menschen und ahnte nichts von ihren Plänen.
Jeremia glaubt an Gottes Gerechtigkeit, er glaubt, Gottes Rache an ihnen zu erleben.	Insgeheim wünscht Jeremia, daß Gott sie bestrafen würde; er glaubt, Gott würde sich rächen (damalige Vorstellung).

Die Männer von Anatot wollten ihn umbringen, wenn er weiter weissagte. Unheil und Heimsuchung glaubt Jeremia über Anatot kommen zu sehen.	In seiner Heimatstadt war er ein unbequemer Störenfried, der den Lebenswandel aller anprangerte und Unheil ankündigte; deshalb trachtete man ihm nach dem Leben. Jeremia wird von allen allein gelassen. Einsam steht er gegen alle.
Jer. 12,6 Selbst seine Brüder, seine Familie sind unaufrichtig ihm gegenüber, er traut ihnen nicht mehr, wenn sie freundlich mit ihm reden.	Selbst in seiner eigenen Familie hintergeht man ihn. Das Vertrauen ist gestört. Hinter seinem Rücken reden sie falsch/böse über ihn.
Gruppe B Jer. 16,1–9 Jeremia soll nicht heiraten, keine Kinder haben; Unheil, Krankheit, Unglück wird über alle kommen.	In solcher Lage und mit den furchtbaren Aussichten traut er sich nicht, eine Familie zu gründen.
Gott hat den Frieden von ihnen genommen.	Er ist überzeugt, daß Gott den Frieden von seinem Volk genommen hat.
Jeremia kann sich nicht mehr freuen, nicht mehr mit Leidenden trauern. Es erscheint ihm alles sinnlos.	Deshalb erscheint ihm alles sinnlos.

3.6.3 *Alternativ-Vorschläge. Thema:* Jeremia – Mordanschlag seiner Familie (11,18a; 12,6; 11,18b–20; 12,3)

A-Teil: Darstellung (Vergegenwärtigung) der Situation Jeremias und seiner Familie in einem selbsterdachten Rollenspiel.

I. *Ziele:*
1. Die Schüler erkennen, daß das Wort Gottes durchaus nicht immer den Familien Frieden bringt.
2. *Sie sollen erarbeiten:*
   - die Position Jeremias
   - die Positionen einiger Familienmitglieder – bezüglich des Ansehens (Ehre) der Familie
   - bezüglich der Berufs- und Standesehre
   - Positionen einiger Menschen aus ihrem näheren Lebensbereich (Umwelt: Nachbarn, Freunde)

3. Sie sollen versuchen, dies zu verbalisieren und darzulegen, welche Bedenken, Vorwürfe und sonstigen Pläne aus der unterschiedlichen Sicht der Beteiligten gegen Jeremia erhoben werden können.

II. *Methodische Hinweise und Vorschläge*

1. *Wiederholung* des geschichtlichen und persönlichen Hintergrundes zur Zeit Jeremias (situative Einbettung). Die Voraussetzungen für alle Schüler zum Mitarbeiten werden dadurch verbessert.
2. *Angebot für Rollenspiel:*

2.1 Jeremia selbst
2.2 Jeremias Vater: als Familienoberhaupt und als Priester
2.3 Jeremias Mutter: als Mutter der Kinder und als Ehefrau eines Priesters
2.4 Ein bis zwei Geschwister
2.5 Priesterkollegen
2.6 Freunde und Nachbarn.

3. Die Schüler können die Rollen einzeln oder in Partnerschaft übernehmen und gestalten.
   Als Gedächtnishilfe könnte der Lehrer einige Kärtchen verteilen, die in Stichworten Auskunft geben über das Leben zur Zeit Jeremias im Land Juda (evtl. Bibel-Lexikon).
4. *Zuschauer* halten die Aussagen (Formulierungen) der Rollenspieler stichwortartig fest und machen Verbesserungsvorschläge.
5. *Das Ergebnis* wird danach gemeinsam zusammengefaßt und ein „Rollenbuch“ geschrieben (evtl.: teils Hausaufgabe).

B-Teil: Erarbeiten der wirklichen Gegebenheiten zu Lebzeiten Jeremias anhand der Bibeltexte.

I. *Ziele:*

- Die Schüler sollen anhand des Bibeltextes erkennen, in welcher Situation Jeremia sich damals wirklich befand; daß er von den Absichten und Gedanken seiner Familie nichts ahnte und völlig arglos war.
- Sie sollen erkennen, wie weit eine Familie gehen kann und sich mit Schuld belädt, um zu verhindern, daß ein Familienmitglied einen störenden, gesellschaftlich bloßstellenden Weg weitergeht.
- Sie sollen Gründe finden und Erklärungen nennen, z. B.: Erregung von Aufsehen, „schlechter Ruf“ fällt auf die Familie zurück; das Verhalten des „Außenseiters“ wird als krankhaft, anomal bezeichnet usw.
- Die Schüler sollen dazu Stellung nehmen.

II. *Methodische Hinweise*

1. Abzüge mit den Bibeltexten aus Jeremia
   11,18a; 12,6; 11,18b; 11,19; 11,20a; 12,3a
   werden in der Klasse verteilt.

Anmerkung.: Es ist evtl. ratsam, auf folgende Textstellen zu verzichten, da der darin enthaltene alttestamentliche Rachegedanke die hier erarbeitete Problematik sprengen könnte:
Jer. 11,20b; 11,21; 11,22; 12,3b.

2. Die Schüler können sich in Gruppen aufteilen; gedacht ist an drei:
   a) zu Jer. 11,18a; 11,19; 12,6
   b) zu Jer. 11,18b
   c) zu Jer. 11,20a; 12,3a
3. Die Schüler sollen versuchen, die Bibeltexte und ihre Aussagen in heutige Sprache und Situation zu übertragen.
4. Die wichtigsten Aussagen werden an der Tafel und in der Mappe (Heft) festgehalten.
5. Querverbindung zum Neuen Testament ist möglich:
   Lk. 4,28–29 und Mk. 3,21.
   Die Schüler sollen die Texte lesen, interpretieren und übertragen auf eine vergleichbare heutige Situation (evtl. als Hausaufgabe).

C-Teil: Übertragen der erkannten Problematik in Problembereiche/-situationen unserer Zeit.

I. *Ziele:*

1. Die Schüler sollen erkennen, daß Jeremias (und Jesu) Situation keine überholte alttestamentliche oder neutestamentliche Problematik darstellt, sondern durchaus gegenwärtig erfahrbar ist.
2. Sie sollen versuchen, die Außenseiterposition Jeremias und das Verhalten seiner Familie auf Probleme ihres Erfahrungsbereiches zu übertragen, und evtl. sich selber einbringen.
3. Die Schüler sollen auch darauf aufmerksam gemacht werden, daß „töten" nicht immer wörtlich genommen werden muß, daß es auch „totschweigen", „abschieben", „ausschalten", „links liegen lassen", „Rufmord", „diskriminieren" bedeuten kann.
   Anmerkung: Sollte sich die Frage nach dem Glauben (Überzeugung) ergeben, so wäre dieser als Vertrauen, Wagnis, Gewißheit mit Zweifel durchsetzt und nicht als Sicherheit und fester Besitz zu erläutern. Der Bedeutung dieser Problematik entsprechend wäre eine eingehende Behandlung in ein bis zwei Unterrichtsstunden notwendig (vgl. nächste Unterrichtsstunden).

II. *Methodische Hinweise*

1. Die Schüler nennen Beispiele; diese werden stichwortartig an der Tafel notiert.
2. Geeignete Beispiele werden ausgewählt und evtl. gemeinsam ergänzt oder erweitert.

2.1 14jähriges Kind einer kirchenfeindlich gesinnten Familie tritt in die Kirche ein, läßt sich unterrichten, taufen und konfirmieren und nimmt aktiv am Gemeinleben teil.

2.2 Sohn einer Familie, deren männliche Mitglieder alle im militärischen Bereich tätig waren und sind, verweigert den Wehrdienst und leistet Ersatzdienst.
2.3 Ein Kind aus einer bewußt (streng) evangelisch oder katholisch lebenden Familie wendet sich einer Sekte bzw. modernen religiösen Bewegung zu.
2.4 Ein lebenszugewandter Mensch erkennt die Sinnlosigkeit seines bisherigen Lebens, trennt sich von Familie, Ehepartner und Freunden und tritt in einen Orden ein.
2.5 Eine angehende Ordensschwester (Ordensbruder) tritt trotz erheblicher Schwierigkeiten aus dem Orden aus.
2.6 Ein 14jähriger religionsmündiger Jugendlicher tritt aus der Kirche aus und will Atheist sein; seine Familie ist eine Pastorenfamilie in einem kleinen Ort.
2.7 Falls Geschichtskenntnisse vorhanden, wäre evtl. die Problematik des Widerstandes im Dritten Reich um den 20. 7. 44 (z. B. Bonhoeffer) einzubeziehen.

3.6.4 *In tiefster Anfechtung* (20,7–18); (Unterrichtsskizze 1–2 Std.)

3.6.4.1 *Ziele*

- *Globalziel:* Die Schüler sollen Jeremia als Typos des Menschen (eines Propheten) in tiefster Verzweiflung kennenlernen.
- *Einzelziele:*
  Sie sollen erkennen,
  - daß Glaubensgewißheit kein fester Besitz ist
  - daß Glauben immer auch angefochtener Glauben ist
  - daß Zweifel sich bis zu tiefster Verzweiflung steigern kann
  - daß Jeremia Gott ganz aufkündigen möchte
  - daß sogar ein Prophet nicht vor einer Selbstverfluchung halt macht
  - daß aber gerade in solchen Stunden die Erfahrung gemacht werden kann: Trennung von Gott und seinem Auftrag ist nicht möglich. Gottes Macht ist zu groß: „wie ein brennendes Feuer“. Die eigene Existenz ist von ihm nicht mehr zu trennen (Urerfahrung des Glaubens). Das ist Jeremias neue Glaubensgewißheit, die allerdings wiederum keine absolut sichere ist.

3.6.4.2 *Methodische Hinweise*

- Die Schüler sollten Textabzüge erhalten, um in den Texten mit Stiften Vermerke, Anmerkungen, Markierungen vornehmen zu können.
- Der Lehrer geht mit den Schülern den Text kritisch durch; soweit wie möglich versuchen die Schüler selbst, die Aussagen des Textes aufzuschlüsseln. Allmählich werden sie zu einer Interpretation/Auslegung geführt.
- Der Lehrer muß Hilfen zum Verstehen biblischer, prophetischer Sprache bzw. Sprachformen geben (z. B. Bekenntnis, Gebet, Botenformel u. ä.).
- Der Text sollte in seiner Struktur erarbeitet werden (Gliederung).

- Die wesentlichen Aussagen des Textes (Inhalt/Ergebnisse) sollten in Stichwortsätzen schriftlich von den Schülern festgehalten werden (Tafel/Hefte). Vergegenwärtigung: Glaubenszweifel und -gewißheit heute.

3.6.4.3 *Vorschlag zur Zusammenfassung wesentlicher Aussagen des Textes* (formal)
(Erarbeitung mit den Schülern):
- Jeremias Anklage gegen Gott.
- Jeremias Abwendung von Gott.
- Jeremia kann aber nicht anders, er verkündigt doch weiter („es brennt wie Feuer in ihm").
- „Freunde" lauern auf seinen Sturz (Fall).
- Jeremia verflucht sich selbst.
- Ist Jeremia am Ende?

3.6.4.4 *Vorschlag zur Zusammenfassung wesentlicher Aussagen des Textes* (inhaltlich)
- Der Prophet Jeremia legt die dunkelsten Stunden (Erfahrungen) seines Lebens offen.
- Jeremia bekennt, daß er sich in wilder Verzweiflung gegen Gott gewandt hat.
- Jeremia bekennt, daß er sein Leben, sich selbst verflucht hat.
- Aber er bekennt auch, daß er trotzdem nicht von Gott und seiner prophetischen Aufgabe loskam.
- Jeremia macht die tiefste Vertrauens- (Glaubens-)krise seines Lebens durch.

3.7 Die Wahrheitsfrage: echte und falsche Propheten (28,1–17) (Unterrichtsskizze)

3.7.1 *Thema*

Das Problem der „echten" und „falschen" Propheten oder die Wahrheitsfrage. (Wer hat recht? Wem darf/kann man glauben? Gibt es Kriterien für die Wahrheit?)

3.7.2 *Ziele*

Globalziel: Die Schüler sollen sich mit der Frage auseinandersetzen, warum es in Glaubensfragen und Lebensfragen mögliche Hinweise, aber keine zwingend schlüssigen Beweise geben kann.

Einzelziele:
- Sie sollen nach möglichen Kriterien für die Wahrheitsfindung suchen: Kritisch überprüft werden muß, wer anderen nach dem Munde redet, finanziell abhängig ist und das Gegenteil von dem tut, was er sagt. Dagegen lassen Opfer und Leiden für eine Sache einen höheren Grad an Identität von Sache und Person vermuten.
- Dennoch sollen die Schüler erkennen, daß Integrität, ja Leidensbereitschaft, noch kein absolut sicherer Beweis für Wahrheit ist.
- Sie sollen herausfinden, daß religiöse (Glaubens-)Wahrheit sich letztlich nur engagiertem Wagnis erschließt.

3.7.3 *Methodische Überlegungen*

- Text-Abzug (Jer. 28,1–17), Zink-Übersetzung (o. a.)
- Situationsschilderung durch den Lehrer.
- Text-Auslegung (Interpretation) mit den Schülern und Gespräch bzw. Frage und Antwort.
- Wesentliche Aussagen und Erkenntnisse werden mit den Schülern zusammengestellt.

3.7.4 *Vorschlag:* Zusammenstellung wesentlicher Aussagen und Erkenntnisse in Stichworten:

- Wer jedem (oder immer der Mehrheit) nach dem Munde redet, sagt oft nicht die Wahrheit.
- Wer finanziell von jemandem abhängig ist, sagt ihm kaum die Wahrheit (oft nicht), besonders nicht die unangenehme.
- Wer nur Gutes prophezeit, sagt oft nicht die Wahrheit.
- Die Zukunft wird es zeigen, die Worte werden an den Taten gemessen.
- Glaubensgewißheit kann/muß im Wagnis immer wieder errungen werden.
- Es gibt keine eindeutigen Kriterien für die Wahrheit; man kann/muß wagen, zutrauen, in Liebe vertrauen und hoffen.
  (Anmerkung: Siehe Exegese zum Text [Nr. 11] und Teil I,3 [Warum Jeremia?] Punkt 6.)
  (Literatur-Hinweis: G. E. Lessing: „Nathan der Weise“, Ringparabel)

3.8 Symbolhandlung „Joch“ (27,1–22)

3.8.1 *Thema:*

Symbolhandlung „Joch“ – eine religiös-politische Demonstration des Propheten Jeremia
(Text-Auslegung: siehe Seiten: S. 80ff.)

3.8.2 *Voraussetzungen:*

1. Historischer Hintergrund, Situation Jeremias
2. Thema: „Wahre“ und „falsche“ Propheten
3. Prophet Jeremia gegen König und Priester
4. Kenntnisse über den Zusammenhang der Botschaft Jeremias mit dem Abfall (Sich-Abwenden) von Jahwe.

3.8.3 *Ziele:*

- Die Schüler sollen den religiös-politischen Hintergrund zwischen den beiden Deportationen kennenlernen.
- Sie sollen Symbol- und Gleichnishandlungen als Form prophetischer Rede- und Verhaltensweise kennen- und verstehen lernen.
- Sie sollen die Symbolhandlung „Joch“ auf die Unterwerfung des Staates Juda unter die Babylonier kennen- und verstehen lernen.
- Verstehen lernen, daß Jeremia das Joch nicht nur trägt, sondern auch lebt und darunter/dadurch leidet.
- Sie sollen die Schwierigkeiten unpopulärer, gegen das Nationalgefühl gerichteter Verkündigungen kennenlernen und den Mut und das Wagnis (Risiko) des Propheten erkennen und verstehen lernen.
- Sie sollen erkennen und verstehen lernen, daß der Weg zum „Heil“ durch Not, Bedrängnis und Unterdrückung gehen kann (evtl. Übertragung auf den individuellen Bereich).
- Den Schülern soll klar werden, daß Gott durch Jeremia zur Buße/Umkehr ruft und die vorübergehende Unterwerfung unter Babylonien als einzige lebenerhaltende Möglichkeit empfiehlt.
- Die Schüler sollen den Text des Kap. 27 in seiner Struktur (drei Reden) kennenlernen und erfahren, daß er nicht in einem Zuge entstanden ist.

3.8.4 *Methodische Hinweise*

1. Wiederholung des historischen Hintergrundes, Situationsklärung. (Fixierung wesentlicher Daten an der Tafel)
2. Text-Abzüge verteilen; vorlesen (Lehrer)
   a) Verständnisschwierigkeiten klären.
   b) Inhalt wiederholen.
   c) Klärung des Begriffes Joch.
   (Wortfeld, Redewendungen, Abbildung? Joch-Ochsen?) Tafel, Heft
3. Herausarbeiten der wesentlichen Aussagen des Propheten in seinen drei Teil-Reden und Verdeutlichen der Situation Jeremias.
4. a) Übertragung der bildlichen Aussage der Symbolhandlung auf die Situation des Volkes Juda.
   b) Unterstützung durch Bildbetrachtung und Interpretation des Holzschnittes von A. Saner.

5. Erarbeitung der Botensprüche Gottes durch Jeremia; Befehl, Diktat oder Angebot, Gebot, Vorschlag?
6. Text-Gliederung: Einleitung, drei Reden Jeremias, Weissagung über die Tempelgeräte.
7. *Erarbeitung eines Hörspiels/Hörszenen* zu den drei Reden; evtl. unter Zuhilfenahme der Hörszenen der Credo-Schallplatte LBK-E 31 (Kap. 28; Seite A). Schwerpunkte: Kap. 27, Verse: 6–8. 11. 12–13. 19–22.

Gliederung der Hörszenen zu Kap. 27:

7.1 *Am Hof des Königs Zedekia*
Zedekia berät mit den Gesandten aus Moab, Edom, Ammon, Phönizien und Ägypten unter Pharao Hophra.
Soll man sich zu einem gemeinsamen Aufstand gegen Neu-Babylonien entschließen? Von der Schwierigkeit der Entscheidung. Mitten im Gespräch abblenden/unterbrechen.

7.2 *Straßenszene in Jerusalem*
Jeremia geht mit dem Joch auf den Schultern vorüber – Leute unterhalten sich darüber:
einige spotten (Schwarzseher, untergräbt die Moral/Wehrkraft, Landesverräter u. a. m.);
andere fragen, was das nun wieder zu bedeuten habe; mitten im Gespräch abblenden/unterbrechen.

7.3 *Tempelvorplatz in Jerusalem*
Zurufe an Jeremia:
Was soll denn das?
Warum läufst du mit einem Joch herum?
Sollen wir noch mehr Lasten tragen?
Oder sollen wir es abwerfen?
Als Antwort Zitate aus Kap. 27,6–8. 11. 12–13. 19–22.
Reaktionen aus der Zuhörerschaft nur kurz anklingen lassen – abblenden.

8. *Gegenwartsbezüge:* Symbole, Demonstrationen heute: gegen Aufrüstung, für Abrüstung; „Taube“ als Friedenssymbol, Schwerter zu Pflugscharen, Kirchentagsthemen und Symbole.
Kritischer Vergleich, nicht einfache Gleichsetzung.

3.8.5 *Unterrichtsschritte und Hilfen zur Gestaltung*

1. Im Kapitel 27 warnt Jeremia seinen König und die Priester im Tempel von Jerusalem vor einem Aufstand gegen Babylonien. Die politische Situation wird dazu kurz geklärt: Aufstieg und Eroberung des neubabylonischen Reiches (Nebukadnezar).

2. Die Text-Abzüge Kap. 27,1–22 werden verteilt, gelesen, und es wird erarbeitet, welche Botschaft Jeremia in seinen Reden wem verkündigen will.
   Erwartetes Ergebnis:
   Jeremia fertigt sich ein Joch an. Dies legt er sich auf seine Schultern, und so teilt er seinem König, den fremden Gesandten und den Priestern mit, daß Gott ihnen rät, das Volk von Juda und Jerusalem solle sich unter die Herrschaft Nebukadnezars beugen, da sonst das Südreich und Jerusalem zerstört würden. Außerdem werden die Tempelgeräte nach Babel gebracht werden, wenn eine Rebellion gegen Nebukadnezar stattfände. Jahwe/Gott hat Nebukadnezar Macht über das Volk Israel (Juda) verliehen.
3. Die Botschaft Jeremias in Kurzform:
   a) Unterwerfung unter die Herrschaft der Babylonier.
   b) Hört nicht auf die Heilspropheten!
   c) Wer gegen den Botenspruch handelt, ist des Todes.
   Erläuterung: Jeremias Empfinden in der Situation seiner Verkündigung dieser Botschaft im Namen Jahwes in der Öffentlichkeit.
   Ergebnis: Er hatte Angst; war aber sehr mutig, obwohl er mit seiner Botschaft ganz allein dastand.
4. Klärung der Symbolhandlung „Joch“ und Erläuterung ihrer Bedeutung.
   a) Kenntnisse zusammentragen und vermitteln über ein Joch. Anspannungsvorrichtung/Zugvorrichtung für Ochsen, Rinder; Stirn- oder Nakkenjoch, dient zum Lastenziehen oder -tragen; eingespannt sein für andere. (Evtl. Foto!)
   (Im Gebirge ein Übergang zwischen zwei Berghöhen; vgl. Sichem ≙ Nacken in Samarien)
   Trage über dem Nacken (Schultern), um links und rechts je einen Behälter zu tragen. (Wassereimer, Milchkannen u. a. m.)
   b) Übertragung auf menschliche Verhältnisse/Zustände. Es gibt Menschen, die ein Joch (Los) zu tragen haben. Z. B.: Familienvater(mutter): für mehrere Kinder, sorgen für Zukunft; Verantwortung tragen;
   eine Mutter (Vater) von mehreren Kindern, die (der) ein schwerbehindertes Kind betreut, es nicht in ein Heim gibt; sie tragen ihr Joch (Los), weil sie sich verantwortlich fühlen und ihr Kind lieben.
   Erwachsene Söhne bzw. Töchter pflegen ihre kranken Eltern, die sehr alt und gebrechlich sind. Sie alle fühlen und wissen sich verantwortlich für ihre Mitmenschen; ihr Gewissen (Gebote) schreibt es ihnen vor.
   Ein Joch ziehen oder tragen heißt also nicht nur Gegenstände ziehen oder tragen, sondern auch Verantwortung, Verzicht, Unterdrückung ertragen und durchstehen, um anderen zu helfen oder zu dienen.
   Ein Joch hilft also auch, Lasten/Sorgen zu tragen; man sagt: Lasten/Sorgen auf zwei Schultern verteilen. Übertragen wir das auf viele Menschen und ihre Nöte/Lasten/Sorgen, so tragen sich diese gemeinsam leichter, weil sie sich verteilen. Sich unter ein „Joch“ gemeinsam beugen, erleichtert das Tragen.
   c) Bild/Fotokopie aus Albert Saner „Der Prophet des Leidens“ (Jeremia).

Betrachtung und Interpretation.
Jeremia, gebeugt unter dem mächtigen Querbalken eines Jochs; beide Arme/Hände halten die Seile links und rechts und stabilisieren die Lasten; er leidet unter der großen Bürde. Wie fühlt er sich? Damit zeigt er seinem Volk, daß es die Abhängigkeit und Unterwerfung unter Babylon tragen soll: finanzielle Abgaben (Tribut); relative Freizügigkeit, begrenzte Möglichkeiten ihres politischen und religiösen Lebens. Andererseits bleibt es friedlich im Lande, keine Verschleppung und Zerstörungen.
Dies sagt Gott durch Jeremia zum Volk und hofft auf Einsicht und Umkehr.
Jeremia ist tief überzeugt von dieser Botschaft; er muß sie dem Volk verkünden, auch wenn er zu leiden hat.

d) Der Text wird in seinen drei Redeabschnitten betrachtet und der Vorschlag, drei Szenen eines Hörspiels mit Cassetten-Recordern zu gestalten, den Schülern unterbreitet. Einteilung der Szenen wie o. g.; Personen und ihre Charakteristik werden vorgenommen, besprochen.
   a) Am Königshof Zedekias
   b) Straßenszene in Jerusalem
   c) Tempelvorplatz in Jerusalem

   Die Schüler erarbeiten (Hilfen des Lehrers) in Gruppen Texte der Szenen. Dann Gesprächs- und Spielversuche. Aufnahme der gelesenen/gespielten Hörszenen mit einem Recorder.

5. Zeitleiste zum Thema

Zedekia als König		fremde Gesandte erscheinen in Jerusalem, um ein Bündnis gegen Nebukadnezar zu bilden			Strafaktion Nebukadnezars gegen Juda	
598	596	594	592 590	588	586	584 582
Strafaktion Nebukadnezars gegen die Aufkündigung der Vasallenschaft durch Juda erste Deportation		Nebukadnezar muß sich im eigenen Land einer Rebellion erwehren		Pharao Hophra wird Herrscher Ägyptens und sagt Zedekia Hilfe gegen Nebukadnezar zu	Jerusalem fällt, wird zerstört; zweite Deportation; Jeremias Weissagung trifft ein	

6. Albert Saner „Der Prophet des Leidens“ (s. Seite 198)
Holzschnitte zum Propheten Jeremia
Blaukreuz Verlag, Bern, 1963.

3.9 Die Verbrennung der Schriftrolle (36,1–32) – Ein König reagiert allergisch (dreht durch) – (2–3 Std.: Rollenspiel) (Unterrichtsskizze)

3.9.1 *Thema:* Die Vernichtung der Schriftrolle – ein Beispiel tyrannischer Despotie als Reaktion auf das Wort Gottes.

3.9.2 *Ziele:*

3.9.2.1: Die Schüler gewinnen wiederum einen Einblick in den Entstehungsprozeß des Werkes:
- Jeremia diktiert – Baruch schreibt.
- Baruch liest in Vertretung Jeremias vor.
- Die Rolle wird ein zweites Mal verfaßt.

3.9.2.2: Die Schüler sollen *Anlaß* und *Wirkung* der prophetischen Rede (Wort Gottes) kennenlernen.
- Unbequeme geistige Produkte (Reden/Bücher) werden verboten oder vernichtet,
  ihre Verfasser verbannt oder eingekerkert.
- Parallelen aus Geschichte und Gegenwart sollen kennengelernt werden (z. B. Drittes Reich, UdSSR, DDR, CSSR, Spanien, Südamerika u. a. – Verbote, Ausweisungen, Flucht, Ausreise, Exil).
- Die Geschichte der Bibel kann als eine Geschichte ihrer Vernichtungsversuche deutlich gemacht werden.
- Aber die 2000–3000jährige Geschichte zeigt, daß das Wort Gottes sich nicht auslöschen läßt.
- Das Wort Jahwes wird von neuem und zugleich erweitert aufgeschrieben und weitergegeben.

3.9.3 *Methodische Überlegungen*

Der Text wird mit den Schülern erarbeitet. Zunächst sollten die Rahmenteile von inhaltlichen Teilen unterschieden werden (farbige Markierungen). So heben sich folgende Verse voneinander ab:

Vers 1:	Zeitangabe – 4. Regierungsjahr Jojakims (605).
Vers 2f.:	Formel und Zielangabe der Botschaft: Umkehr.
Vers 4– 6:	Baruch schreibt Jeremias Rede auf und soll sie verlesen.
Vers 7:	Zielangabe: Umkehr des Volkes.
Vers 8–10:	Baruch liest im Tempel (Vorhalle) vor.
Vers 11–13:	Micha, der Sohn Gemarjas, berichtet darüber in der Kanzlei.
Vers 14–16:	Die Hofbeamten lassen Baruch holen und vorlesen.

Vers 17–19:	Sie hören die Botschaft und raten dem Verfasser und Vorleser, sich zu verbergen; sie ahnen die Reaktion des Königs.
Vers 20–26:	Die Hofbeamten behalten die Rolle und lesen sie dem König vor.
Vers 27:	Der König vernimmt die Botschaft und verbrennt sie stückweise; Baruch und Jeremia sollen verhaftet werden.
Vers 28–32:	Erneuter Auftrag an Jeremia – Erweiterte Abfassung der Schriftrolle: Droh- und Strafpredigt.
Hinweis:	Als Rollenspiel gestalten (Personzahl entsprechend der Klasse), alle Schüler beteiligen.

3.9.4 *Zusammenfassung wesentlicher Inhalte des Textes*

- Volk und König sollen durch die Botschaft zur Umkehr gerufen werden.
- Die Botschaft wird öffentlich verkündigt.
- Jeremia muß die Botschaft durch Baruch verkündigen lassen, da er sich vor den Priestern und Hofpropheten hüten muß.
- An einem „Fastentag“ wird die Bußrede verlesen; Baruch liest in der Vorhalle Gemarjas, dessen Familie Jeremia wohlgesonnen war.
- Gemarjas Sohn berichtet über die Ereignisse seinem Vater und dessen Kollegen.
- Sie lassen Baruch holen und überzeugen sich von der Bedeutung der Botschaft.
- Sie ahnen die Reaktion des Königs und raten Baruch und Jeremia, sich zu verbergen.
- Der König läßt sich die Schriftrolle vorlesen und reagiert tyrannisch: Stückweise verbrennt er sie.
- In seinem Zorn will der König Baruch und Jeremia gefangennehmen lassen. Beide aber halten sich verborgen.
- Doch Jeremia diktiert Baruch den Inhalt der Buchrolle ein zweites Mal mit Erweiterungen.
- Im Verborgenen wirkt Gottes Wort durch Menschen weiter.

3.9.5 *Hinweis:* Credo-Schallplatte „Propheten und Könige“
LBK – E 31 Seite B; nach Kap. 36,1–8. 20–28;
(Jeremia – Die Schriftrolle)

Die Eigengestaltungen eines Rollenspieles sollten dem Einbeziehen der Credo-Schallplatte vorangehen.

3.10 Das Ende Jeremias (40,1–6; 44,26–30; 52,5–16) (Unterrichtsskizze)

3.10.1 *Thema*

Das Ende Jeremias (40,1–6; 44,26–30 und 52,5–16 als geschichtliches Reservoir).

3.10.2 Ziele

Globalziel: Die Schüler sollen sich mit der Frage auseinandersetzen, warum dieser scheinbar so erfolglose Prophet vielen Menschen mehr bedeutet als die „Prophetenfürsten".

Unterziele:
- Die Schüler sollen sich die notwendigen Informationen über das Ende Judas, die Befreiung Jeremias und dessen Bereitschaft an einem „Wiederaufbau" des Landes erarbeiten.
- Sie sollen erkennen, daß Jeremia kein Vaterlandsverräter war.
- Die Schüler sollen die Hintergründe der scheinbaren Erfolgslosigkeit des Wortes Gottes einst und heute aufzudecken versuchen.
- Insbesondere soll die Frage der Veränderbarkeit des einzelnen und der Gesellschaft deutlich werden.
- Es soll eruiert werden, ob das „Strafdenken" des Propheten für uns nachvollziehbar ist.
- Es soll herausgefunden werden, warum der „gescheiterte" Prophet für uns bedeutsam ist.

3.10.3 *Methodische Hinweise:*

- Text-Abzüge: (52,5–16; 40,1–6; 44,26–30).
- Gruppenarbeit (3): Handzettel für die Schüler mit konkreten Aufgabenstellungen.
- Zusammenfassung der Ergebnisse (vgl. Einzelziele oben).
- Ergänzender Lehrervortrag, um Zielsetzungen (s. o.) zu erreichen.
- Abschlußgespräch zur Einheit „Jeremia".

Literatur in Auswahl

Abkürzungen

Ev.Erz.:	Evangelischer Erzieher, Frankfurt a. M.
Ev.Kom.:	Evangelische Kommentare, Stuttgart
Ev.Th.:	Evangelische Theologie, München
FS:	Franziskanische Studien, Werl
KuD:	Kerygma und Dogma, Göttingen
RGG:	Religion in Geschichte und Gegenwart, Tübingen
rhs:	Religionsunterricht an höheren Schulen, Düsseldorf
RPP:	Religionspädagogische Praxis, Stuttgart
ru:	Zeitschrift für die Praxis des Religionsunterrichtes, Stuttgart
SAT:	Schriften des Alten Testaments in Auswahl übersetzt und erklärt von H. Gunkel u. a., Göttingen
THAT:	Theologisches Handwörterbuch zum Alten Testament, Tübingen
ThB:	Theologische Bücherei, München
ThLZ:	Theologische Literatur-Zeitung, Leipzig bis 1947/Berlin
ThR:	Theologische Rundschau, Tübingen
ThZ:	Theologische Zeitschrift, Basel
TThZ:	Trierer Theologische Zeitschrift, Trier
TRE:	Telecommunication Research Establishment, Malvern
VF:	Verkündigung und Forschung, München
VT:	Vetus Testamentum, Leiden
WA:	Weimarer Ausgabe der Werke Luthers
ZAW:	Zeitschrift für alttestamentliche Wissenschaft, Berlin
ZB:	Zum Beispiel – Zeitschrift für die Praxis des christlichen Unterrichts in Schule und Kirche, Wankendorf
ZEE:	Zeitschrift für evangelische Ethik, Gütersloh
ZRP:	Zeitschrift für Religionspädagogik, Dortmund
ZThK:	Zeitschrift für Theologie und Kirche, Tübingen

1. Propheten allgemein

Balla, Ernst: Das Ich der Propheten. Göttingen, 1922
Balla, Ernst: Die Botschaft der Propheten. Tübingen, 1958
Baltzer, Klaus: Die Biographie der Propheten. Neukirchen-Vluyn, 1975
Barth, Christoph: Grundprobleme einer Theologie des Alten Testaments. In: EvTh. 23. München, 1963, S. 342–372
Barth, Hermann: Die Jesaja-Worte in der Josiazeit. Neukirchen, 1977
Beuken, Willem A. M.: Haggai – Sacharja 1–8. Assen, 1967
Beyerlin, Walter: ATD. Erg. Bd. 5. Göttingen, 1977
Beyerlin, Walter: Religionsgeschichtliches Textbuch zum Alten Testament. Göttingen, 1975
Boecker, Hans J.: Überlegungen zur Kultpolemik der vorexilischen Propheten. In: Matthias Augustin/Jürgen Kegler (Hrsg.): Das Alte Testament als geistige Heimat. Festschrift Hans Walter Wolff. Werl, 1981, S. 169–180
Boecker, Hans J.: Recht und Gesetz im Alten Testament und im Alten Orient. Neukirchen-Vluyn, 1976
Breit, Herbert / Westermann, Claus / Rupprecht, Walter / Geisser, Walter (Hrsg.): Calwer Predigthilfen. Bd. 5. Ausgewählte alttestamentliche Texte. Die Joseph-Erzählung. Jeremia, Amos und Psalmen. Stuttgart, [3]1977
Buber, Martin: Der Glaube der Propheten (1950). In: Werke. Bd. II. Zürich, 1984, S. 231–484
Buber, Martin: Der Glaube der Propheten. Zürich, 1950
Buber, Martin: Werke. 3 Bde. München, 1964
Buber, Martin und Wolff, Hans Walter: In: Mit Micha reden. München, 1978
Dentan, Robert Claude: Preface to Old Testament Theology. New York/Seabury, [2]1963
Donner, Herbert: Die soziale Botschaft der Propheten im Lichte der Gesellschaftsordnung Israels. In: OrAnt. 2. Rom, 1963, S. 229–245
Duhm, Bernhard: Theologie der Propheten als Grundlage für die innere Entwicklungsgeschichte der isrealitischen Religion. Bonn, 1875
Duhm, Bernhard: Israels Propheten, Tübingen, [2]1922
Eichrodt, Walther: Theologie des Alten Testamentes. Bd. I (1933). Stuttgart, [8]1968
Eichrodt, Walther: Theologie des Alten Testamentes. Bd. II/III. Göttingen, [7]1974
Ellermeier, Friedrich: Prophetie in Mari und Israel. Herzberg, 1968
Fohrer, Georg: 1) Literatur zur alttestamentlichen Prophetie. In: ThR. 28. Tübingen, 1962, S. 1–75, 235–297, 301–374
Fohrer, Georg: 2) Literatur zur alttestamentlichen Prophetie. In: ThR. 40. Tübingen, 1975, S. 337–377
Fohrer, Georg: 3) Literatur zur alttestamentlichen Prophetie. In: ThR. 41. Tübingen, 1976, S. 1–12
Fohrer, Georg: 4) Literatur zur alttestamentlichen Prophetie. In: ThR. 45. Tübingen, 1980, S. 1–39, 109–132, 193–225

Fohrer, Georg: Theologische Grundstrukturen des Alten Testaments. Berlin/ New York, 1972
Fohrer, Georg: Geschichte der israelitischen Religion. Berlin, 1969, bes. S. 222–294
Fohrer, Georg: Tradition und Interpretation im Alten Testament (1961). In: Studien zur alttestamentlichen Theologie und Geschichte. Gießen, 1969, S. 54–83, bes. S. 77–82
Fohrer, Georg: Der Mittelpunkt einer Theologie des Alten Testaments. In: ThZ. 24. Basel, 1968, S. 161–172
Galling, Kurt: Die Bücher der Chronik. Göttingen, 1954
Gese, Hartmut: Vom Sinai zum Zion. In: ZThK. 70. München, 1973
Gese, Hartmut: Erwägungen zur Einheit biblischer Theologie (1970). Vom Sinai zum Zion. München, 1974, S. 11–30
Gese, Hartmut: Tradition und biblische Theologie. In: Steck, Odil Hannes (Hrsg.): Zu Tradition und Theologie im Alten Testament. Neukirchen, 1978, S. 87–111
Grosch, Heinz: Der Prophet Amos. In: Handbücherei für den Religionsunterricht. H. 6. Gütersloh, 1969
Gross, Heinrich: Gab es in Israel ein prophetisches Amt? In: TThZ. 73. Trier, 1964, S. 336–349
Gunkel, Hermann: Einleitung zu: Schmidt, Hans: Die großen Propheten. In: SAT. II/2, Göttingen, [2]1923, S. XVII ff.
Gunneweg, Antonius H. J.: Mündliche und schriftliche Tradition der vorexilischen Prophetenbücher. Göttingen, 1959, bes. S. 81 ff.
Gunneweg, Antonius H. J.: Vom Verstehen des Alten Testaments. Eine Hermeneutik. In: Beyerlin, Walter (Hrsg.): Grundrisse zum Alten Testament. Göttingen, 1977
Gunneweg, Antonius H. J.: „Theologie" des Alten Testaments oder „Biblische Theologie"? In: Antonius Gunneweg/Otto Kaiser (Hrsg.): Textgemäß. Festschrift Ernst Würthwein. Werl, 1979, S. 39–46
Haacker, Klaus (Hrsg.): Biblische Theologie heute. Neukirchen, 1977
Hasel, Gerhard F.: A Decade of Old Testament Theology. In: ZAW. 93. 1981, S. 165–183
Hasel, Gerhard F.: Old Testament Theology. Basic Issues in the Current Debate. Grand Rapids, 1972
Hasel, Gerhard F.: The Problem of the Center in the OT Theology Debate. In: ZAW. 86. Berlin, 1974, S. 65–82
Hecht, Franz: Eschatologie und Ritus bei den „Kultpropheten". Leiden, 1971
Henry, Marie-Luise: Prophet und Tradition. Berlin, 1969
Hentschke, Richard: Die Stellung der vorexilischen Schriftpropheten zum Kultus. Berlin, 1957
Herrmann, Johannes: Zu Jeremia 22,29; 7,4. In: ZAW. 62. Berlin, 1950, S. 321 f.
Herrmann, Siegfried: Das prophetische Wort für die Gegenwart interpretiert. In: EvTh. 31. München, 1971, S. 650–664
Hölscher, Gustav: Die Profeten. Leipzig, 1914

Holm-Nielsen, Svend: Die Sozialkritik der Propheten. In: Otto Kaiser (Hrsg.): Denkender Glaube. Festschrift Carl H. Ratschow. Berlin, 1976, S. 7–23
Honecker, Martin: Zum Verständnis der Geschichte in Gerhard von Rads Theologie des Alten Testaments. In: EvTh. 23. München, 1963, S. 143–168
Horst, Friedrich: Gottes Recht. In: ThB. 12. Studien zum Recht im Alten Testament. München, 1961
Hoßfeld, Frank L./ Meyer, Ivo: Prophet gegen Prophet. Fribourg, 1973
Jepsen, Alfred: Theologie des Alten Testaments (1971). Der Herr ist Gott. Berlin, 1978, S. 142–154
Jeremias, Jörg: Kultprophetie und Gerichtsverkündigung in der späten Königszeit Israels. Neukirchen, 1970, bes. S. 128ff.
Jeremias, Jörg: Die Vollmacht der Propheten im Alten Testament. In: EvTh. 31. München, 1971
Jeremias, Jörg: „Ich will euer Gott werden". Beispiele biblischen Redens von Gott. In: SBS. 100. 1981
Jeremias, Jörg: Lexikonartikel Prophet. THAT II. 1976, S. 7–26
Jöcken, Peter: Das Buch Habakuk. Köln/Bonn, 1977, bes. S. 377ff.
Johnson, Aubrey R.: The Cultic Prophet and Israel's Psalmody. Cardiff, 1979
Koch, Klaus: Die Entstehung der sozialen Kritik bei den Propheten. In: Festschrift Gerhard von Rad. Werl, 1971, S. 236–257
Koch, Klaus: Die Propheten. Stuttgart/Berlin/Köln/Mainz, 1978–80
Köhler, Ludwig: Theologie des Alten Testaments (1935). Tübingen, ^{4}1966
Kraus, Hans-Joachim: Prophetie in der Krisis. Neukirchen-Vluyn, 1964
Kraus, Hans-Joachim: Die prophetische Botschaft gegen das soziale Unrecht Israels (1955). In: Biblisch-theologische Aufsätze. Neukirchen-Vluyn, 1972, S. 120–133
Kraus, Hans-Joachim: Geschichte der historisch-kritischen Erforschung des Alten Testaments. Neukirchen-Vluyn, ^{2}1969, bes. S. 503ff.
Kraus, Hans-Joachim: Die Biblische Theologie. Ihre Geschichte und Problematik. Neukirchen-Vluyn, 1970
Kuhl, Curt: Israels Propheten. Bern/München, 1956
Lindblom, Johannes: Prophecy in Ancient Israel. Oxford, 1962
Malamat, Abraham: Mari and the Bible. München, ^{3}1977
Malamat, Abraham: Geschichte des jüdischen Volkes. Bd. I. Von den Anfängen bis zum 7. Jahrhundert. München, 1978
Markert, Ludwig/ Wanke, Gunter: Die Propheteninterpretation. In: KuD. 22. Göttingen, 1976, S. 191–220
Mc Kane, William: Prophecy and Prophetic Literature. In: Anderson, George, W. (Hrsg.): Tradition and Interpretation. Oxford, 1979, S. 163–188
Meyer, Ivo: Jeremia und die falschen Propheten. Redaktions-geschichtliche Studien zum Jeremiabuch. Göttingen, 1977
Meyer, Rudolf/ Fichtner, Johannes/ Jepsen, Alfred: Lexikonartikel Propheten. RGG. V. Tübingen, ^{3}1961, S. 613–633
Mowinckel, Sigmund: Prophecy and Tradition. Oslo, 1946

Mowinckel, Sigmund: Psalmenstudien. III. Kultprophetie und prophetische Psalmen. Oslo, 1925
Münderlein, Gerhard: Kriterien wahrer und falscher Prophetie. Frankfurt/Bern/Las Vegas/Kiel, 1974, [2]1979
Neumann, Peter H. A.: Das Prophetenverständnis in der deutschsprachigen Forschung seit Heinrich Ewald. In: Wege der Forschung. 307. Darmstadt, 1979
Noort, Edward: Untersuchungen zum Gottesbescheid in Mari. Neukirchen, 1977
Noth, Martin: Geschichte Israels. Göttingen, [4]1959
Oßwald, Eva: Theologie des Alten Testaments – eine bleibende Aufgabe alttestamentlicher Wissenschaft. In: ThLZ. 99. Berlin, 1974, S. 642–658
Otto, Eckart: Erwägungen zu den Prolegomena einer Theologie des Alten Testaments. In: Kairos. 19. Salzburg, 1977, S. 53–72
Otto, Gert: Propheten. In: RGG. V. Sp. 613–638
Perlitt, Lothar: Mose als Prophet. In: EvTh. 31. München, 1971
Petersen, David, L.: The Roles of Israel's Prophets. Sheffield, 1981
Plöger, Otto: Priester und Prophet. In: ZAW. 63. 1951 = Aus der Spätzeit des Alten Testaments. Berlin, 1971
Preuss, Horst D.: Eschatologie im Alten Testament. Darmstadt, 1978
Quell, Gottfried: Wahre und falsche Propheten. In: BFchTh. 46., 1. Gütersloh, 1952
von Rad, Gerhard: Theologie des Alten Testaments. Bd. I. 1957, geändert [4]1962; Bd. II, München, 1960, [4]1965 (= I–II [7]1978. [7]1980)
von Rad, Gerhard: Offene Fragen im Umkreis einer Theologie des Alten Testaments (1963). In: Gesammelte Studien zum Alten Testament. II. München, 1973, S. 289–312
von Rad, Gerhard: Der Heilige Krieg im alten Israel. Zürich, 1950
von Rad, Gerhard: Die Botschaft der Propheten. München, [3]1977
von Rad, Gerhard: Die Falschen Propheten. In: ZAW. 51. Berlin, 1933
von Rad, Gerhard: Deuteronomiumstudien. Göttingen, 1947
Rendtorff, Rolf: Lexikonartikel Prophetes. ThWNT. VI. 1959, S. 796–813
Rendtorff, Rolf: Alttestamentliche Theologie und israelitisch-jüdische Religionsgeschichte (1963). In: Gesammelte Studien zum Alten Testament. München, 1975, S. 137–151
Graf Reventlow, Henning: Das Amt des Propheten bei Amos. Göttingen, 1962
Graf Reventlow, Henning: Hauptprobleme der alttestamentlichen Theologie im 20. Jahrhundert. In: EdF. 173. Darmstadt, 1982
Graf Reventlow, Henning: Wächter über Israel. Ezechiel und seine Tradition. Berlin, 1962
Schmid, Hans H.: Ich will euer Gott sein, und ihr sollt mein Volk sein. In: Dieter Lührmann/Georg Strecker (Hrsg.): Kirche. Festschrift Günter Bornkamm. Berlin, 1980, S. 1–25
Schmidt, Johann M.: Ausgangspunkt und Ziel prophetischer Verkündigung im 8. Jhdt. In: VF. 22/1. München, 1977, S. 65–82

Schmidt, Johann M.: Probleme der Prophetenforschung. In: VF. 17/1. München, 1972, S. 39–81
Schmidt, Werner H.: Theologie des Alten Testaments vor und nach Gerhard von Rad. In: VF. 17/1. München, 1972, S. 1–25
Schmidt, Werner H.: Das erste Gebot. München, 1970
Schmidt, Werner H.: Prophetisches Zukunftswort und priesterliche Verheißung. Kairo, 1970
Schmidt, Werner H.: Zukunftsgewißheit und Gegenwartskritik. Grundzüge prophetischer Verkündigung. Neukirchen-Vluyn, 1973
Schmidt, Werner H.: Die Prophetie. In: Strecker, Georg (Hrsg.): Theologie im 20. Jahrhundert. Tübingen, 1983
Schmidt, Werner H.: Rechtfertigung des Gottlosen in der Botschaft der Propheten. Die Botschaft und die Boten. In: Festschrift Hans Walter Wolff, a.a.O., S. 157–168
Schmitt, Hans C.: Elisa. Traditionsgeschichtliche Untersuchungen. Gütersloh, 1972
Schmitt, Hans C.: Prophetie und Tradition. In: ZThK. 74. Tübingen, 1977
Schwantes, Milton: Das Recht der Armen. Bern/Frankfurt/Heidelberg/Las Vegas, 1977
Seebass, Horst: Zur biblischen Theologie. In: VF. 27/1. München, 1982, S. 28–45
Seierstad, Ivar: Die Offenbarungserlebnisse der Propheten Amos, Jesaja und Jeremia. Eine Untersuchung der Erlebnisvorgänge unter besonderer Berücksichtigung ihrer religiös-sittlichen Art und Auswirkung. Skifter utgitt av det Norske Videnskaps-Akademi in Oslo II. Hist. Filos. K. 1946, No. 2, 1965 reprinted
Smend, Rudolf: Die Entstehung des Alten Testaments. Stuttgart, 1978
Smend, Rudolf: Die Mitte des Alten Testaments. Zürich, 1970
Stolz, Fritz: Jahwes und Israels Kriege. Zürich, 1972
Stolz, Fritz: Aspekte religiöser und sozialer Ordnung im alten Israel. In: ZEE. 17. Gütersloh, 1973, S. 145–149
Utzschneider, Helmut: Hosea. Göttingen, 1980
Vawter, Francis: Neue Literatur über die Propheten. In: Conc. 1. Zürich/Mainz, 1965, S. 848–854
Vriezen, Theodor Christian: Theologie des Alten Testaments in Grundzügen. Neukirchen, 1956 (holl. und engl. neuere Auflagen)
Wagner, Siegfried: „Biblische Theologien“ und „Biblische Theologie“. In: ThLZ. 103. Berlin, 1978, S. 785–798
Wanke, Günther: Zu Grundlagen und Absicht prophetischer Sozialkritik. In: KuD. 18. Göttingen, 1972, S. 1–17
Welch, Adam W.: Prophet and Priest in Old Israel. New York, 1953
Weiser, Arthur: Einleitung in das Alte Testament. Göttingen, [6]1966
Wellhausen, Julius: Geschichte Israels (1880). In: Rudolf Smend (Hrsg.): Grundrisse zum Alten Testament. ThB. 27. München, 1965

Westermann, Claus: Theologie des Alten Testaments in Grundzügen. Göttingen, 1978
Westermann, Claus: Die Begriffe für Fragen und Suchen im Alten Testament. In: KuD. 6. Göttingen, 1960
Westermann, Claus: Grundformen prophetischer Rede. München, 1960, [5]1978
Westermann, Claus: Tausend Jahre und ein Tag. Stuttgart, [3]1961
Westermann, Claus: Abriß der Bibelkunde. Bd. 20. Stuttgart/Gelnhausen, 1966
Westermann, Claus: Zu zwei Theologien des Alten Testaments. In: EvTh. 34. München, 1974, S. 96–112
Wilson, Robert: Prophecy and Society in Ancient Israel. Philadelphia, 1980
Willi-Plein, Ina: Vorformen der Schriftexegese innerhalb des Alten Testaments. Berlin/New York/Tübingen, 1971
Wölber, Hans Otto: Religion ohne Entscheidung. Göttingen, [2]1960
Wolff, Hans W.: Micha. In: BK. XIV / (= XIV/4) 14. Neukirchen, 1982
Wolff, Hans W.: Mit Micha reden. Prophetie einst und jetzt. München, 1978
Wolff, Hans W.: (Joel-) Amos. In: BK. XIV/2. Neukirchen, 1969
Wolff, Hans W.: Hauptprobleme alttestamentlicher Prophetie. Gesammelte Studien zum Alten Testament. München, 1964. [2]1973, S. 206–231
Wolff, Hans W.: Das Zitat im Prophetenspruch. München, 1937
Würthwein, Ernst: Zur Theologie des Alten Testaments. In: ThR. 36. Tübingen, 1971, S. 185–208
Würthwein, Ernst: Amos-Studien (1949/50). In: Wort und Existenz. Göttingen, 1970, S. 68–110
Würthwein, Ernst: Kultpolemik oder Kultbescheid (1963). In: Wort und Existenz. Göttingen, 1970, S. 144–160
Zimmerli, Walther: Der „Prophet" im Pentateuch. In: Georg Braulik (Hrsg.): Studien zum Pentateuch. Festschrift Walter Kornfeld. Wien, 1977
Zimmerli, Walther: Das Gesetz und die Propheten. Göttingen, 1963
Zimmerli, Walther: Biblische Theologie. Bd. I. In: TRE. VI. Malvern, 1980, S. 426–455
Zimmerli, Walther: Grundriß der alttestamentlichen Theologie. Stuttgart, (1972) [3]1978
Zimmerli, Walther: Alttestamentliche Traditionsgeschichte und Theologie (1971). In: Studien zur alttestamentlichen Theologie und Prophetie. Gesammelte Aufsätze II. München, 1974, S. 9–26
Zimmerli, Walther: Erwägungen zur Gestalt einer alttestamentlichen Theologie. Neukirchen-Vluyn, 1973, S. 27–54
Zimmerli, Walther: Zum Problem der „Mitte" des Alten Testaments. In: EvTh. 35. München, 1975, S. 97–118
Zimmerli, Walther: Wahrheit und Geschichte in der alttestamentlichen Schriftprophetie. Congress Volume Göttingen. In: VT. Suppl. 29. Leiden, 1978, S. 1–15

2. Jeremia

Bätz, Kurt u. a.: Von Gottes Hand gepackt. Der Prophet Jeremia. Das Buch Hiob. Biblisches Handbuch. Heft 8. Lahr, 1980

Baumgartner, Walter: Die Klagegedichte des Jeremia. BZAW. 32. Gießen, 1917

Bluhm, Hellmut: Jeremia. Breklum, 1979

Böhmer, Siegmund: Heimkehr und neuer Bund. Studien zu Jeremia 30–31. Göttingen, 1976

Brandt, Theodor: Jeremia. Bad Salzuflen, ²1946

Cornill, Carl Heinrich: Das Buch Jeremia. Leipzig, 1905

Duhm, Bernhard: Das Buch Jeremia. Tübingen/Leipzig, 1901

Herntrich, Volkmar: Jeremia, der Prophet und sein Volk. Gütersloh, 1938

Klages, Günther und Heinemeyer, Karl: Jeremia. Modell eines fachspezifischen Kurses für den RU. Gütersloh, 1973

Lamparter, Helmut: Dein Wort war mir zu mächtig. Die Bekenntnisse des Propheten Jeremia. Metzingen, 1965

Lamparter, Helmut: Prophet wider Willen. Der Prophet Jeremia übersetzt und ausgelegt. Stuttgart, 1964

Melchert, Jürgen: Jeremia als Nachricht. Düsseldorf, ¹⁰1977

Meyer, Ivo: Jeremia und die falschen Propheten. Redaktionsgeschichtliche Studien zum Jeremiabuch. Göttingen, 1977

Neher, André: Jeremias. Köln, 1961

Nötscher, Friedrich: Das Buch Jeremia. Bonn, 1934

Pohlmann, Karl F.: Studien zum Jeremiabuch. Ein Beitrag zur Frage nach der Entstehung des Jeremiabuches. Göttingen, 1978

von Rad, Gerhard: Die Konfessionen Jeremias. In: EvTh. 3. München, 1936

Reventlow, Henning Graf: Liturgie und prophetisches Ich bei Jeremia. Gütersloh, 1963

Rudolph, Wilhelm: Jeremia. Tübingen, 1947

Saner, Albert: Der Prophet des Leidens. Holzschnitte zum Propheten Jeremia. Kleine Bilder zur Bibel. Bd. 2. Bern, 1963

Scholl, Robert: Jeremia. Wuppertal, 1958

Schneider, Dieter: Der Prophet Jeremia. In: Betz, Ulrich/Pohl, Adolf/Maier, Gerhard (Hrsg.): Wuppertaler Studienbibel. Wuppertal, 1977

Skinner, John: Prophecy and Religion. Studies in the Life of Jeremiah. Cambridge, 1922 (1940)

Thiel, Winfried: Die deuteronomistische Redaktion von Jeremia 1–25. In: Wissenschaftliche Monographien zum Alten Testament und Neuen Testament. 41. Neukirchen-Vluyn, 1973

Volz, Paul: Der Prophet Jeremia. Leipzig, 1928

Weiser, Arthur: Das Buch des Propheten Jeremia. Göttingen, ⁴1960

Westermann, Claus: Jeremia. Stuttgart, 1967

3. Didaktisch-methodische Unterrichtsliteratur zu den Propheten allgemein

Baldermann, Ingo: Die Bibel – Buch des Lernens. Grundzüge biblischer Didaktik. Göttingen, 1980
Baldermann, Ingo: Der biblische Unterricht. Braunschweig, 1969
Bargheer, Friedrich W.: Das Interesse des Jugendlichen und der Religionsunterricht. In: Handbücherei für den Religionsunterricht. H. 11. Gütersloh, 1972
Beckmann, Hans-Karl: Exegese oder didaktische Analyse als Kern der Unterrichtsplanung für den Religionsunterricht. In: WPB. Braunschweig, 11/1969
Berg, Horst K.: Der biblische Unterricht nach dem Ende des „Biblischen Unterrichts". In: zB. 4/5. Gütersloh, 1970
Berg, Horst K.: Plädoyer für den biblischen Unterricht. In: RU. Stuttgart, 1/1972
Biemer, Günter und Biesinger, Albert (Hrsg.): Christ werden braucht Vorbilder. Beiträge zur Neubegründung der Leitbildthematik in der religiösen Erziehung. Mainz, 1983
Bohne, Gerhard und Gerdes, Hayo: Unterrichtswerk zum Neuen Testament. Berlin, [2]1971
Cardenal, Ernesto: Von der Heiligkeit der Revolution. Wuppertal, 1972
Dormeyer, Detlev: Religiöse Erfahrung und Bibel. Düsseldorf, 1975
Dormeyer, Detlev: Die Bibel antwortet. Einführung in die interaktionale Bibelauslegung. Göttingen, 1978
Esser, Wolfgang G. (Hrsg.): Zum Religionsunterricht morgen. II. München/ Wuppertal, 1971
Flitner, Wilhelm: Glaubensfragen im Jugendalter. In: Pädagogische Forschungen. Bd. 18. Heidelberg, 1961
Gunneweg, Antonius H. J.: Vom Verstehen des Alten Testamentes. Göttingen, 1977
Gutbrod, Karl/ Kücklich, Reinhold/ Schlatter, Theodor: Calwer Bibellexikon. Stuttgart, [3]1973
Hahn, Friedrich: Skizze einer Lehreinheit zur Geschichte Israels. In: Ev.Erz. Frankfurt, 1966
Hammerich, Holger und Heinemeyer, Karl u. a.: Schnittpunkt Religion. 5/6. Hannover, 1980
Herrmann, Siegfried: Das prophetische Wort – für die Gegenwart interpretiert. In: EvTh. 31. München, 1971
Hetzer, Hildegard: Kind und Jugendlicher in der Entwicklung. Hannover, [9]1961
Hunger, Heinz: Evangelische Jugend und evangelische Kirche. Gütersloh, 1960
Klages, Günther und Heinemeyer, Karl: Jeremia. Modell eines fachspezifischen Kurses für den Religionsunterricht. Gütersloh, 1973
Kremers, Heinz: Propheten. Didaktische Intentionen. Lehrerhandreichung Arbeitsbuch. Religion. 5/6. Düsseldorf, 1976
Läpple, Alfred: Von der Exegese zur Katechese. Altes Testament II. München, 1975

Langeveld, Martinus J.: Das Kind und der Glaube. Braunschweig, 1959
Langeveld, Martinus J.: Untersuchungen zur Anthropologie des Kindes. In: Pädagogische Forschungen. Bd. 15. Freiburg, 1960
Linnemann, Eta: Lernziele des Religionsunterrichts. In: ZRP. Dortmund/Hannover, 10/1971
Neidhardt, Walter: Psychologie des Religionsunterrichts. Zürich/Stuttgart, 1967
Nipkow, Karl E.: Problemorientierter Religionsunterricht nach dem „Kontexttypus". In: Esser, Wolfgang G. (Hrsg.): Zum Religionsunterricht morgen. II. München/Wuppertal, 1971
Oerter, Rolf: Moderne Entwicklungspsychologie. Donauwörth, [8]1970
Otto, Gert: Schule – Religionsunterricht – Kirche. Göttingen, 1961
Otto, Gert und Rauschenberger, Hans: Mainzer Thesen zum Religionsunterricht der Grundschule. In: EvKom. Stuttgart, 6/1970
Sandberger, Jörg Viktor: Das Alte Testament im Religionsunterricht. In: Der EvErz. 26. Frankfurt, 1974
Schelsky, Helmut: Die skeptische Generation. Düsseldorf, 1957
Schmid, Lore: Religiöses Erleben unserer Jugend. Zürich, 1960
Stückelberger, Alfred: Die religiöse Entwicklung des Schulkindes. Zürich, 1958
Thun, Theophil: Die Religion des Kindes. Stuttgart, 1959
Thun, Theophil: Die religiöse Entwicklung der Jugend. Stuttgart, 1963
Trutwin, Werner/ Breuning, Klaus/ Mensing, Roman: Zeichen der Hoffnung 1979.
Vierzig, Siegfried: Lernziele des Religionsunterrichts. In: Informationen. Hannover, 1 + 2/1970
Wegenast, Klaus: Das Problem der Probleme. In: Ev.Erz. 3/1972
Wegenast, Klaus (Hrsg.): Curriculumtheorie und Religionsunterricht. In: Handbücherei für den Religionsunterricht. H. 12/13. Gütersloh, 1972
Wilms, Franz E.: Biblische Unterweisung – eine heilige Kuh? In: ZRP. 6/1978
Wilms, Franz E.: Didaktik des Alten Testaments. Ein Handbuch für die Sekundarstufe I. München, 1978
Wilms, Franz E.: Freude vor Gott, Kult und Fest in Israel. Regensburg, 1981
Wölber, Hans O.: Religion ohne Entscheidung. Göttingen, [2]1960

4. Didaktisch-methodische Literatur zu Jeremia

Bätz, Kurt und Schmidt, Heinz: Von Gottes Hand gepackt. Der Prophet Jeremia. Das Buch Hiob.
Biblisches Arbeitsbuch. Heft 8. S. 1–23; Lahr/Göttingen, 1980. (Sek.St. I, ca. 30 Seiten)
Bartels, Karl-H./ Steinwede, Dietrich/ Ziegler, Renate: „Werkbuch Biblische Geschichte" für Kindergottesdienst und Schule. Bd. 2. Göttingen, 1970, S. 79ff.

Becker, Ulrich/ Blume, Friedrich/ Happel, Eberhard-W./ Lehmann, Sigrun: Orientierung Religion. Ausgabe B. Religionsbuch für das 5./6. Schuljahr. Frankfurt/M., 1976, S. 86ff.

Berg, Sigrid und Berg, Horst Klaus: Jeremia – Texte – Lieder – Bilder – Szenen im Religionsunterricht. Bd. 9. Szenen für das 7.–10. Schuljahr. Stuttgart/ München, 1980, S. 24–26

Deßecker, Klaus (Hrsg.): Von Gottes Hand gepackt. Der Prophet Jeremia. In: Biblisches Arbeitsbuch. Heft 8. Göttingen, 1980

Hanisch, Helmut und Haas, Dieter: Jeremia (Modell), 24 Unterrichtseinheiten für den Religionsunterricht im 8./9. Schuljahr der Hauptschule, 1. Halbband. Stuttgart, 1980, S. 209–225

Henke, Esther u. a.: Jeremia – Modell. In: Suchen und Glauben. Religionsunterricht. (Sek. St. I, 7./8.) Schuljahr, Teil 1. IV A 1–11. Hildesheim/Berlin, 1978, S. 79–92

Klages, Günther und Heinemeyer, Karl: Jeremia (Modell). Der Prophet Jeremia. In: zB. 5/1977, S. 133–149

Kluge, Jürgen und Nöll, Erika: Propheten gestern und heute. In: Bauelemente. Religionsunterricht in der Sek. St. I. Düsseldorf, 1982

Melchert, Jürgen: Bin ich... nicht auch ein Gott aus der Ferne? (Modell). Jeremia als Nachricht. Prophetische Texte im Religionsunterricht. Reflexionen und Unterrichtsplanungen. Düsseldorf, 1977 (Sek. St. I), S. 100–120

Melchert, Jürgen: Sie sprachen: Du mußt sterben (Modell). Jeremia als Nachricht... (vgl. o.) Düsseldorf, 1977 (Sek. St.), S. 139–154

Melchert, Jürgen: Warum dauert mein Schmerz so lange? (Modell). Jeremia als Nachricht... (vgl. o.) Düsseldorf, 1977 (Sek. St. I), S. 120–139

Melchert, Jürgen: Es ist ja der Mensch, der den Menschen bedroht. (Modell). Jeremia als Nachricht (vgl. o.). Düsseldorf, 1977 (Sek. St. I), S. 57–71

Melchert, Jürgen: So hat der Herr gesprochen (Modell). Jeremia als Nachricht... (vgl. o.) Düsseldorf, 1977 (Sek. St. I), S. 71–81

Melchert, Jürgen: Was ich gebaut habe, reiße ich ein... (Modell). Jeremia als Nachricht... (vgl. o.) Düsseldorf, 1977 (Sek. St. I), S. 81–99

Neidhart, Walter und Eggenberger, Hans (Hrsg.): Erzählbuch zur Bibel. Theorie und Beispiele. Zürich/Lahr, [2]1976

Niederer, Otto u. a.: Prophetenschicksal: Jeremia. (Modell). Unterrichtsplanung zu „Zielfelder ru“. Die 17 Themenfelder des 7. Schuljahres. München, 1981 (Sek. St. I, 7. Schuljahr), S. 27–35

Amt für Evangelischen Religionsunterricht (Hrsg.): Projektgruppe: Jeremia. Materialien. (Modell). Informationen Evangelischer Religionsunterricht in Berlin. Heft 2/3, 1976, Berlin, 1976 (Sek. St. I, 8. Schuljahr)

Schmidt, Heinz und Thierfelder, Jörg: Jeremia. (Modell). 27 Unterrichtseinheiten für den Religionsunterricht im 7./8. Schuljahr. RPE. Stuttgart, 1978 (Sek. St. I, 7./8. Schuljahr), S. 409–424

5. Medien zu Jeremia

1. Schallplatte „Propheten und Könige".
„Jeremia".
Jeremia und Hannanja – Die Schriftrolle nach Jer. 28, Seite A/ nach Jer. 36,1–8; 20–28, Seite B.
Hörbilder für den Religionsunterricht in der (GS) Sek. I. 17 cm Langspielplatte, Stereo, 33 UpM, Best.-Nr.: LBK-E-31,
Verlag Junge Gemeinde, Stuttgart (Credo)

2. Schallplatte „Lebendige Bibel".
Propheten.
Jona: Hörfolge zu Jona 1–4; (27 Min.).
Jeremia: Hörfolge zu Jeremia 37 u. 38 (26 Min.).
30 cm, 33 UpM,
Best.-Nr.: LB-A 105/1 (ab 15/16 J.),
Verlag Junge Gemeinde, Stuttgart (Credo)

3. Schallplatte „Die Bibel im Hörspiel".
Der Prophet Isais.
Der Prophet Jeremia.
Zwei Hörspiele von Hans Stocker mit einer biblisch-theologischen Einführung.
25 cm, 33 UpM, Best.-Nr.: CAL 1152-53,
Calig Verlag, Freiburg im Breisgau

4. Saner, Albert: Der Prophet des Leidens.
Holzschnitte zum Propheten Jeremia.
Blaukreuz Verlag, Bern, 1963